Praktische Projektplanung mit
Microsoft Project

IT lernen
die Grundlagen | für die Praxis | Schritt für Schritt

aus unserer »web engineering series« ...

Helmut Balzert
HTML, XHTML & CSS für Einsteiger
Statische Websites systematisch erstellen

Helmut Balzert
JSP für Einsteiger
Dynamische Websites mit JavaServer Pages erstellen

Heide Balzert
Webdesign & Web-Ergonomie
Websites professionell gestalten

aus unserer »office series« ...

Andreas Albuschat
Praktische Projektplanung mit Microsoft Project

Ergänzend zu vielen dieser Bände gibt es »Quick Reference Maps« zum Nachschlagen und Wiederholen:
HTML & XHTML, CSS, JSP, SQL.

Zu diesen Bänden gibt es »e-learning-Zertifikatskurse« unter www.W3L.de.

Andreas Albuschat

Praktische Projektplanung mit Microsoft Project

Version 2003

W3L-Verlag | Herdecke | Dortmund

Autor:
Andreas Albuschat
Grenzweg 2c
58097 Hagen
E-Mail: Andreas.Albuschat@W3L.de

Bibliografische Information Der Deutschen Bibliothek:
Die Deutsche Bibliothek verzeichnet diese Publikation in der Deutschen Nationalbibliografie. Detaillierte bibliografische Daten sind im Internet über http://dnb.ddb.de/ abrufbar.

Titelbild: Teile des Titelbilds wurden – mit freundlicher Genehmigung – erzeugt mit dem Programm BDD Designer, © copyright Büro Destruct Bern, www.burodestruct.net.

Die diesem Buch beigefügte CD-ROM wurde uns freundlicherweise im Original von der Firma Microsoft zur Verfügung gestellt. Die W3L GmbH übernimmt für den Inhalt und die Funktionsweise dieser CD-ROM keine Garantie oder Gewährleistung.
Der Verlag und der Autor haben alle Sorgfalt walten lassen, um vollständige und akkurate Informationen in diesem Buch und den Programmen zu publizieren. Der Verlag übernimmt weder Garantie noch die juristische Verantwortung oder irgendeine Haftung für die Nutzung dieser Informationen, für deren Wirtschaftlichkeit oder fehlerfreie Funktion für einen bestimmten Zweck. Ferner kann der Verlag für Schäden, die auf einer Fehlfunktion von Programmen oder ähnliches zurückzuführen sind, nicht haftbar gemacht werden. Auch nicht für die Verletzung von Patent- und anderen Rechten Dritter, die daraus resultieren. Eine telefonische oder schriftliche Beratung durch den Verlag über den Einsatz der Programme ist nicht möglich. Der Verlag übernimmt keine Gewähr dafür, daß die beschriebenen Verfahren, Programme usw. frei von Schutzrechten Dritter sind. Die Wiedergabe von Gebrauchsnamen, Handelsnamen, Warenbezeichnungen usw. in diesem Buch berechtigt auch ohne besondere Kennzeichnung nicht zu der Annahme, dass solche Namen im Sinne der Warenzeichen- und Markenschutz-Gesetzgebung als frei zu betrachten wären und daher von jedermann benutzt werden dürften.

© 2004 W3L GmbH | Herdecke | Dortmund | ISBN 3-937137-31-9

Alle Rechte, insbesondere die der Übersetzung in fremde Sprachen, sind vorbehalten. Kein Teil des Buches darf ohne schriftliche Genehmigung des Verlages fotokopiert oder in irgendeiner anderen Form reproduziert oder in eine von Maschinen verwendbare Form übertragen oder übersetzt werden.

Gesamtgestaltung: Prof. Dr. Heide Balzert, Herdecke

Lektor: Dipl.-Ing. Peter Siepermann, Hattingen

Satz: Das Buch wurde aus der e-learning-Plattform W3L automatisch generiert. Der Satz erfolgte aus der Lucida, Lucida sans und Lucida casual.

Druck und Verarbeitung: Digital PS Druck AG, Birkach

Vorwort

Vielen Dank, dass Sie sich für dieses Buch entschieden haben. Es zeigt Ihnen, wie Sie systematisch und softwareunterstützt planen und die anschließende Durchführung Ihrer Planung kontrollieren können. Sie lernen Schritt für Schritt und praxisorientiert, wie Sie Ihre Projekte organisieren und mit der Projektmanagementsoftware Microsoft® Project® entwickeln, verwalten und die Durchführung erfolgreich überprüfen.

Schritt für Schritt

Um Ihnen als Leser das Lernen zu erleichtern, wurde für die Bücher der Buchreihe »IT lernen« eine neue Didaktik entwickelt. Anstelle umfangreicher Kapitel besteht das Buch aus kleineren Wissensbausteinen, von denen jeder ein abgeschlossenes Thema behandelt. Der Buchaufbau und die didaktischen Elemente sind auf der vorderen Buchinnenseite beschrieben.

neue Didaktik

Zum Einstieg oder zur Wiederholung werden am Anfang die allgemeinen Grundlagen der Planung behandelt.

Grundlagen der Planung

Projektplanung besteht immer aus zwei Phasen: der eigentlichen Planungsphase und der sich daran anschließenden Durchführungsphase.

2 Phasen

Im Rahmen der Planungsphase lernen Sie eine Zeitplanung vorzunehmen. Sie erstellen einen Netzplan, der Vorgangsdauern und Abhängigkeiten grafisch darstellt. Hieraus lässt sich der Aufwand des Projekts abschätzen. Anhand dieses Aufwands führen Sie die Einsatzmittelplanung durch. Diese liefert im Ergebnis die benötigte Menge an Personal und Einsatzmitteln. Die Erkenntnisse aus Zeitplanung und Einsatzmittelplanung nutzen Sie anschließend für die Kostenplanung des Projekts.

Planungsphase

Umsetzung in Microsoft Project	Alle Planungsschritte werden anhand von Microsoft Project demonstriert. Sie lernen, dass die Struktur eines Projekts mit all seinen Vorgängen und deren Terminen, Dauern sowie Abhängigkeiten in Microsoft Project in verschiedenen Tabellen verwaltet wird. Ebenso sehen Sie, wie die Einsatzmittel erfasst und den Aufgaben zugeordnet werden. Nach Erfassung der Zeit- und Einsatzmittelplanung sind die Projektkosten ersichtlich und lassen sich somit überwachen.
Durchführungsphase	Planung und die Kontrolle ihrer Einhaltung ist ein fortwährender Prozess. Nach dem Projektstart ist sie keineswegs abgeschlossen. Im Verlauf eines Projekts kommt es immer wieder zu Abweichungen von den Plandaten. Sie nutzen Microsoft Projekt zur Überwachung eines laufenden Projekts. Verschiedene Funktionen unterstützen Sie dabei und helfen Ihnen zu erkennen, wann die Projektplanung korrigiert werden muss und welche Gegenmaßnahmen geeignet sind.
Mehrprojekttechnik	Arbeiten Mitarbeiter an verschiedenen Projekten gleichzeitig oder stehen Aufgaben (Vorgänge) eines Projekts in Zusammenhang mit anderen Projekten, dann können Sie mit Hilfe der Mehrprojekttechnik Verbindungen zwischen verschiedenen Projekten herstellen. Der Verwaltungsaufwand verringert sich dadurch ebenso wie die Fehleranfälligkeit der parallelen Planungen.
Hinweis zu den Installations-Anweisungen	Zum Zeitpunkt der Bucherstellung wurde die Installation der Version Microsoft Project 2003 durchgeführt, getestet und beschrieben. Je nachdem, mit welcher Version von Microsoft Project Sie arbeiten, können die Beschreibungen in diesem Buch von Ihrer Installation abweichen. Im e-learning-Kurs zu diesem Buch werden die Installations-Anweisungen bei jeder Veröffentlichung einer neuen Version aktualisiert. Dies gilt selbstverständlich auch für veränderte Funktionalitäten in einer neuen Version. Außerdem steht Ihnen im Rahmen des Kurses ein Mentor/Tutor für Fragen zur Verfügung.
Fallstudie	Projekte sind in der Praxis sehr umfangreich. Außerdem

sind die verschiedenen Projektinformationen vielschichtig miteinander verwoben. Die Darstellung gewisser Sachverhalte fordert deshalb bisweilen ein umfangreicheres Beispiel sowie das Vorhandensein bestimmter Daten und Beziehungen. Um bei der Einführung neuer Elemente und Konzepte das Augenmerk auf das Wesentliche zu richten, wird in diesem Buch Schritt für Schritt und systematisch eine Fallstudie »Theateraufführung« entwickelt. Sie lernen, welche Eingaben und Entscheidungen wann notwendig sind und welche Probleme in diesem Zusammenhang auftreten können. Die hier gezeigten Sachverhalte können Sie leicht auf eigene, analoge Projekte übertragen.

Sie lernen dann am meisten, wenn Sie selbst etwas tun. Daher können und sollten Sie alle Beispiele einschließlich der Fallstudie in Microsoft Project nachvollziehen. So werden Sie routiniert und lernen, die Software schnell und effizient zu bedienen und einzusetzen. So wissen Sie bald, wo Sie die nötigen Befehle, Funktionalitäten und Informationen finden.

effektives Lernen

Das nebenstehende Piktogramm zeigt Ihnen im Buch jeweils, wann Sie eine Übung durchführen sollten.

Um Ihnen eigene Übungen und das Nachvollziehen der Fallstudie zu erleichtern, können und sollten Sie alle Schritte der Fallstudie in Form von Projektdateien auf Ihr Computersystem herunterladen und damit arbeiten. Sie finden diese Dateien auf der Website www.W3L.de unter W3L-Bücher. Geben Sie bitte als Benutzernamen Planung und als Kennwort Fureb ein.

Projektdateien herunterladen

Dieses Buch ist in schwarz/weiß gedruckt, um einen günstigen Buchpreis zu ermöglichen. Der zugehörige e-learning-Kurs ist hingegen vollständig farbig gestaltet.

Farbe

Mein besonderer Dank geht an Prof. Dr. Heide Balzert und Prof. Dr. Helmut Balzert für die Möglichkeit dieser Veröffentlichung. Prof. Dr. Heide Balzert danke ich insbesondere für

Danksagung

ihre Anregungen und Ideen, die mir das Schreiben an vielen Stellen erleichterten. Außerdem hat sie die Gesamtgestaltung des Buches – sowohl vom Satzspiegel als auch von der Umschlaggestaltung – durchgeführt. Bei technischen Fragen war mir Dipl.-Inf. (FH) Tobias Bluhm stets eine große Hilfe. Für die Durchsicht des Buches als Lektor danke ich Dipl.-Ing. Peter Siepermann.

Dieses Buch wurde mit einem revolutionären Satzverfahren gesetzt. Die Inhalte wurden aus der e-learning-Plattform W3L automatisch in den Buchsatz transformiert. Bei der Generierung des Buches war mir Dr.-Ing. Olaf Zwintzscher sehr behilflich.

An den Start Und nun wünsche ich Ihnen viel Spaß und Erfolg bei der Planung und Überwachung Ihrer Projekte.

Ihr

Andreas Abuschat

Inhaltsverzeichnis

1 **Gliederung Projektplanung ***   1
2 **Grundlagen der Planung ***   5
   2.1 Elemente der Planung *   7
   2.2 Zeitplanung und Netzpläne **   13
   2.3 Einsatzmittelplanung **   27
   2.4 Kostenplanung **   35
3 **Planungsphase ***   39
   3.1 Ein erstes Projekt erstellen *   40
   3.2 Vorgänge eingeben und verknüpfen *   50
   3.3 Dauer von Vorgängen *   66
   3.4 Anordnungsbeziehungen *   76
   3.5 Termine und Einschränkungen *   83
   3.6 Ressourcen anlegen und zuordnen *   91
   3.7 Vorgangsarten und Leistungssteuerung ***   102
   3.8 Ressourcen vollständig anlegen **   112
   3.9 Arbeitszeiten und Projektkalender *   119
   3.10 Kalender für Ressourcen und Vorgänge **   128
   3.11 Ausdrucke und Berichte erstellen *   136
   3.12 Zeitskala und Balkenarten **   146
   3.13 Überlastungen von Ressourcen **   156
   3.14 Automatischer Kapazitätsabgleich **   168
   3.15 Vorgangskosten *   174
   3.16 Hyperlinks einfügen *   182
4 **Durchführungsphase ***   189
   4.1 Erstellen eines Basisplans *   190
   4.2 Projektstart und Eingabe aktueller Werte *   203
   4.3 Vorgänge nachträglich ändern **   214
   4.4 Eingabe von Überstunden **   224
5 **Mehrprojekttechnik *****   233
   5.1 Gemeinsame Ressourcennutzung ***   234
   5.2 Projekte zusammenführen ***   243
   5.3 Projektübergreifende Verknüpfungen **   249

Glossar 257
A Installation von Microsoft Project * 263
Sachindex 274

1 Gliederung: Praktische Projektplanung mit Microsoft Project *

Dieses Buch ermöglicht Ihnen einen schnellen und systematischen Einstieg in die Projektplanung mit der Software »Microsoft Project«. Parallel zur Durcharbeitung dieses Buches können Sie ein Fallbeispiel direkt in »Microsoft Project« nachvollziehen.

Der Lernstoff ist **zwiebelschalenförmig** aufgebaut (Abb. 1.0-1). Von Anfang an wird die Software begleitend eingesetzt und die Funktionalität von Microsoft Project schrittweise erläutert.

Es werden keine isolierten Aspekte in ihrer Vollständigkeit betrachtet und danach abgeschlossen, sondern Sie sollen die Software in ihrer Gesamtheit bedienen können und sich dabei nach und nach mehr Wissen aneignen.

Wenn Sie sich bisher noch nicht mit den theoretischen Grundlagen der Planung beschäftigt haben – oder diese Grundlagen wiederholen oder auffrischen wollen – dann finden Sie die wichtigsten Konzepte und Begriffe in dieser Gruppierung:

Grundlagen der Planung

■ Wissensbaustein »Grundlagen der Planung« (S. 5)

Sie können aber auch gleich mit der praktischen Arbeit mit »Microsoft Project« beginnen. Damit Sie die beschriebenen Tätigkeiten nachvollziehen können, müssen Sie »Microsoft Project« auf Ihrem Computersystem installieren – wenn noch nicht geschehen. Was Sie bei der Installation beachten müssen, finden Sie unter »Installation von Microsoft Project«:

Basistext

1 Gliederung Projektplanung *

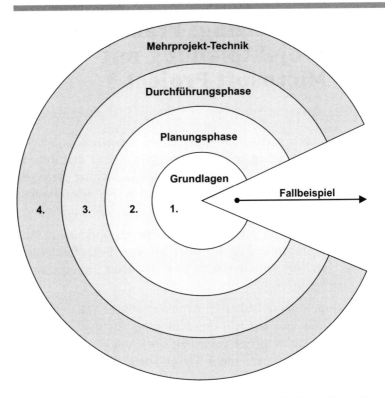

Abb. 1.0-1: Der Lernstoff ist zwiebelschalenförmig aufgebaut. Wenn Sie noch keine Vorkenntnisse haben, dann sollten Sie in der inneren Schale beginnen und nach außen fortschreiten.

■ Wissensbaustein »Installation von Microsoft Project« (S. 263)

Nach jeder Planung folgt die Durchführung der geplanten Tätigkeiten. Daher werden eine Planungsphase und eine Durchführungsphase unterschieden. »Microsoft Project« vereinfacht zwar das Projektmanagement, dennoch ist eine gute Planung die wichtigste Voraussetzung für einen erfolgreichen Projektverlauf.

Planungsphase   In der Gruppierung »Planungsphase« wird gezeigt, wie Sie

Basistext

1 Gliederung Projektplanung * 3

die theoretischen Grundlagen der Planung mit »Microsoft Project« in die Praxis umsetzen können:

- Wissensbaustein »Planungsphase« (S. 39)

Es werden die Aspekte der **Zeitplanung**, der **Einsatzmittelplanung**, der **Kostenplanung** und der **Optimierung** beschrieben. Jeder Wissensbaustein fokussiert ein zentrales Element. Beginnend mit einer einfachen Vorgangsliste wächst im Rahmen des Fallbeispiels schrittweise die Planung eines Projekts heran. Am Ende dieser Gruppierung ist die Planung abgeschlossen. Daraufhin kann mit der Durchführung des Projekts begonnen werden.

Während der Durchführung eines Projekts steht der Vergleich von Soll und Ist im Vordergrund:

Durchführungsphase

- Wissensbaustein »Durchführungsphase« (S. 189)

Der **Basisplan** bildet die Grundlage zur Überwachung von Projekten. Er ermöglicht den ständigen Vergleich von Planwerten mit den tatsächlichen Ist-Werten. Die Ist-Werte werden im Projektverlauf erfasst und geben Auskunft über den Projektfortschritt. Während der Planung können nicht alle Risiken erkannt werden. Im Projektverlauf müssen Änderungen oder zeitliche Verzögerungen aufgenommen werden. Daraus resultiert oftmals ein erhöhter Arbeitsaufwand. Um festgelegten Terminzielen gerecht zu werden, müssen Überstunden geleistet werden.

Microsoft Project unterstützt den Projektmanager bei der parallelen Bearbeitung verschiedener Projekte:

Mehrprojekttechnik

- Wissensbaustein »Mehrprojekttechnik« (S. 233)

Diese Mehrprojekttechnik benötigen Sie in folgenden Situationen:

- Mitarbeiter sind verschiedenen Projekten gleichzeitig zugeteilt.

Basistext

1 Gliederung Projektplanung *

- Vorgänge aus verschiedenen Projekten sollen miteinander verknüpft werden.
- Mehrere Projekte gehören inhaltlich zusammen (z.B. wenn ein großes Projekt in verschiedene Teilprojekte gegliedert wird) und sollen in einer Projektdatei verwaltet werden.

Basistext

2 Grundlagen der Planung *

Im Rahmen der Planung wird ein Projekt in verschiedene **Phasen** gegliedert.
Vorgänge werden beschrieben und **Abhängigkeiten** zwischen Vorgängen bestimmt.
Der Projektaufwand wird geschätzt, den Vorgängen werden **Ressourcen** zugeordnet und Kosten werden ermittelt. Daraufhin wird ein erster **Netzplan** erstellt. Dieser stellt die Basis für Optimierungsaufgaben im Bezug auf Termine, Arbeitsauslastung und Risiken dar.

■ Wissensbaustein »Elemente der Planung« (S. 7)

Für jeden Vorgang muss eine **Vorgangsdauer** festgelegt werden. Daher ist vorab eine Aufwandsschätzung für das Gesamtprojekt durchzuführen, aus der die Dauer der einzelnen Vorgänge hergeleitet werden kann.
Hierfür gibt es bestimmte Schätzverfahren, weiterhin können Erfahrungen aus vergangenen Projekten herangezogen werden.

Aufwandsschätzung

Die Dauer der einzelnen Vorgänge hängt von der Kapazität des Personals ab. Je mehr Mitarbeiter einem Vorgang zugeordnet werden, desto eher ist mit dessen Abschluss zu rechnen.
Ausgehend von den Schätzungen über den Aufwand der notwendigen Vorgänge und der vorhandenen Ressourcen kann die Dauer jedes Vorgangs ermittelt werden.

Dauer

Mit dem Wissen über die Vorgangsdauern und deren Abhängigkeiten zueinander kann ein Netzplan erstellt werden. Aus diesem wiederum lassen sich die **kritischen Vorgänge** und der **kritische Pfad** entnehmen.
Um eine zeitlich möglichst straffe Durchführung des Projekts zu gewährleisten, werden Vorgänge parallel gestar-

Netzplan

Gruppierung

2 Grundlagen der Planung *

tet, wenn es keine Abhängigkeitsbeziehungen zwischen ihnen gibt und keine terminlichen Restriktionen vorliegen, die einen frühestmöglichen Vorgangsstart verhindern. Dies hilft einerseits Zeit zu sparen. Andererseits stellt eine solche lückenlose Anordnung von Vorgängen **Pufferzeiten** bereit, da keine Leerlaufzeiten im Projekt entstehen. Sie schaffen somit Zeitreserven für risikobehaftete Vorgänge. Für risikoreiche Vorgänge ist ohnehin eine explizite Einplanung von Pufferzeiten ratsam.

■ Wissensbaustein »Zeitplanung und Netzpläne« (S. 13)

Ressourcen zuordnen

Nach der Terminplanung erfolgt die Zuordnung der Ressourcen. Der benötigte Bedarf sollte vorher geschätzt werden. Außerdem ist sicherzustellen, dass die benötigten Ressourcen in ausreichendem Maße hinsichtlich Zeit bzw. Menge verfügbar sind.

Bei der Verplanung von Humanressourcen sollte darauf geachtet werden, dass es nicht zu Überlastungen kommt. Diese müssen im Rahmen eines Kapazitätsabgleichs behoben werden.

■ Wissensbaustein »Einsatzmittelplanung« (S. 27)

Kosten zuordnen

Letztlich wird eine Wissensbaustein »Kostenplanung« (S. 35) durchgeführt. Ressourcen verursachen Kosten gemäß ihrem mengenmäßigen bzw. zeitlichen Aufwand sowie Kosten pro Einsatz. Diese werden fällig, wenn Ressourcen einem Vorgang **zugeordnet** werden. Vorgänge verursachen ihrerseits fixe Kosten, die unmittelbar mit der Durchführung in Zusammenhang stehen. Die Gesamtkosten für ein Projekt errechnen sich durch Verdichtung der Vorgangskosten.

■ Wissensbaustein »Kostenplanung« (S. 35)

Gruppierung

Anordnungsbeziehung Beziehung zwischen verknüpften → Vorgängen. Definiert Art und Reihenfolge der Verknüpfung von Vorgänger und Nachfolger. Kann als → Anfang-Anfang-Beziehung, → Anfang-Ende-Beziehung, → Ende-Anfang-Beziehung oder → Ende-Ende-Beziehung festgelegt werden. Syn.: Abhängigkeitsbeziehung, Verknüpfung
Dauer Zeitspanne, die für die Fertigstellung eines → Vorgangs erforderlich ist. Syn.: Vorgangsdauer
Kritischer Pfad Folge kritischer → Vorgänge. Verzögerungen führen zur Nichteinhaltung des spätesten Projektendtermins. Einhaltung aller Termine bedeutet den kürzestmöglichen Projektablauf.
Kritischer Vorgang → Vorgang ohne → Pufferzeit. Verzögerungen solcher Vorgänge führen zur Nichteinhaltung der spätesten Endtermine nachfolgend verknüpfter Vorgänge.

Netzplan Grafische Darstellung von → Vorgängen und → Meilensteinen zur Ermittlung der Bearbeitungsreihenfolge.
Phase Menge von zusammengehörigen → Vorgängen, die innerhalb eines Projekts eine sachlogische Einheit oder einen Arbeitsabschnitt bilden.
Pufferzeit Zeit, um die sich ein → Vorgang verzögern kann, ohne den Endtermin des Projekts zu verzögern. Errechnet sich aus dem Intervall zwischen frühestem und spätestem Anfangs- bzw. Endtermin eines Vorgangs.
Ressource Einsatzmittel (Mitarbeiter und Material) für die Durchführung bzw. Erledigung der Vorgänge.
Vorgang Eine Aktivität, die im Laufe des Projekts abgeschlossen werden muss. Wird von → Ressourcen bearbeitet.
Zuordnung Der Befehl an eine → Ressource, Arbeit an einem → Vorgang zu erledigen.

Glossar

2.1 Elemente der Planung *

Im Rahmen der Planung werden zuerst alle im Projekt anstehenden Aktivitäten als Vorgänge festgehalten. Zu jedem Vorgang werden bestimmte Attribute, wie dessen Dauer, Kosten und zugeordnetes Personal ermittelt. Eine Strukturierung des Projekts wird durch die Organisation von zusammengehörigen Vorgängen zu Phasen erreicht. Ferner werden Meilensteine formuliert, die Anfang und Ende dieser Phasen signalisieren. Dadurch ist ständig der aktuelle Fortschritt des Projekts ersichtlich. Eine Erweiterung der Struktur

Basistext

bilden **Abhängigkeiten zwischen Vorgängen**. Diese geben Auskunft über sachlogische Zusammenhänge und die Reihenfolge der Vorgangsbearbeitung. Diese Abhängigkeiten werden in Balkendiagrammen und Netzplandiagrammen grafisch dargestellt.

Planung ist die Vorbereitung zukünftigen Handelns. Im Rahmen dieser Planung werden die für die Erreichung des Ziels relevanten Schritte, Kosten und Termine sowie Rahmenbedingungen festgelegt.

Planung ist ein fortwährender Prozess. Änderungen der Gegebenheiten erfordern eine ständige Anpassung der Planung an die aktuelle Situation.

Durch den Vergleich von **Planwerten** mit tatsächlichen **Istwerten** wird die Planung kontinuierlich verbessert.

Vorgang — Die für die Durchführung eines Projekts notwendigen Tätigkeiten werden als **Vorgänge** formuliert.

Ein Vorgang ist eine elementare Aktivität, die durch einen Anfangs- und einen Endtermin charakterisiert ist.

Wesentliche Merkmale eines Vorgangs sind:

- Vorgangsname
  Die auszuführende Aktivität wird durch einen Namen beschrieben. Dieser dient in Microsoft Project ebenfalls zur Identifizierung bzw. Unterscheidung von Vorgängen.
- Zeitlicher Aufwand
  Bei gegebenem Anfangs- und Endtermin wird die Dauer ermittelt. Bei nur einem Termin und gegebener Dauer erfolgt die Berechnung des fehlenden Termins.
- Zugeordnete Ressourcen
  Ressourcen in diesem Sinne sind das Personal, welches den Vorgang bearbeitet, als auch die Betriebsmittel, die im Laufe der Durchführung verbraucht werden.
- Kosten
  Kosten, die unmittelbar mit der Durchführung eines Vorgangs anfallen, sind stets feste Kosten.

Basistext

2.1 Elemente der Planung *

Der Anteil eines Vorgangs am Gesamtaufwand des Projekts dient als Schlüssel für die Verteilung der Kosten auf die einzelnen Vorgänge.
Neben den festen Vorgangskosten entstehen Ressourcenkosten. Diese Kosten variieren mit dem für die Vollendung des Vorgangs notwendigen Personalaufwand und der Menge der eingebrachten Betriebsmittel.
Die Verfügbarkeit von Ressourcen ist somit ein wichtiger Faktor für die Dauer und die Kosten eines Vorgangs.

Kosten

Mehrere Vorgänge, die sachlogisch eine Einheit bilden, werden in **Phasen** organisiert. Das Projekt wird hierarchisch strukturiert.

Phase

Ein weiterer Aspekt der Strukturierung liegt im Festlegen von **Meilensteinen**. Sie sollten mindestens an den Anfang und das Ende eines Projekts sowie an das Ende jeder Phase einen Meilenstein setzen.
Ein Meilenstein ist ein Signal für den Projektmanager hinsichtlich des Projektfortschritts und verursacht selbst keine Arbeit.

Meilenstein

Meilensteine müssen bestimmten Anforderungen genügen, um als Werkzeug der Projektüberwachung bzw. als Indikator für den Projektfortschritt zu fungieren:

Anforderungen an Meilensteine

- Überprüfbarkeit

Meilensteine sollten Sie so formulieren, dass eine Messbarkeit des Ergebnisses gewährleistet ist. Jede Phase ist mit dem Erreichen ihres Meilensteins abgeschlossen. Sie müssen diese somit nicht weiter bearbeiten. Prozentuale Angaben (z.B. `50 % des Projekts abgeschlossen`) oder zeitliche Schätzwerte sind nicht überprüfbar. Deswegen sollten Sie solche Angaben vermeiden.

Basistext

Beispiele

Überprüfbare Meilensteine sind:
- ☐ Der Vertrag ist unterschrieben.
- ☐ Die Verteilung der Aufgaben ist abgeschlossen.
- ☐ Alle Steckdosen sind montiert.
- ☐ Die Festplatte ist vollständig formatiert.
- ☐ Der Kopiervorgang wurde beendet.

■ **Kurzfristigkeit**

Alle am Erreichen des Meilensteins beteiligten Vorgänge müssen in einem überschaubaren Zeitraum abgeschlossen werden können. Andernfalls werden auftretende Verzögerungen zu spät erkannt. Formulieren Sie im Zweifel mehr Meilensteine.

■ **Gleichverteilung**

Meilensteine sollten in möglichst gleichmäßigen Abständen definiert werden. Sie sollten möglichst Blöcke von vergleichbarem Aufwand mit einem Meilenstein abschließen. Dadurch vermeiden Sie, dass zu bestimmten Zeitpunkten keine aussagekräftigen Werte über den Projektfortschritt vorliegen.

Abhängigkeit

Vorgänge existieren nicht isoliert, sondern stehen in bestimmten **Abhängigkeitsbeziehungen** zueinander.

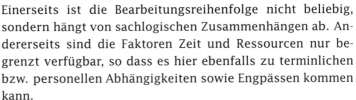

Einerseits ist die Bearbeitungsreihenfolge nicht beliebig, sondern hängt von sachlogischen Zusammenhängen ab. Andererseits sind die Faktoren Zeit und Ressourcen nur begrenzt verfügbar, so dass es hier ebenfalls zu terminlichen bzw. personellen Abhängigkeiten sowie Engpässen kommen kann.

Abhängigkeiten werden in grafischen Darstellungen besonders deutlich. Übliche Diagrammtypen sind hierbei **Balkendiagramme** und **Netzplandiagramme**.

Balkendiagramm

Balkendiagramme (nach ihrem Entwickler auch **Gantt-Diagramme** genannt) werden wie folgt unterschieden:

Basistext

2.1 Elemente der Planung *

- **Vorgangsbezogene Balkendiagramme** (Abb. 2.1-1) beinhalten in der vertikalen Richtung die einzelnen Vorgänge. Die horizontale Achse zeigt den Zeitablauf, wobei die Länge eines Balkens die Dauer des Vorgangs repräsentiert. Die Namen der zugeordneten Ressourcen können dem Vorgangsbalken hinzugefügt werden.

- Bei **personalbezogenen Balkendiagrammen** werden die Ressourcen auf der Vertikalen eingetragen. Im Zeitablauf (horizontale Achse) ist ersichtlich, wann eine Person bestimmte Vorgänge bearbeitet.

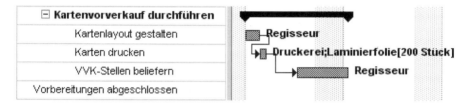

Abb. 2.1-1: *Ein vorgangsbezogenes Balkendiagramm in der Darstellung von Microsoft Project. Personalbezogene Balkendiagramme werden von Microsoft Project nicht unterstützt.*

Netzplandiagramme werden in drei verschiedene Arten gegliedert:

Netzplandiagramm

- In **Vorgangsknoten-Netzplänen** (Abb. 2.1-2) werden die einzelnen Vorgänge als Knoten in Form von Rechtecken dargestellt. Abhängigkeiten zwischen Vorgängen werden in Form von Verbindungspfeilen modelliert. In Vorgangsknoten-Netzplänen werden keine Ereignisse dargestellt. Meilenstein-Ereignisse werden ähnlich wie Vorgängen modelliert. Eine Dauer von null Zeiteinheiten und eine zusätzliche Umrandung unterscheiden Vorgänge und Meilensteine.

- In **Vorgangspfeil-Netzplänen** (Abb. 2.1-3) werden Ereignisse als Knoten dargestellt. Ein Vorgang, der von einem

Basistext

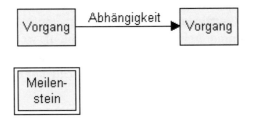

Abb. 2.1-2: Darstellung eines Vorgangsknoten-Netzplandiagramms.

Ereignis zum nächsten führt, verbindet die Ereignisse als Pfeil. Abhängigkeiten werden nicht modelliert.

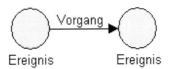

Abb. 2.1-3: Darstellung eines Vorgangspfeil-Netzplandiagramms.

- In **Ereignisknoten-Netzplänen** (Abb. 2.1-4) werden Ereignisse als Knoten modelliert. Abhängigkeiten zwischen Ereignissen werden als Pfeile dargestellt. Vorgänge werden nicht berücksichtigt.

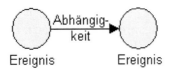

Abb. 2.1-4: Darstellung eines Ereignisknoten-Netzplandiagramms.

Basistext

Grafische Darstellungen bieten nur begrenzte Informationen. Sie können zusätzlich verschiedene Tabellen erstellen, die bestimmte Aspekte der Planung fokussieren.

Balkendiagramm Standardansicht von Microsoft Project. Hier werden → Vorgänge sowohl grafisch als auch tabellarisch dargestellt. Im grafischen Teil werden Vorgänge durch Balken dargestellt. Die Länge der Balken ist abhängig von der → Dauer. Ihre Position wird durch Anfangs- und Endtermin bestimmt. → Verknüpfungen zwischen Vorgängen werden durch Verbindungspfeile symbolisiert. Die Namen der → Ressourcen, die einen Vorgang bearbeiten, werden neben dem Vorgangsbalken angezeigt. Im linken Bildschirmbereich werden diese Informationen tabellarisch dargestellt. Erstellen, Bearbeiten und Ändern von Vorgängen ist in beiden Bereichen möglich. Syn.: Gantt-Diagramm
Istwert Ein im Projektverlauf tatsächlich eingetretener Wert für Dauer, Kosten, Termine etc. Kann vom ursprünglichen → Planwert abweichen. Abweichungen von Istwert und Planwert können ermittelt werden, wenn der Planwert im → Basisplan festgehalten wurde.
Meilenstein Signal für das Erreichen eines Teilzieles. In der Regel dargestellt als → Vorgang mit einer → Dauer von null Tagen.
Planwert Ein Wert, der im Rahmen der Planung für Dauer, Kosten, Termine etc. geschätzt wurde. Im Projektverlauf wird ein entsprechender → Istwert ermittelt. Dieser kann vom ursprünglichen Planwert abweichen. Abweichungen von Istwert und Planwert können ermittelt werden, wenn der Planwert im → Basisplan festgehalten wurde. Syn.: Sollwert

Glossar

2.2 Zeitplanung und Netzpläne **

Ein Projekt wird entweder vorwärts oder rückwärts berechnet. Bei der Vorwärtsberechnung wird die Projektlaufzeit vom frühesten Anfangstermin aus geplant, bei der Rückwärtsberechnung vom spätesten Endtermin. Für jeden Vorgang müssen bestimmte Eigenschaften festgelegt werden. Hierzu zählen Dauer und Termine, Pufferzeiten sowie Abhängigkeiten der Vorgänge untereinander und Vorgangseinschränkungen. Abhängigkeiten regeln die Bearbeitungsreihen-

Basistext

folge der Vorgänge und beschreiben deren sachlogische Zusammenhänge. **Einschränkungen** erfassen bestimmte Terminbedingungen oder Terminziele für einen betrachteten Vorgang. Sie stehen in den meisten Fällen mit einem Einschränkungstermin in Verbindung. **Pufferzeiten bilden das Intervall zwischen dem frühesten und spätesten Anfangs- oder Endtermin von Vorgängen und entstehen durch den Einsatz von Einschränkungen. Überschreitungen von Pufferzeiten führen zu Verzögerungen und erschweren die Einhaltung von Terminen.**

Termindurchrechnung

Für den Netzplan entscheiden Sie sich anfangs für eine Art der **Termindurchrechnung**. Hier stehen die **Vorwärtsberechnung** und die **Rückwärtsberechnung** zur Auswahl.

- Bei der Vorwärtsberechnung wird vom frühesten Anfangstermin eines Projekts bzw. dessen Startvorgangs ausgegangen.
Das früheste Ende des Startvorgangs wird erreicht, indem dessen **Dauer** zum Anfangstermin hinzugerechnet wird.
Der früheste Anfangstermin eines nachfolgenden Vorgangs folgt unmittelbar auf den frühesten Endtermin des Startvorgangs, sofern keine **Abhängigkeit** zwischen diesen existiert, die einen **Zeitabstand** vorsieht.
- Bei der Rückwärtsberechnung wird vom spätesten Endtermin des letzten Vorgangs des Projektes ausgegangen. Diese Termindurchrechnung minimiert die Dauer eines Projekts. Nachteilig ist jedoch, dass es zu keinerlei Verzögerungen im Projekt kommen darf, ohne dass sich der geplante Endtermin dadurch verzögert. Es stehen also keine **Pufferzeiten** zur Verfügung.
Ausgehend vom spätesten Endtermin des letzten Vorgangs wird dessen spätester Anfangstermin durch Abziehen der Vorgangsdauer ermittelt. Unmittelbar davor liegt der späteste Endtermin seiner Vorgänger – wiederum un-

Basistext

2.2 Zeitplanung und Netzpläne ** 15

ter Berücksichtigung von Abhängigkeiten und Zeitabständen.

Im Rahmen der Zeitplanung und für die Erstellung eines **Netzplans** müssen Sie für jeden **Vorgang** folgende wesentliche Eigenschaften festlegen.

Eigenschaften eines Vorgangs

Die **Vorgangsdauer** ist die Zeit, die verstreicht, bis der Vorgang abgeschlossen ist.

Dauer

Die Zeit, die eine **Ressource** mit der Bearbeitung eines Vorgangs verbringt, wird als **Arbeitsdauer** bezeichnet.
Vorgangsdauer und Arbeitsdauer unterscheiden sich, wenn mehrere Ressourcen an einem Vorgang arbeiten.

Der Vorgang »Fragebogen auswerten« hat eine Vorgangsdauer von 4 Tagen. Werden zwei Personen mit der Auswertung des Fragebogens beschäftigt, so beträgt die Arbeitsdauer pro Person 2 Tage. Verwenden diese Ressourcen nun aber nur 50 % ihrer Arbeitszeit auf die Auswertung des Fragebogens, dann beträgt die Arbeitsdauer 4 Tage. Dieser Wert entspricht wiederum dem Einsatz einer einzigen Vollzeitkraft. In diesem Fall entspricht die Vorgangsdauer der Arbeitsdauer.

Beispiel

Die Bearbeitung eines Vorgangs muss innerhalb seiner **geplanten Termine** verlaufen. Der Beginn eines Vorgangs muss zwischen seinem **frühesten** und **spätesten Anfangstermin** liegen. Analog gibt es für jeden Vorgang einen **frühesten** und **spätesten Endtermin**.
Je später der Start des Vorgangs erfolgt, desto später endet er selbstverständlich.
Eine Startverzögerung darf sich ausschließlich innerhalb des Intervalls zwischen frühestem und spätestem Anfangstermin bewegen.
Eine Verzögerung des Starts über den spätesten Anfangstermin hinaus führt zwangsläufig zu einer Verzögerung des

Termine

Basistext

Projekts, denn der späteste Endtermin ist somit nicht mehr einzuhalten.

Die **tatsächlichen Termine** sind die Zeitpunkte, zu denen ein Vorgang im Projektverlauf wirklich beginnt. Diese können von den geplanten Terminen abweichen.

Abhängigkeiten

Nicht alle Vorgänge lassen sich unabhängig voneinander bearbeiten. **Abhängigkeiten** bzw. **Anordnungsbeziehungen** regeln die Bearbeitungsreihenfolge der Vorgänge. Anordnungsbeziehungen sind stets Beziehungen zwischen einem Vorgänger und einem Nachfolger. Der jeweils nachfolgende Vorgang ist von seinem Vorgänger **abhängig**. Im Netzplan werden Abhängigkeiten durch Verbindungspfeile symbolisiert. Die Richtung eines Verbindungspfeils zeigt vom Vorgänger auf den Nachfolger.

Es sind vier verschiedene Anordnungsbeziehungen möglich:

- **Ende-Anfang-Beziehung** (EA): Normalfolge
- **Anfang-Anfang-Beziehung** (AA): Anfangsfolge
- **Ende-Ende-Beziehung** (EE): Endfolge
- **Anfang-Ende-Beziehung** (AE): Sprungfolge

Die abhängigen Vorgänge müssen nicht unmittelbar aufeinander folgen. Jede Anordnungsbeziehung kann durch einen **Zeitabstand** näher definiert werden. Zeitabstände können positive und negative Werte annehmen. Diese werden in einer Zeiteinheit (z.B. Tage, Stunden) oder als Prozentwert bestimmt.

Ende-Anfang-Beziehung

Bei der Normalfolge kann ein abhängiger Vorgang erst nach Fertigstellung seines Vorgängers beginnen. Abb. 2.2-1 zeigt eine EA-Beziehung in der Netzplandarstellung, Abb. 2.2-2 eine EA-Beziehung im Gantt-Diagramm.

Beispiel

Mit dem Streichen einer Hausfassade kann erst begonnen werden, wenn der Aufbau eines Gerüsts abgeschlossen ist.

Basistext

2.2 Zeitplanung und Netzpläne **

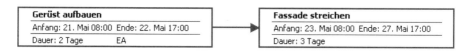

Abb. 2.2-1: Darstellung einer Ende-Anfang-Beziehung im Vorgangsknoten-Netzplan.

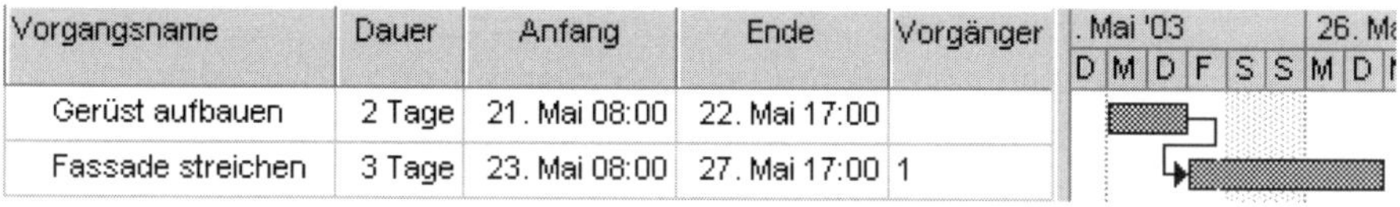

Vorgangsname	Dauer	Anfang	Ende	Vorgänger
Gerüst aufbauen	2 Tage	21. Mai 08:00	22. Mai 17:00	
Fassade streichen	3 Tage	23. Mai 08:00	27. Mai 17:00	1

Abb. 2.2-2: Eine Ende-Anfang-Beziehung im Gantt-Diagramm. Die EA-Beziehung ist der Standardfall und wird in der Spalte Vorgänger *nicht vermerkt.*

Ein Zeitabstand wird vom Endtermin des Vorgängers zum Anfangstermin des Nachfolgers beschrieben.

Beispiel

- Soll der abhängige Vorgang 2 Tage nach seinem Vorgänger beginnen, so ist ein Zeitabstand von +2 Tagen zu wählen (Abb. 2.2-3 links).
- Soll der abhängige Vorgang 2 Tage vor dem Ende des Vorgängers beginnen, ist entsprechend ein Zeitabstand von -2 Tagen zu festzulegen (Abb. 2.2-3 rechts).

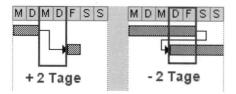

Abb. 2.2-3: Verschiedene Zeitabstände von Ende-Anfang-Beziehungen im Gantt-Diagramm.

Basistext

2 Grundlagen der Planung *

Prozentuale Angaben des Zeitabstandes beziehen sich immer auf die Dauer des Vorgängers.

Beispiel

- Ist der Vorgänger 4 Tage lang und ein Zeitabstand von 200 % gewählt, so beginnt der abhängige Vorgang 8 Tage nach Ende seines Vorgängers.
- Analog bedeutet ein Zeitabstand von -20 %, dass der abhängige Nachfolger beginnen kann, sobald sein Vorgänger zu 80 % abgeschlossen ist.

Anfang-Anfang-Beziehung

Bei der Anfangsfolge kann ein abhängiger Vorgang erst beginnen, wenn sein Vorgänger begonnen hat. Abb. 2.2-4 zeigt eine AA-Beziehung in der Netzplandarstellung, Abb. 2.2-5 eine AA-Beziehung im Gantt-Diagramm.

Beispiel

Sie haben ein Softwareprodukt entwickelt und wollen die Mitarbeiter des Kunden vor Ort schulen. Die Schulungen können erst aufgenommen werden, wenn die Auslieferung der Software begonnen hat.

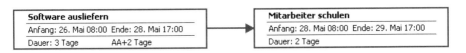

Abb. 2.2-4: Darstellung einer Anfang-Anfang-Beziehung im Vorgangsknoten-Netzplandiagramm.

Wie Sie dem Beispiel entnehmen können, darf ebenfalls mit Zeitabständen gearbeitet werden. Bei der AA-Beziehung erwirkt ein positiver Zeitabstand eine Vorlaufzeit für den ersten (unabhängigen) Vorgang (Abb. 2.2-6).

Basistext

2.2 Zeitplanung und Netzpläne **

Vorgangsname	Dauer	Anfang	Ende	Vorgänger	26. Mai '03 S M D M D F
Software ausliefern	3 Tage	26. Mai 08:00	28. Mai 17:00		
Mitarbeiter schulen	2 Tage	28. Mai 08:00	29. Mai 17:00	1AA+2 Tage	

Abb. 2.2-5: Eine Anfang-Anfang-Beziehung im Gantt-Diagramm. Der Verbindungspfeil weist vom Anfang des Vorgängers zum Anfang des Nachfolgers.

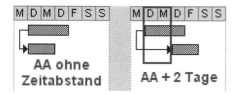

Abb. 2.2-6: Verschiedene Zeitabstände einer Anfang-Anfang-Beziehung im Gantt-Diagramm.

Anordnungsbeziehungen sind stets Vorgänger-Nachfolger-Beziehungen, wobei der Nachfolger von seinem Vorgänger abhängig ist. Eine Anfang-Anfang-Beziehung bedeutet demnach nicht, dass die Vorgänge zwingend zeitgleich (parallel) beginnen, sondern dass der Anfang des Nachfolgers nicht vor dem Anfang des Vorgängers erfolgen darf. Dies gilt analog für die Ende-Ende-Beziehung.

Bei der Endfolge kann ein abhängiger Vorgang erst nach Fertigstellung seines Vorgängers enden. Abb. 2.2-7 zeigt eine EE-Beziehung in der Netzplandarstellung, Abb. 2.2-8 eine EE-Beziehung im Gantt-Diagramm.

Ende-Ende-Beziehung

Bei der Durchführung eines Softwareprojekts kann die Testphase erst abgeschlossen werden, wenn der Quellcode vollständig geschrieben ist. Anderenfalls ist nicht sicherge-

Beispiel

Basistext

stellt, dass das System vollständig getestet wurde.

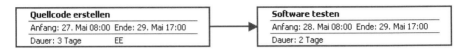

Abb. 2.2-7: Darstellung einer Ende-Ende-Beziehung im Vorgangsknoten-Netzplandiagramm.

Vorgangsname	Dauer	Anfang	Ende	Vorgänger	26. Mai '03 M D M D F
Quellcode erstellen	3 Tage	27. Mai 08:00	29. Mai 17:00		
Software testen	2 Tage	28. Mai 08:00	29. Mai 17:00	1EE	

Abb. 2.2-8: Eine Ende-Ende-Beziehung im Gantt-Diagramm. Der Verbindungspfeil weist vom Ende des Vorgängers zum Ende des Nachfolgers.

Bei der EE-Beziehung sind die Endtermine die ausschlaggebenden Größen für Zeitabstände.

Ein Zeitabstand von 2 Tagen bedeutet demnach, dass der Endtermin des Nachfolgers 2 Tage hinter dem Endtermin des Vorgängers liegt.

Anfang-Ende-Beziehung

Bei der Sprungfolge kann ein abhängiger Vorgang erst enden, wenn sein Vorgänger begonnen hat. Abb. 2.2-9 zeigt eine AE-Beziehung im Gantt-Diagramm.

Beispiel

Sie melden Ihren alten Telefonanschluss erst ab, wenn Sie unter einer neuen Rufnummer zu erreichen sind.

Zeitabstände richten sich nach dem Anfangstermin des Vorgängers und dem Endtermin des Nachfolgers.

Bei einem Zeitabstand von 2 Tagen wird der Endtermin des Nachfolgers 2 Tage nach dem Beginn des Vorgängers erreicht.

Basistext

Vorgangsname	Dauer	Anfang	Ende	Vorgänger	26. Mai '1 M D M
Neue Rufnummer aktiviert	1 Tag	27. Mai 08:00	27. Mai 17:00		
Alten Anschluss abmelden	1 Tag	27. Mai 08:00	27. Mai 17:00	1AE	

Abb. 2.2-9: Eine Anfang-Ende-Beziehung im Gantt-Diagramm. Der Verbindungspfeil weist vom Anfang des Vorgängers zum Ende des Nachfolgers.

Das Intervall zwischen frühestem und spätestem Anfangstermin wird als **Pufferzeit** bezeichnet. Beginnt ein Vorgang zum frühesten Termin, so kann er sich um diese Pufferzeit verzögern, ohne das Projekt zu verlängern.
Große Pufferzeiten sichern einen verzögerungsfreien Projektverlauf.
Zu unterscheiden sind die **freie Pufferzeit**, deren Überschreitung einen anderen Vorgang verzögert sowie die **gesamte Pufferzeit**, deren Überschreitung hingegen das gesamte Projekt verlängert.

Pufferzeit

Vorgänge ohne Pufferzeiten werden als **kritisch** bezeichnet, eine zusammenhängende Kette kritischer Vorgänge als **kritischer Pfad**.
Verzögert sich ein kritischer Vorgang, kann er nicht zu seinem spätesten Endtermin abgeschlossen werden. Dadurch verzögern sich nachfolgende Vorgänge. Die Pufferzeiten der Nachfolger reduzieren sich um diese Verzögerung.
Liegt der verzögerte Vorgang auf dem kritischen Pfad, kann das Projekt nicht mehr termingerecht abgeschlossen werden, da die nachfolgenden Vorgänge des kritischen Pfads ebenfalls über keinerlei Pufferzeiten verfügen.

Kritischer Pfad

Pufferzeiten entstehen in Kombination mit **Vorgangseinschränkungen**.
Bei der Vorwärtsberechnung eines Projekts beginnen alle Vorgänge so früh wie möglich. Auf diese Weise werden die Pufferzeiten bestmöglich ausgeschöpft. Bestimmte Termin-

Einschränkungen

Basistext

bedingungen oder Terminziele lassen diese variable Berechnung jedoch nicht zu.

Insgesamt sind acht verschiedene Einschränkungsarten modellierbar:

- So früh wie möglich.
  Der Vorgang beginnt so früh wie möglich, sofern Vorgängerbeziehungen dies gestatten.
- So spät wie möglich.
  Der Vorgang beginnt zum spätesten Anfangstermin.
- Ende nicht früher als.
  Der Vorgang endet zum festgelegten Termin oder später. Ein früheres Ende ist unzulässig.
- Anfang nicht früher als.
  Der Vorgang beginnt zum festgelegten Termin oder später. Ein früherer Start ist unzulässig.
- Ende nicht später als.
  Der Vorgang endet zum festgelegten Termin oder früher. Ein späteres Ende ist unzulässig.
- Anfang nicht später als.
  Der Vorgang beginnt zum festgelegten Termin oder früher. Ein späterer Start ist unzulässig.
- Muss enden am.
  Der Vorgang endet genau zum festgelegten Termin.
- Muss anfangen am.
  Der Vorgang beginnt genau zum festgelegten Termin.

Einschränkungstermin

Mit Ausnahme der Optionen **so früh wie möglich** und **so spät wie möglich** sind alle Einschränkungsarten an einen festen **Einschränkungstermin** gebunden. Dieser darf für die Fälle **Ende/Anfang nicht früher/später als** nur in einer zeitlichen Richtung über- oder unterschritten werden. Einschränkungen der Form **Muss enden/anfangen am** gestatten keinen Terminverzug.

Flexibilität

Im Hinblick auf ihre Flexibilität lassen sich die Einschränkungen somit in drei Stufen gliedern:

Basistext

- Die Einschränkungen so früh wie möglich und so spät wie möglich können sowohl verfrüht als auch verspätet starten. Ausgehend von einem geplanten Zeitpunkt werden also Verschiebungen in beide zeitlichen Richtungen gestattet. Diese Einschränkungen bieten die höchste Flexibilität.
- Die Einschränkungen muss enden am und muss anfangen am sind die schärfsten Einschränkungen, da sie keine Abweichung (weder früher noch später) vom Einschränkungstermin zulassen.
- Die übrigen Einschränkungen sind zeitlich nur in einer Richtung beschränkt. Je nach Typ wird entweder ein vorzeitiges Erreichen oder ein späteres Eintreten des jeweiligen Einschränkungstermins gestattet.

In der Abb. 2.2-10 sind verschiedene Vorgänge blau dargestellt. An den jeweiligen Einschränkungsterminen symbolisieren die grünen (roten) Balken, in welcher Richtung eine Verschiebung gestattet (nicht gestattet) ist.

Unnötige Einschränkungen vermeiden Die flexibleren Einschränkungen sind unproblematischer im Umgang mit Verzögerungen. Sie sollten deshalb nur mit den festen Varianten arbeiten, wenn wirklich eine derartige kalendarische Bindung für den Vorgang vorliegt.	Tipp
Spätestens wenn Vorgänge miteinander verknüpft werden, führen Termineinschränkungen bei Verzögerungen zu weiteren Komplikationen. Nachfolgende Vorgänge verschieben sich zwangsläufig ebenfalls nach hinten.	Tipp
Der Koordinationsaufwand durch Verzögerungen ist ohnehin immens, wenn man allein die Folgen für die Ressourcenplanung betrachtet.	Tipp

Basistext

2 Grundlagen der Planung *

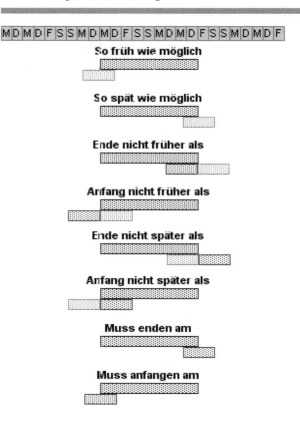

Abb. 2.2-10: Übersicht aller Einschränkungen im Hinblick auf zulässige Terminverschiebungen. Für den relevanten Einschränkungstermin signalisieren die unteren Balken, ob eine Verschiebung in die betrachtete Richtung zulässig (grüner Balken) oder unzulässig (roter Balken) ist.

Basistext

2.2 Zeitplanung und Netzpläne **

Unnötige Einschränkung sollten also vermieden werden. Auch wenn Sie einen Vorgang schneller als erwartet abschließen, ist die Flexibilität bei den variablen Einschränkungen größer. Haben Sie für den Nachfolgevorgang einen Anfangstermin explizit festgelegt und damit eine Einschränkung vom Typ **Anfang nicht früher als**, so wird der Vorgang auch nicht eher begonnen und die gewonnene Pufferzeit verstreicht ungenutzt.

Tipp

Einschränkungen mit festen Terminen können zu negativen Pufferzeiten führen. Ein Netzplan ohne solche negativen Pufferzeiten wird als **zeitkonsistent** bezeichnet.

Bei großen Projekten können Sie den Netzplan in verschiedene Teilnetzpläne zerlegen.

Netzplanstrukturierung

Diese können nach Organisationsaspekten gebildet werden, so dass nur die Vorgänge im jeweiligen Teilplan abgebildet werden, die von einer Organisationseinheit bearbeitet werden.

Ferner können Sie eine Zerlegung nach Gliederungsaspekten durchführen.

Hierbei fassen Sie zusammengehörige Vorgänge zu Phasen zusammen. So können verschiedene Netzpläne die einzelnen Hierarchiestufen abbilden.

Ein Meilensteinnetzplan besteht nur aus **Meilensteinen** und enthält keine anderen Vorgänge.

Abhängigkeitsbeziehung Beziehung zwischen verknüpften → Vorgängen. Definiert Art und Reihenfolge der Verknüpfung von Vorgänger und Nachfolger. Kann als → Anfang-Anfang-Beziehung, → Anfang-Ende-Beziehung, → Ende-Anfang-Beziehung oder → Ende-Ende-Beziehung festgelegt werden.

Anfang-Anfang-Beziehung → Anordnungsbeziehung zwischen → Vorgängen. Der Nachfolger kann beginnen, sobald der Vorgänger beginnt. Kann durch die Angabe eines → Zeitabstandes genauer definiert werden.

Anfang-Ende-Beziehung → Anordnungsbeziehung zwischen → Vorgängen. Der Nachfolger kann enden, sobald der Vorgänger be-

Glossar

Basistext

gonnen hat. Kann durch die Angabe eines → Zeitabstandes genauer definiert werden.

Arbeitsdauer Zeit, die eine → Ressource benötigt, um einen → Vorgang abzuschließen.

Einschränkung Eine Bedingung, welche die Termine eines → Vorgangs auf der Zeitachse einschränkt. Je nach Art der Bedingung können Vorgänge einen → Einschränkungstermin nicht über- oder unterschreiten bzw. müssen genau termingerecht starten oder enden.

Einschränkungstermin Zeitpunkt, der in Verbindung mit einer → Vorgangseinschränkung festgelegt wird. Je nach Einschränkungsart darf der Termin nur unterschritten oder überschritten werden. Im strengsten Fall der Einschränkung muss er exakt eingehalten werden.

Ende-Anfang-Beziehung Der Standardfall einer → Anordnungsbeziehung zwischen → Vorgängen. Der Nachfolger kann beginnen, sobald der Vorgänger beendet ist. Kann durch die Angabe eines → Zeitabstandes genauer definiert werden.

Ende-Ende-Beziehung → Anordnungsbeziehung zwischen → Vorgängen. Der Nachfolger kann enden, sobald der Vorgänger beendet ist. Kann durch die Angabe eines → Zeitabstandes genauer definiert werden.

Geplante Termine Früheste Anfangs- und Endtermine eines → Vorgangs. Werden im Rahmen der → Projektplanung ermittelt. Bei der → Vorwärtsberechnung werden geplante Termine späterer Vorgänge ausgehend vom Projektstart berechnet. Bei der Rückwärtsberechnung werden die spätesten Anfangs- und Endtermine der Vorgänge ermittelt, die am Projektende liegen. Die Ermittlung der späten Termine früherer Vorgänge erfolgt zeitlich in rückwärtiger Richtung.

Rückwärtsberechnung Alle Termine eines Projekts werden vom spätesten Endtermin aus berechnet. Späteste Endtermine früherer → Vorgänge errechnen sich ausgehend vom spätesten Ende des letzten Vorgangs unter Berücksichtigung von → Abhängigkeitsbeziehungen und → Zeitabständen.

Tatsächlicher Termin Tatsächlich eingetretene Anfangs- und Endtermine aller → Vorgänge. Können von den → geplanten Terminen abweichen.

Vorwärtsberechnung Alle Termine eines Projekts werden vom frühesten Anfangstermin aus berechnet. Früheste Anfangstermine nachfolgender → Vorgänge errechnen sich ausgehend vom frühesten Start des ersten Vorgangs unter Berücksichtigung von → Abhängigkeitsbeziehungen und → Zeitabständen.

Zeitabstand Nebenbedingung einer → Anordnungsbeziehung. Absoluter oder prozentualer Abstand zwischen den Terminen von verknüpften → Vorgängen.

Basistext

2.3 Einsatzmittelplanung **

Mitarbeiter, Betriebsmittel und Geldmittel werden als Einsatzmittel bezeichnet. Ziel der Personaleinsatzplanung ist eine gleich bleibende Auslastung der Mitarbeiter über die gesamte Projektdauer. Ihr Einsatz kann termintreu oder kapazitätstreu geplant werden. Die Planung erfolgt in vier Schritten von der Ermittlung des Personalvorrats über die Ermittlung des tatsächlichen Bedarfs hin zum Vergleich von Bedarf und Vorrat sowie der anschließenden Optimierung des Personaleinsatzes. Im Hinblick auf Betriebsmittel erfolgt nur dann eine Planung, wenn es zu möglichen Engpässen kommen kann.

Für die Durchführung von **Vorgängen** müssen Einsatzmittel bereitgestellt werden.

Im Rahmen der Einsatzmittelplanung ermitteln Sie deren Bedarf und verteilen diesen auf Vorgänge bzw. Projekte. Weiterhin erfolgt eine Optimierung hinsichtlich Engpässen bzw. Leerlaufzeiten.

Als **Einsatzmittel** werden Mitarbeiter, Betriebsmittel und Geldmittel betrachtet, wobei Mitarbeiter und Betriebsmittel ihrerseits auch als **Ressourcen** bezeichnet werden.

Wenn die ausreichende Verfügbarkeit von Mitarbeitern zu einem Zeitpunkt nicht gegeben ist, führt dies entweder zu Überlastungen des beteiligten Personals oder zu Verzögerungen der bearbeiteten Vorgänge.

Betriebsmittel können eventuell nicht in der benötigten Menge bereitstehen. Folglich gibt es neben dem zeitkritischen Pfad noch einen kapazitätskritischen Pfad.

Personaleinsatzplanung

Einen optimalen **Personaleinsatz** erreichen Sie, wenn über die gesamte Dauer eines Projekts die Auslastung der Mitarbeiter gleich bleibend ist, ohne dass es zu **Überlastungen**

Personaleinsatz

Basistext

oder Unterauslastungen kommt. Zusätzlich sollten Sie bei der Planung des Personaleinsatzes Faktoren wie die Qualifikation der einzelnen Mitarbeiter, deren zeitliche, örtliche und mengenmäßige Verfügbarkeit sowie deren organisatorische Zuordnung beachten.

Je nach Ausgangssituation sind die **termintreue** und die **kapazitätstreue** Einsatzmittelplanung zu unterscheiden. Ist ein fixer Endtermin für das Projekt vorgegeben, so müssen Sie daraufhin die nötige Personalkapazität ermitteln. Man spricht von einer termintreuen Einsatzmittelplanung. Ist hingegen ein fester Personalstamm bzw. ein permanentes Projektteam im Einsatz, so ermitteln Sie anhand der vorhandenen Arbeitskräfte für ein Projekt den frühesten Endtermin. Eine kapazitätstreue Einsatzmittelplanung liegt vor. Bei dieser Berechnung wird von einem optimalen (nicht: maximalen) Personaleinsatz ausgegangen.

Beispiel **Termintreue Einsatzmittelplanung** Eine Bauunternehmung hat eine Lagerhalle zu errichten. Der Fertigstellungszeitpunkt ist vertraglich festgesetzt. Gegen Ende des Bauprojekts zeichnet sich ab, dass der Termin unter dem gegebenen Personaleinsatz nicht einzuhalten ist. Aufgrund der zugesicherten Termintreue ist die Bauunternehmung gezwungen, den Personaleinsatz zu erhöhen.

Beispiel **Kapazitätstreue Einsatzmittelplanung** Eine Versicherung erteilt der hauseigenen IT-Abteilung den Auftrag zur Erstellung einer Datenbank. Der Abteilungsleiter schätzt den frühesten Endtermin für dieses Projekt anhand des Aufgabenumfangs und der Zahl der ihm zur Verfügung stehenden Mitarbeiter in der Abteilung. Gegen Ende des Projekts zeichnet sich ab, dass der Termin nicht einzuhalten ist. Da keine weiteren Mitarbeiter vorhanden sind und auch kein externer Dienstleister beauftragt werden soll, verzögert sich der End-

Basistext

2.3 Einsatzmittelplanung **

termin des Projekts geringfügig.

Generell besteht die Personaleinsatzplanung aus vier Schritten:

- Personalvorrat ermitteln
- Personalbedarf ermitteln
- Bedarf und Vorrat vergleichen
- Optimierung des Personaleinsatzes

Unter dem Aspekt der Qualifikation können Sie Personal- bzw. Arbeitsressourcen in Gruppen einteilen. Diese Gruppen sollten eine vergleichbare Qualifikation und damit ein vergleichbares Einsatzgebiet haben. Diese Gruppen werden den Vorgängen zugeordnet, die sie aufgrund ihrer Qualifikation bearbeiten können. *Personalvorrat ermitteln*

Ziel der Zeitplanung ist es, die vorhandene Personalkapazität für einen bestimmten Zeitraum zu ermitteln. *Zeitplanung*
Der **Brutto-Zeitvorrat** ist die maximal erreichbare Arbeitszeit über den betrachteten Zeitraum.
Berücksichtigen Sie hierbei Zu- und Abgänge durch Neueinstellungen, Kündigungen, Versetzungen etc.

Für die folgenden Berechnungen sind diese Annahmen über die Arbeitszeit zugrundezulegen: *Beispiel*

- Die tägliche Arbeitszeit beträgt 8 Stunden.
- Eine Woche umfasst 5 Arbeitstage, somit beträgt die wöchentliche Arbeitszeit 40 Stunden.
- Ein Monat hat 20 Arbeitstage.

Auf Basis dieser Annahmen erhalten Sie eine Brutto-Jahresarbeitszeit von **1920 Stunden pro Mitarbeiter jährlich**.
Der Rechenweg wird in Abb. 2.3-1 dargestellt.

Basistext

2 Grundlagen der Planung *

	Brutto-Zeitvorrat	
	8	Stunden / Tag
x	20	Tage / Monat
=	160	Stunden / Monat
x	12	Monate / Jahr
=	1920	**Stunden / Jahr**

Abb. 2.3-1: Formel für die Berechnung der jährlichen Brutto-Arbeitszeit für einen Mitarbeiter.

Von der Brutto-Arbeitszeit gelangen Sie zur **Netto-Arbeitszeit**, indem Sie Urlaubs- und Krankheitszeiten abziehen.

Beispiel Ein durchschnittlicher Angestellter hat im Jahr 6 Wochen Urlaub und ist 14 Tage krank. Diese 8 Wochen (= 320 Stunden) werden von der Brutto-Jahresarbeitszeit abgezogen. Somit ergibt sich eine Netto-Jahresarbeitszeit von 1600 Stunden pro Mitarbeiter/Jahr.

Dieser Fehlbetrag kann für jeden Mitarbeiter als pauschaler Schätzwert eingesetzt werden. Daten über Fehlzeiten aus der Vergangenheit verbessern die Schätzung.

Der Zusammenhang zwischen beiden Werten wird durch den **Produktivanteil** ausgedrückt.
Dieser errechnet sich als:

$$\frac{\text{Netto-Arbeitszeit pro Zeiteinheit}}{\text{Brutto-Arbeitszeit pro Zeiteinheit}} \times 100\ [\%]$$

Der Produktivanteil im Beispiel beträgt somit 83,3 %.

$$\frac{1600\ h\ /\ Jahr}{1920\ h\ /\ Jahr} \times 100\ [\%] = 83{,}3\%$$

Personalbedarf ermitteln Der Personalbedarf für einen Vorgang wird aus dessen Dauer

Basistext

2.3 Einsatzmittelplanung **

hergeleitet.

Beispiel Für einen Vorgang wird eine Dauer von 2 Tagen geplant, wenn zwei Mitarbeiter ihn bearbeiten. Die Arbeit beträgt somit 4 Mitarbeitertage (MT) bzw. 32 Mitarbeiterstunden.

Wird derselbe Vorgang allerdings von 4 Mitarbeitern gleichzeitig bearbeitet, so wird er binnen 2 Tagen abgeschlossen. Wird hingegen nur ein Mitarbeiter zur Bearbeitung eingeplant, benötigt dieser 4 Tage für den genannten Vorgang.

Vorgangsname	Dauer	Arbeit	Ressourcennamen	'03 M	02. Jun '03 S	D	F	09. Jun '03 M
Vorgang	4 Tage	32 Std.	M1	M1			Streckung	
Vorgang	2 Tage	32 Std.	M1;M2	M1;M2			Geplante Dauer	
Vorgang	1 Tag	32 Std.	M1;M2;M3;M4	M1;M2;M3;M4			Stauchung	

Abb. 2.3-2: Der mittlere Vorgang zeigt den ursprünglich geplanten Vorgang. Im oberen Vorgang liegt eine Streckung vor, da im Vergleich zum Planvorgang ein Mitarbeiter abgezogen wurde. Der untere Vorgang zeigt eine Stauchung: Die Vorgangsdauer verkürzt sich durch die Hinzunahme weiterer Mitarbeiter.

Werden von einem Vorgang Ressourcen abgezogen, so verlängert sich der Vorgang und man spricht von einer **Streckung** des Vorgangs. Bei Hinzunahme weiterer Ressourcen verkürzt sich der Vorgang und es liegt eine **Stauchung** vor (vgl. Abb. 2.3-2).

Der Personalbedarf errechnet sich auf Basis folgender Formel:

$$\text{Bedarf} = \frac{\text{Arbeit}}{\text{Dauer}}$$

Folgende Einheiten sind für die Größen zulässig:

- Der Bedarf wird als Anzahl Mitarbeiter (MA) angegeben.

Basistext

- Die Arbeit wird in Mitarbeitertagen (MT) bzw. Mitarbeitermonaten (MM) bestimmt.
- Die Angabe der Dauer erfolgt in Tagen (T) oder Monaten (M).

Bedarf und Vorrat vergleichen

Bedarf und Vorrat können nach verschiedenen Aspekten verglichen werden:

- Erstens kann der Vergleich auf verschiedene Mitarbeitergruppen und somit **qualifikationsorientiert** erfolgen. Dieser Vergleich beantwortet die Frage, wie viele Mitarbeiter einer bestimmten Gruppe über einen Zeitraum benötigt werden.
- Zweitens können Sie einen **projektorientierten Vergleich** vornehmen. Hierzu ermitteln Sie auf Basis der im Betrachtungszeitraum laufenden Projekte den Bedarf an Mitarbeitern vergleichen diesen mit dem vorhandenen Vorrat.
- Analog kann ein **organisationsorientierter** Vergleich durchgeführt werden. Hierzu wird der Bedarf von Mitarbeitern aus bestimmten Abteilungen ermittelt und mit dem Vorrat verglichen.

Optimierung des Personaleinsatzes

Bei der Optimierung des Personaleinsatzes werden Vorgänge verschoben, um Engpässen und Überlastungen auszuweichen.

Sie erreichen dies, indem Sie

- zeitgleiche Vorgänge verschieben und somit nacheinander bearbeiten,
- Vorgänge für die Dauer anderer Vorgänge unterbrechen,
- die insgesamt verfügbare Einsatzzeit der Ressourcen anders verteilen.

Kalender

Eine wichtige Bedeutung im Zusammenhang mit der Optimierung haben **Kalender**.

Kalender regeln die tägliche Arbeitsdauer sowie den Arbeitsanfang, das Arbeitsende und die Pausen.

Basistext

2.3 Einsatzmittelplanung **

Sie ordnen jedem Projekt einen **Projektkalender** zu, der diese Daten für das gesamte Projekt verwaltet. Weiterhin kann für jeden Mitarbeiter ein **Ressourcenkalender** erstellt werden, der individuelle Regelungen, Urlaubszeit und sonstige Fehlzeiten ausschließlich für diesen einen Mitarbeiter festhält.

Wenn für bestimmte Vorgänge andere Arbeitszeiten gelten als für das Projekt, können Sie einem solchen Vorgang einen speziellen **Vorgangskalender** zuweisen.

Ausgehend von der termintreuen bzw. kapazitätstreuen Einsatzplanung werden termintreue und kapazitätstreue Bedarfsoptimierung unterschieden:

- Im Falle der Termintreue dürfen Sie die feststehenden Termine nicht überschreiten. Hauptziel der Optimierung ist dann, die Vorgänge innerhalb ihrer zulässigen Pufferzeiten so zu verschieben, dass die Personalauslastung möglichst gleichmäßig ist.
- Bei der kapazitätstreuen Optimierung wird eine gleichmäßige Auslastung angestrebt, bei der der Bedarf niemals den Vorrat übersteigt. Terminüberschreitungen können hierbei durchaus auftreten.

Einsatzplanung der Betriebsmittel

Generell lassen sich **Betriebsmittel** in zwei Arten einteilen. Als Kriterium wird herangezogen, ob sie während der Durchführung eines Vorgangs verbraucht werden oder nicht. Beispiele für »beständige« Betriebsmittel sind Büro- und Lagerräume, Maschinen, Anlagen etc. Diese gehen nicht im Produktionsprozess unter, sondern stehen nach ihrem Einsatz weiterhin zur Verfügung. »Unbeständige« Betriebsmittel (z. B. Büromaterial, Rohstoffe, Hilfsstoffe etc.) werden verbraucht und müssen bei Bedarf erneut beschafft werden.

Microsoft Project trifft eine andere Unterscheidung: Ressourcenart

Basistext

2 Grundlagen der Planung *

Ressourcen werden in **Arbeit** und **Material** gruppiert.
Unter **Arbeit** werden in erster Linie Mitarbeiter, also Humanressourcen, verstanden. Zusätzlich sind dies jedoch Betriebsmittel, die das oben genannte Kriterium der Beständigkeit erfüllen. Der Einsatz von Arbeitsressourcen wird durch den Faktor Zeit bestimmt.
Unbeständige Betriebsmittel werden der Ressourcenart **Material** zugeordnet. Ihr Verbrauch wird ausschließlich mengenmäßig ermittelt, eine zeitliche Komponente ist nicht berücksichtigt.

Einsatzplanung

Für Betriebsmittel ist gewöhnlich keine Einsatzplanung nötig. Sie müssen diese nur anfertigen, wenn es bei bestimmten Materialressourcen zu Engpässen kommen kann.

Glossar

Arbeitsressource → Ressource der Art »Arbeit«. Im Allgemeinen Mitarbeiter und solche Betriebsmittel, die über den Faktor Zeit abgerechnet werden. Dem gegenüber stehen Ressourcen der Art »Material«, deren Einsatz mengenmäßig erhoben wird.
Kapazitätstreue Bedarfsoptimierung Die Wahl der Termine wird durch Bedarf und Vorrat an → Ressourcen bestimmt. Der Bedarf muss jederzeit kleiner als der vorhandene Vorrat sein. Terminverspätungen werden zum Erreichen dieses Ziels geduldet.
Materialressource → Ressource der Art »Material«. Betriebsmittel, die über ihren Mengenverbrauch abgerechnet werden. Dem gegenüber stehen Ressourcen der Art »→ Arbeit«, deren Einsatz nach dem Faktor Zeit bestimmt wird. Syn.: Material
Projektkalender Der Kalender aus der Menge der → Basiskalender, auf welchem die zeitlichen Berechnungen für das Projekt beruhen.
Ressourcenkalender Kalender, der individuelle Regelungen im Hinblick auf Arbeitszeit, arbeitsfreie Zeit sowie Urlaub und sonstige Abwesenheit speziell für jede einzelne → Ressource verwaltet.
Termintreue Bedarfsoptimierung Termine dürfen nicht überschritten werden. Zur Optimierung der Ressourcenauslastung werden Verschiebungen von → Vorgängen innerhalb ihrer → Pufferzeit geduldet.
Vorgangskalender Kalender, der individuelle Regelungen der Arbeitszeit speziell für einen bestimmten → Vorgang verwaltet.
Überlastung Ein Zustand, welcher eintritt, wenn einer → Ressource vom Typ → Arbeit mehr Aufgaben abverlangt werden, als diese in der verfügbaren Zeit bewerkstelligen kann.

Basistext

2.4 Kostenplanung **

Kosten fallen als direkte und indirekte Kosten an. Indirekte Gemeinkosten werden gemäß eines Schlüssels auf verschiedene Projekte bzw. Vorgänge eines Projekts verteilt. Direkte Kosten werden dem Vorgang oder den Betriebsmitteln zugeordnet, die diese verursachen. Vorgangskosten sind fixe Kosten, die unmittelbar mit deren Durchführung anfallen. Ressourcenkosten sind variabel und entstehen erst mit dem Einsatz der entsprechenden Ressource. Projektkosten sind an Budgets gebunden, welche von der Unternehmensführung festgelegt werden.

Im Rahmen einer projektumfassenden Vorkalkulation werden alle direkten und indirekten Kosten ermittelt. **Gemeinkosten** lassen sich als indirekte Kosten keinem Projekt zuordnen. Sie fallen unabhängig von einem durchzuführenden Projekt an.

Beispiele für Gemeinkosten sind Miet- und Pachtzinsen für Gebäude und Anlagen, Personalkosten für fest angestellte Mitarbeiter sowie Kosten, die durch das Betreiben einer Unternehmung laufend anfallen. *Beispiel*

Diese Gemeinkosten fließen gemäß eines Gemeinkostenschlüssels in die Projekte ein, indem sie entweder auf die einzelnen Projekte oder auf die Stundensätze der Projektteams umgelegt werden.

Kosten können **Vorgängen** oder **Ressourcen** zugeordnet werden.

Vorgangskosten sind stets feste Kosten. Sie fallen bei jeder Durchführung eines Vorgangs an. Im Hinblick auf ihre **Fälligkeit** lassen sich anfängliche, anteilige und endfällige Kosten unterscheiden. *Vorgangskosten*

Basistext

Ressourcenkosten hingegen sind variabel. Sie fallen nur an, wenn eine Ressource zum Einsatz kommt.
Weiterhin können für Ressourcen **Kosten pro Einsatz** fällig werden. Diese werden bei jeder Zuordnung der Ressource zu einem Vorgang erhoben.
Zusätzlich können Sie verschiedene Kostensätze für die Verrechnung des Ressourceneinsatzes bereitstellen:
Neben dem Standardsatz können Sie Ressourcen auch über einen Überstundensatz abrechnen. Dieser tritt dann in Kraft, wenn ein Mitarbeiter ausserhalb der im Kalender festgelegten Arbeitszeit zum Einsatz kommt.
Die Kosten für eine Ressource werden für jeden Vorgang nach folgender Formel berechnet:

$$\begin{aligned}&\text{Normale Arbeitsstunden} \times \text{Standardsatz}\\ +\ &\text{Überstunden} \times \text{Überstundensatz}\\ +\ &\text{Kosten pro Einsatz}\\ \hline =\ &\text{Ressourcenkosten je Vorgang}\end{aligned}$$

Beispiel: Ein Mitarbeiter wird einem Vorgang (Vorgangskosten: 100 €) zugeordnet. Er bearbeitet diesen 20 Stunden in der vereinbarten Arbeitszeit und leistet darüber hinaus 5 Überstunden. Die Kostenfaktoren entsprechen denen aus Abb. 2.4-1. Ferner fallen 25 € an Kosten pro Einsatz an.

Ressourcenname	Art	Max. Einh.	Standardsatz	Überstd.-Satz	Kosten/Einsatz	Fällig am
Projektmitarbeiter	Arbeit	100%	40,00 €/Std.	50,00 €/Std.	25,00 €	Anteilig

Abb. 2.4-1: *Relevant sind nur der Standardsatz, der Überstundensatz und die Kosten pro Einheit. Die verbleibenden Spalten »Art«, »Max. Einheiten« und »Fällig am« spielen für die Berechnung keine Rolle und können ignoriert werden.*

Basistext

2.4 Kostenplanung **

Für den Vorgang ergeben sich folgende Ressourcenkosten:

	Normale Arbeit	20 h	x 40 €/h	=	800 €
+	Überstudenarbeit	5 h	x 50 €/h	=	250 €
+	Kosten pro Einsatz			=	25 €
=	**Gesamte Ressourcenkosten**				**1.075 €**

Diese Kosten werden zu den festen Vorgangskosten addiert. Damit ergeben sich **Gesamtkosten** für den Vorgang in Höhe von 1175 € (Abb. 2.4-2).

Vorgangsname	Feste Kosten	Aktuelle Überstundenkosten	Fälligkeit fester Kosten	Gesamtkosten
⊟ Vorgang 1	100,00 €	250,00 €	Anteilig	1.175,00 €
Projektmitarbeiter		*250,00 €*		*1.075,00 €*

Abb. 2.4-2: Durch Addition der Gesamtkosten für Projektmitarbeiter und der festen Vorgangskosten ergeben sich die Gesamtkosten für den Vorgang.

Die Gesamtkosten eines Vorgangs setzen sich aus den Ressourcenkosten eines Vorgangs und den festen Vorgangskosten zusammen.
Die Gesamtkosten für ein Projekt ergeben sich als Summe aller Vorgangsgesamtkosten, da in diesen die Ressourcenkosten bereits enthalten sind.

Budgetierung ist die zweckgebundene Zuweisung von Etats oder Ressourcen für einen bestimmten Zeitraum. Im Rahmen der Wirtschaftsplanung verteilt eine Unternehmung vorhandene Mittel auf ihre Teilbereiche. Diese Zuteilung ist Aufgabe der Geschäftsführung.
Projektkosten sind an diese **Budgets** gebunden. Alle Mana-

Budget

Basistext

gementebenen haben dafür Sorge zu tragen, dass Projektkosten und verfügbares Budget abgeglichen sind.

Glossar **Gemeinkosten** Indirekte Kostenart, die nicht direkt einem → Vorgang oder einem Projekt zugeordnet werden kann. Werden anhand eines Gemeinkostenschlüssels auf die einzelnen Projekte umgelegt.

Basistext

3 Die Projektplanungsphase
✣

Die Ergebnisse aus der allgemeinen Planung werden während der Planungsphase in Microsoft Project eingegeben:

- Wissensbaustein »Grundlagen der Planung« (S. 5)

Zu Beginn der Planungsphase legen Sie eine Liste aller durchzuführenden Vorgänge an. Sie bestimmen Dauer, Anfangs- und Endtermine sowie deren Verknüpfungen untereinander:

- Wissensbaustein »Ein erstes Projekt erstellen« (S. 40)
- Wissensbaustein »Vorgänge eingeben und verknüpfen« (S. 50)
- Wissensbaustein »Dauer von Vorgängen« (S. 66)

Der zeitliche Ablauf des Projekts und die Reihenfolge der Bearbeitung von Vorgängen werden durch verschiedene Anordnungsbeziehungen festgelegt.

Sind weiterhin noch bestimmte Terminbedingungen einzuhalten, können solche Vorgänge eingeschränkt werden:

- Wissensbaustein »Anordnungsbeziehungen« (S. 76)
- Wissensbaustein »Termine und Einschränkungen« (S. 83)

Für die Durchführung der Vorgänge werden Ressourcen angelegt. Diese bearbeiten Vorgänge, wenn sie ihnen zugeordnet werden. Die Bearbeitungszeit für das Projekt wird im Projektkalender bestimmt. Darüber hinaus können die Arbeitszeiten aller Ressourcen in individuellen Ressourcenkalendern angepasst werden:

- Wissensbaustein »Ressourcen anlegen und zuordnen« (S. 91)
- Wissensbaustein »Ressourcen vollständig anlegen« (S. 112)

Gruppierung

- Wissensbaustein »Arbeitszeiten und Projektkalender« (S. 119)
- Wissensbaustein »Kalender für Ressourcen und Vorgänge« (S. 128)

Ferner sind für jede Ressource die anfallenden Kosten zu ermitteln. Arbeitsüberlastungen werden im Rahmen eines Kapazitätsabgleichs bereinigt:

- Wissensbaustein »Vorgangskosten« (S. 174)
- Wissensbaustein »Überlastungen von Ressourcen« (S. 156)
- Wissensbaustein »Automatischer Kapazitätsabgleich« (S. 168)

Am Ende der Planungsphase werden diese Daten im Basisplan als Planwerte bzw. Sollwerte festgehalten. Das Anlegen dieses Basisplans bildet den Übergang von der Planungsphase zur Durchführungsphase. Ein Basisplan enthält die Struktur des Projekts und sammelt alle nötigen Informationen über die Vorgänge und Ressourcen, die zur Durchführung des Projekts notwendig sind:

- Wissensbaustein »Erstellen eines Basisplans« (S. 190)
- Wissensbaustein »Durchführungsphase« (S. 189)

Der Projektstart erfolgt anschließend in der Durchführungsphase. Hier pflegen Sie die aktuellen Istwerte in die Projektdatei ein und ziehen die Sollwerte des Basisplans zum Vergleich heran:

- Wissensbaustein »Projektstart und Eingabe aktueller Werte« (S. 203)

3.1 Ein erstes Projekt erstellen *

Nach dem Start von Microsoft Project sind für das geplante Projekt einige Anpassungen erforderlich. Sie entscheiden sich zuerst, ob Ihr Projekt vorwärts oder

Basistext

3.1 Ein erstes Projekt erstellen

rückwärts berechnet werden soll. **Daraufhin legen Sie den Anfangstermin oder den Endtermin fest.** Zur Verbesserung der Darstellung wählen Sie ein genaueres Datumsformat und stellen die Währung auf Euro um. Wenn alle Anpassungen erfolgt sind, können Sie mit der eigentlichen Projektarbeit beginnen.

Starten Sie Microsoft Project aus dem **Windows-Startmenü**. Das Programmfenster erscheint in der Ansicht **Balkendiagramm (Gantt)**. Abb. 3.1-1 zeigt den betreffenden Bildschirmabzug. Eine neue **Projektdatei** wird automatisch angelegt.

Das Programmfenster besteht aus folgenden Bereichen:

- (1) Menüleiste
- (2) Symbolleisten
- (3) Bearbeitungsleiste
- (4) Aufgabenbereich
- (5) Projektfenster (Arbeitsbereich)
- (6) Statusleiste

Nehmen Sie zuerst einige Änderungen am Programmfenster vor, die Ihnen die Arbeit mit Microsoft Project erleichtern. Während der **Projektplanung** müssen Sie sehr viel horizontal navigieren. Die Tabelle im Arbeitsbereich enthält mehr Spalten als angezeigt werden. Für das Balkendiagramm ist es ebenfalls vorteilhaft, einen möglichst großen Ausschnitt sehen zu können.

Programmfenster anpassen

- Blenden Sie den Aufgabenbereich aus, um mehr Platz für die Darstellung des Arbeitsbereichs zu schaffen!

- ☐ Klicken Sie dazu – wie in Abb. 3.1-2 – auf das x-Symbol oben rechts im Aufgabenbereich oder

- ☐ Klicken Sie – wie in Abb. 3.1-3 – mit der rechten Maustaste im Bereich der Symbolleisten und deaktivieren Sie im Kontextmenü den Eintrag Aufgabenbereich.

Basistext

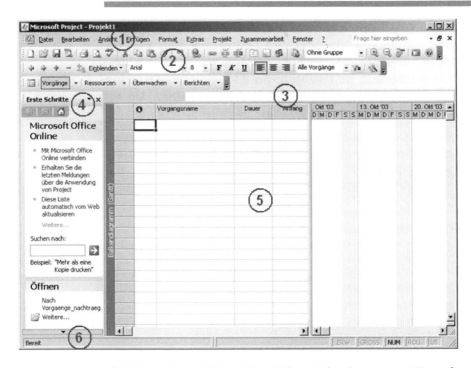

Abb. 3.1-1: Der Arbeitsbereich enthält typische Elemente von Microsoft-Anwendungen. Die Ansichtenleiste erinnert an Microsoft Outlook. Kenntnisse in Microsoft Excel sind für die Arbeit mit dem Tabellenbereich vorteilhaft.

Der soeben gewonnene Platz wird nun vom Projektberater vereinnahmt. Blenden Sie auch diesen – wie in Abb. 3.1-4 – aus!

Ansichtsleiste   Ein hilfreiches Element ist hingegen die Ansichtsleiste. Sie ermöglicht das direkte Springen zwischen den unterschiedlichen Ansichten.

- Blenden Sie die Ansichtsleiste ein!
  □ Aktivieren Sie dazu im Menü Ansicht den Eintrag Ansichtsleiste.

Basistext

3.1 Ein erstes Projekt erstellen * 43

Abb. 3.1-2: Der Aufgabenbereich lässt sich über einen Rechtsklick auf die Symbolleisten auf Wunsch wieder einblenden.

Abb. 3.1-3: Symbolleisten lassen sich auf diesem Weg ein- und ausblenden.

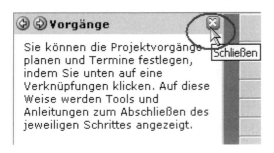

Abb. 3.1-4: Blenden Sie den Projektberater durch einen Klick auf das x-Symbol aus!

Bevor Sie beginnen, ein Projekt zu bearbeiten, sollten Sie auch einige wesentliche Projektmerkmale anpassen.

Projekt anpassen...

Basistext

Dialog Projektinfo

...im Dialog Projektinfo

Beim Start eines neuen Projekts öffnet Microsoft Project automatisch den Dialog Projektinfo. Ist dies nicht der Fall oder wollen Sie später noch Ergänzungen vornehmen, so öffnen Sie den Dialog Projektinfo aus dem Menü Projekt. Die Abb. 3.1-5 zeigt den genannten Dialog.

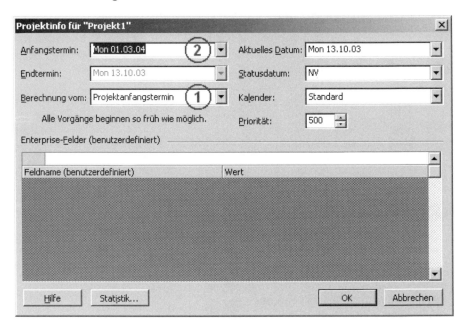

Abb. 3.1-5: Ändern Sie nur die markierten Elemente. Die übrigen Einträge werden erst später benötigt.

Berechnung vom:

- (1) Im Feld Berechnung vom legen Sie zuerst fest, ob das Projekt vorwärts oder rückwärts berechnet werden soll.

Bei der **Vorwärtsberechnung** eines Projekts beginnen die einzelnen **Vorgänge so früh wie möglich**. In diesem Fall wählen Sie den Anfangstermin für das Projekt aus. Der End-

Basistext

termin wird aus dem Projektverlauf berechnet und variiert mit der **Dauer** der Vorgänge.
Sollte es im Projektverlauf zu Verzögerungen kommen, passt sich der Endtermin flexibel an.

- (2) Legen Sie dann den Anfangstermin für Ihr Projekt fest. *Anfangstermin*
- ☐ Klicken Sie auf den Pfeil neben dem Eingabefeld, so wird ein Kalender wie in Abb. 3.1-6 angezeigt.

Abb. 3.1-6: In der Standardeinstellung beginnt das Projekt mit dem aktuellen Datum. Alle Vorgänge beginnen zum Projektanfangstermin. Legen Sie den Starttermin auf jeden Fall in die Zukunft, sonst beginnt Ihr Projekt bereits mit Verzögerung.

Die Schaltflächen in der blauen Kopfleiste zeigen den vorangegangenen bzw. folgenden Monat an.
Sie können die Eingabe auch über die Tastatur direkt im Dialog vornehmen.

- Wählen Sie die Option Berechnung vom: Projektanfangstermin.
- Wählen Sie den 1. März 2004 als Anfangstermin für Ihr Projekt aus.

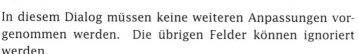

In diesem Dialog müssen keine weiteren Anpassungen vorgenommen werden. Die übrigen Felder können ignoriert werden.

Basistext

| Tipp | **Rückwärtsberechnung**
Muss das Projekt zwingend zu einem bestimmten **Termin** enden, wählen Sie die Option (1) Berechnung vom: Projektendtermin.

| Tipp | Die Berechnungen für die Dauer der einzelnen Vorgänge erfolgt dann rückwärts ab dem Stichtag für das Projektende. Automatisch beginnen jetzt alle Vorgänge **so spät wie möglich**, um die Gesamtlaufzeit des Projekts möglichst gering zu halten. Diese Berechnungsart hat allerdings den Nachteil, dass von Anfang an keine **Pufferzeit** zur Verfügung steht. Wenn ein Vorgang länger dauert als geplant, ist der vordefinierte Endtermin schon schwer einzuhalten.

| Tipp | Einzelne Termine von Vorgängen können später ohnehin mit **Einschränkungen** versehen werden, etwa in der Art Muss enden am.... So finden festgelegte Termine durchaus auch in der Vorwärtsberechnung Berücksichtigung. Entscheiden Sie sich im Regelfall für die Berechnung vom Anfangstermin. Eine nachträgliche Änderung der Berechnungsmethode für ein laufendes Projekt ist nicht empfehlenswert.

Aktuelles Datum
Microsoft Project benutzt dieses aktuelle Datum für alle kalendarischen Berechnungen und Ansichten.

| Tipp | Verändern Sie dieses Feld im Projektverlauf, um Szenarien durchzuspielen! Sie müssen für Blicke in die Zukunft nicht die Systemzeit verstellen!

Basistext

3.1 Ein erstes Projekt erstellen * 47

Dialog Optionen

- Wechseln Sie in das Menü Extras/Optionen.

Auf dem Register Ansicht (Abb. 3.1-7) sollten Sie noch einige Dinge ändern.

...im Dialog Optionen

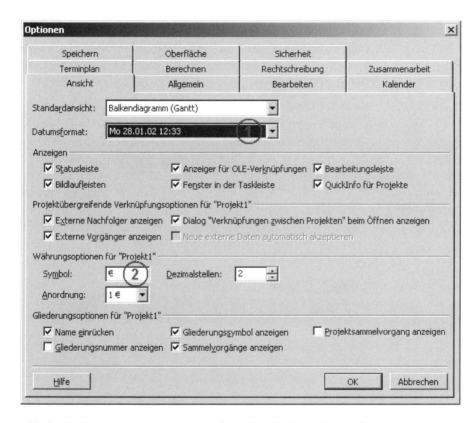

Abb. 3.1-7: Die Liste Datumsformat *enthält zahlreiche Darstellungsmöglichkeiten.*

Basistext

48   3 Planungsphase *

■ (1) Wählen Sie ein Datumsformat, dass neben dem Datum auch die Uhrzeit anzeigt.

Microsoft Project arbeitet minutengenau. Anderenfalls erfolgt die Einteilung von Balken in Diagrammen auch nur in Tagesschritten. Einige Vorgänge sind aber nur wenige Stunden lang und werden nicht korrekt dargestellt.

Währung   Bis zur Version Microsoft Project 2000 ist die Währung immer noch die Deutsche Mark.
Das Währungssymbol ist frei wählbar. Eine Umrechnung zwischen Währungen erfolgt nicht. Wenn Sie also später von DM auf EURO umstellen, verändern sich die Zahlen nicht.

■ (2) Tauschen Sie gegebenenfalls Ihre Mark in Euro um, indem Sie im Eingabefeld Symbol einfach das EURO-Symbol »€« eingeben.

Das Feld Anordnung aktualisiert sich selbständig.

■ Wechseln Sie im aktuellen Dialog Extras/Optionen auf das Register Allgemein.

■ Deaktivieren Sie im unteren Drittel des Bildschirms die Option Neue Ressourcen und Vorgänge automatisch hinzufügen (Abb. 3.1-8).

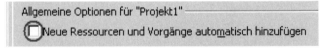

Abb. 3.1-8: Sie finden diese Einstellungsmöglichkeit im unteren Drittel des Registers »Allgemein«.

Basistext

3.1 Ein erstes Projekt erstellen * 49

Neue Ressourcen und Vorgänge automatisch hinzufügen
Die Option Neue Ressourcen und Vorgänge automatisch hinzufügen sorgt dafür, dass Microsoft Project parallel mit der Vorgangs- und der Ressourcentabelle arbeitet. Wenn Sie in der Vorgangstabelle manuell eine **Ressource** eintragen, wird diese auch in der Ressourcentabelle angelegt.

Tipp

Der Nachteil der automatischen Methode liegt darin, dass Ressourcen unvollständig angelegt werden, nämlich ausschließlich mit ihrem Namen. Besonders schwerwiegend wirkt sich die aktivierte Option bei einfachen Tippfehlern aus: Auf der einen Seite erschaffen Sie ungewollt eine Phantom-Ressource und ordnen sie einem Vorgang zu, andererseits wird die eigentlich verplante Ressource nicht in Anspruch genommen, so dass Sie letzten Endes vollkommen falsch kalkulieren.

- Klicken Sie auf die Schaltfläche OK.

Die Änderungen aller Register werden somit übernommen. Weitere Änderungen müssen vor dem Projektstart nicht durchgeführt werden. Sie können jetzt mit der eigentlichen Projektarbeit beginnen.

- Speichern Sie nun Ihr Projekt unter dem Namen Theater-Fallstudie.

Basistext

Hinweis

Basisplan speichern
Bis zur Version Microsoft Project 2000 öffnet sich beim Speichern der **Planungsassistent** und fragt, ob Sie für das Projekt einen Basisplan speichern wollen. Diesen benötigen Sie erst später (vgl. Wissensbaustein »Erstellen eines Basisplans« (S. 190)). Wählen Sie deshalb die Option Projekt ohne einen Basisplan speichern. Deaktivieren Sie außerdem die Anzeige der Meldung des Planungsassistenten. Ein Basisplan kann auch ohne diesen Dialog gespeichert werden.

Glossar

Projektdatei Microsoft Project speichert alle Elemente eines Projekts in einer Datei. Die Endung für diese Dateien lautet ».mpp«.

3.2 Vorgänge eingeben und verknüpfen *

In der Ansicht »Balkendiagramm« werden Vorgänge in Form einer Liste eingegeben. Diese Liste wird durch den Einsatz von Sammelvorgängen auf mehrere Gliederungsebenen vertieft. Dadurch ergibt sich eine Baumstruktur. Zusammengehörige Vorgänge bilden Module oder Teilprojekte. Ein Meilenstein wird jedem Teilprojekt zugeordnet, um dessen Abschluss zu signalisieren. Verknüpfungen zwischen den einzelnen Vorgängen des Projekts bestimmen die Reihenfolge der Bearbeitung.

Beim Start von Microsoft Project ist standardmäßig die Ansicht **Balkendiagramm (Gantt)** eingestellt.

Sie erkennen die jeweils aktive Ansicht am Aussehen der Schaltfläche in der **Ansichtsleiste**. Diese wird als gedrückte Taste dargestellt.

Basistext

3.2 Vorgänge eingeben und verknüpfen *

Die Ansicht Balkendiagramm (Gantt) (Abb. 3.2-1) besteht aus zwei Bereichen:

- Links befindet sich der **tabellarische Teil**.
- Das eigentliche **Balkendiagramm** liegt auf der rechten Bildschirmseite.

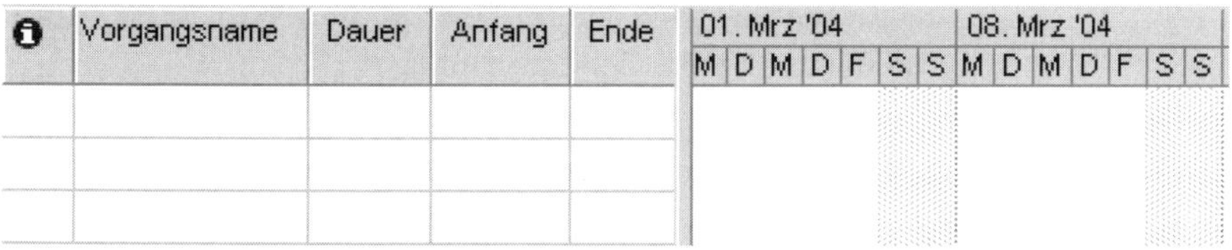

Abb. 3.2-1: Änderungen in einem Bereich des Arbeitsbereichs werden auf den anderen Bereich übertragen.
Es spielt also keine Rolle, wo Sie arbeiten.
Im Tabellenbereich wird mit der Tastatur gearbeitet. Ein Großteil der Funktionalität ist ebenfalls im Balkendiagramm mit der Maus zu erreichen.

Tabellenbereich vergrößern

Die Tabelle ist vom Diagramm weitgehend überlagert. Bewegen Sie den Mauszeiger – wie in Abb. 3.2-2 – auf die Trennlinie zwischen den beiden Bereichen, so verändert er seine Form. Sie können nun bei gedrückter linker Maustaste den Tabellenbereich vergrößern und die Spalten sichtbar machen, die vom Balkendiagramm überlagert werden.

Tipp

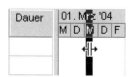

Abb. 3.2-2: Verkleinern Sie das Balkendiagramm, um alle Spalten der Tabelle sehen zu können.

Basistext

3 Planungsphase *

Vorgangsliste eingeben

■ Markieren Sie die erste Zeile der Spalte Vorgangsname und beginnen Sie mit der Eingabe einer **Vorgangsliste**!

☐ Geben Sie anfangs lediglich die Vorgangsnamen ein.

Die verbleibenden Spalten werden von Microsoft Project automatisch mit Werten gefüllt.

☐ Betätigen Sie nach jedem Eintrag die Eingabetaste, um in die nächst tiefere Zeile zu gelangen.

So erhalten Sie schnell eine Auflistung der im Projektverlauf zu erledigenden Aufgaben (*to-do-Liste*).

Fallbeispiel

Die Laienschauspielgruppe Ihres Unternehmens führt alljährlich ein Theaterstück zu karitativen Zwecken auf. Ausgewählt wurde die Komödie »Die Physiker« von Friedrich Dürrenmatt.

In dieser Spielzeit obliegt Ihnen die Rolle des **Regisseurs**, mit welcher gleichzeitig die Organisation des gesamten Veranstaltungsrahmens verbunden ist .

Sie beschließen, diese Gelegenheit zum Anlass zu nehmen, um sich ganz nebenbei noch in die Projektmanagement-Software Microsoft Project einzuarbeiten und Ihre Organisationsaufgaben softwaregestützt durchzuführen. Im Rahmen der Vorbereitungen sind unten stehende Vorgänge durchzuführen. ■

■ Legen Sie die Vorgangsliste aus Abb. 3.2-3 im Projekt Theater-Fallstudie an!

■

Basistext

3.2 Vorgänge eingeben und verknüpfen * 53

❶	Vorgangsname	Dauer	Anfang	01. Mrz '04 S M D M D F
1	Rollenvergabe	1 Tag?	Mo 01.03.04 08:00	
2	Regelmäßige Probe	1 Tag?	Mo 01.03.04 08:00	
3	Kostüme organisieren	1 Tag?	Mo 01.03.04 08:00	
4	Bühnenbild gestalten	1 Tag?	Mo 01.03.04 08:00	
5	Requisiten beschaffen	1 Tag?	Mo 01.03.04 08:00	
6	Kartenvorverkauf durchführen	1 Tag?	Mo 01.03.04 08:00	

Abb. 3.2-3: Für das Erstellen einer Vorgangsliste genügt anfangs die Eingabe der Namen. Die verbleibenden Spalten der Tabelle werden automatisch mit Standardwerten gefüllt.

Unzureichende Spaltenbreite
Ist eine Tabellenspalte zu schmal, um alle in ihr enthaltenen Informationen anzuzeigen, so werden statt des Inhalts Rauten angezeigt (Abb. 3.2-4). So ist sichergestellt, dass dieser Spalte nicht versehentlich falsche Werte entnommen werden, weil ein Teil der Informationen nicht sichtbar war. Ziehen Sie die Spalte im Kopfbereich mit der Maus in die Breite, um die Einträge lesen zu können.

Tipp

Vorgangsname	Dauer
Rollenvergabe	#####

Abb. 3.2-4: Die Spalte Dauer *ist zu schmal. Statt enthaltener Werte werden Rauten dargestellt.*

Die Vorgangsliste hat in dieser Form noch keine Struktur. Alle **Vorgänge** stehen auf einer Hierarchiestufe.

Vorgangsstruktur

In komplexen Projekten verlieren Sie so schnell die Übersicht über die anstehenden Aufgaben. Untergliedern Sie deshalb aufwändige Vorgänge in elementare Teilschritte. Sie

Basistext

können das Projekt auch modular in verschiedenen Teilprojekten oder **Phasen** realisieren.

Gliederungsebenen mit Sammelvorgängen erzeugen

Sammelvorgang

Microsoft Project ermöglicht das strukturierte Anlegen von Vorgängen.

Sie fassen mehrere Teilvorgänge zu einem **Sammelvorgang** zusammen, indem Sie

- alle Teilvorgänge markieren und
- in der Symbolleiste Format auf die Schaltfläche Tiefer stufen klicken.

☐ Die markierten Vorgänge werden dann dem Eintrag als Teilvorgänge zugeordnet, der in der nächst höheren Zeile steht.

☐ Gegebenenfalls fügen Sie dort einen neuen Sammelvorgang ein, der zusammengehörige Vorgänge übergeordnet aufnimmt.

Fassen Sie die Vorgänge Kostüme organisieren, Bühnenbild gestalten und Requisiten beschaffen unter dem Sammelvorgang Bühnenausstattung zusammen. ■

- (1) Markieren Sie den Vorgang Kostüme organisieren.
- (2) Drücken Sie die Taste Einfg oder wählen den Befehl Neuer Vorgang aus dem Menü Einfügen (Abb. 3.2-5).

Der neue Vorgang wird vor dem markierten Vorgang eingefügt.

- Klicken Sie in die neue Zelle der Spalte Vorgangsname.
- Nennen Sie den neuen Vorgang Bühnenausstattung.

Neue Ebene erzeugen

Die neue Gliederungsebene erzeugen Sie, indem Sie (1) die drei unterzuordnenden Vorgänge markieren und (2) die Schaltfläche Tiefer stufen anklicken (Abb. 3.2-6). Die Vorgangsliste wird in einer Baumstruktur angezeigt. Vor dem

Basistext

3.2 Vorgänge eingeben und verknüpfen * 55

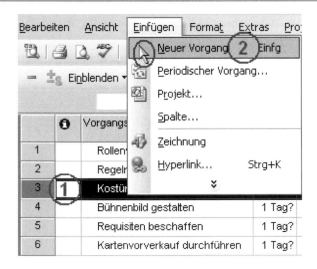

Abb. 3.2-5: Die neu erzeugte Spalte wird schwarz unterlegt dargestellt.

Sammelvorgang erscheint ein führendes Minuszeichen (Abb. 3.2-7). Durch Anklicken können Sie die Teilvorgänge ausblenden.

Ein Sammelvorgang kann seinerseits wiederum Teilvorgang eines anderen Sammelvorgangs sein. Sie können also mehrere **Gliederungsebenen** erzeugen.

Erzeugen Sie an oberster Stelle einen neuen Vorgang mit dem Namen Vorbereitungen! Diesem sollen alle anderen als Teilvorgänge untergeordnet werden.

Sammelvorgänge auf 2 Ebenen

- Markieren Sie den ersten Eintrag Rollenvergabe.
- Fügen Sie darüber einen neuen Vorgang ein und nennen ihn Vorbereitungen.
- Markieren sie alle anderen Vorgänge und klicken auf die Schaltfläche Tiefer stufen.

Auf der Symbolleiste Format (Abb. 3.2-9) liegen verschiedene Schaltflächen, mit denen Sie die Gliederungsebenen erstellen und ein- sowie ausblenden können.

Basistext

3 Planungsphase *

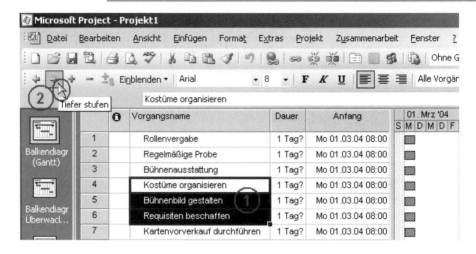

Abb. 3.2-6: Sie markieren mehrere aufeinander folgende Vorgänge, indem Sie zuerst den obersten markieren und dann bei gedrückter Umschalttaste mit der Maus auf den untersten klicken. Die dazwischen liegenden Vorgänge werden mit einbezogen.

	ⓘ	Vorgangsname
1		Rollenvergabe
2		Regelmäßige Probe
3		⊟ Bühnenausstattung
4		Kostüme organisieren
5		Bühnenbild gestalten
6		Requisiten beschaffen
7		Kartenvorverkauf durchführen

Abb. 3.2-7: Der Sammelvorgang dient lediglich als Überschrift für die Teilvorgänge und wird selbst nicht bearbeitet.

Sichtbare Änderung
Im Balkendiagramm ändert sich die Darstellung für den Sammelvorgang. Der Balken wird als eine Art Klammer an-

Basistext

3.2 Vorgänge eingeben und verknüpfen * 57

	❶	Vorgangsname	Dauer	Anfang	01. Mrz '04 S M D M D F
1		⊟ **Vorbereitungen**	**1 Tag?**	**Mo 01.03.04 08:00**	
2		Rollenvergabe	1 Tag?	Mo 01.03.04 08:00	
3		Regelmäßige Probe	1 Tag?	Mo 01.03.04 08:00	
4		⊟ **Bühnenausstattung**	**1 Tag?**	**Mo 01.03.04 08:00**	
5		Kostüme organisieren	1 Tag?	Mo 01.03.04 08:00	
6		Bühnenbild gestalten	1 Tag?	Mo 01.03.04 08:00	
7		Requisiten beschaffen	1 Tag?	Mo 01.03.04 08:00	
8		Kartenvorverkauf durchführe	1 Tag?	Mo 01.03.04 08:00	

Abb. 3.2-8: Verschiedene Teilprojekte und Strukturen lassen sich durch Gliederungsebenen einfach darstellen und durch die Baumstruktur auch isoliert betrachten.

Abb. 3.2-9: Die Liste Einblenden *und die Tasten* plus *und* minus *ändern die Darstellung. Die* Pfeiltasten *hingegen verändern die Struktur Ihrer Vorgangsliste!*

gezeigt, welche die zugehörigen Teilvorgänge umschließt (Abb. 3.2-8).

Teilprojekte mit Meilensteinen abschließen

Ein Projekt besteht bisher aus einer Menge von Vorgängen, die ihrerseits wiederum aus Teilvorgängen bestehen können. Es ergibt sich somit die bereits erstellte modulare Form.

Ein weiterer Aspekt der Strukturierung sollte im Festlegen von Etappenzielen bestehen. Fügen Sie jeder Etappe bzw. jedem Modul einen abschließenden **Meilenstein** an! So arbeiten Sie nicht stets auf das Gesamtziel – also den Projektabschluss – hin, sondern gliedern das Projekt in einzeln zu

Basistext

erreichende Blöcke.

Fügen Sie dem Projekt einen weiteren Vorgang als Meilenstein hinzu: Vorbereitungen abgeschlossen.

- Klicken Sie auf die erste freie Zeile hinter den bestehenden Vorgängen.
- Tragen Sie den Vorgangsnamen ein.

Ein neuer Vorgang wird automatisch in der aktuellen Gliederungsebene angeordnet.

- Stufen Sie den Vorgang gegebenenfalls hoch, bis die oberste Ebene erreicht ist.

	ⓘ	Vorgangsname	Dauer	01. Mrz '04 S M D M D F
1		⊟ **Vorbereitungen**	**1 Tag?**	
2		Rollenvergabe	1 Tag?	
3		Regelmäßige Probe	1 Tag?	
4		⊟ **Bühnenausstattung**	**1 Tag?**	
5		Kostüme organisieren	1 Tag?	
6		Bühnenbild gestalten	1 Tag?	
7		Requisiten beschaffen	1 Tag?	
8		Kartenvorverkauf durchführen	1 Tag?	
9		Vorbereitungen abgeschlossen	1 Tag?	

Abb. 3.2-10: *Ein Meilenstein sollte immer auf derselben Gliederungsebene liegen wie der (Sammel-)Vorgang, dessen Abschluss er signalisiert.*

Der neue Vorgang ist jetzt in der richtigen Gliederungsebene erstellt (Abb. 3.2-10). Er wird jedoch noch nicht als Meilenstein hervorgehoben.

Einen Meilenstein definieren

In Microsoft Project wird jeder Vorgang mit einer **Dauer** von null als Meilenstein dargestellt.

Die Idee ist, dass ein Meilenstein selbst keine Arbeit verursacht. Er hat lediglich eine Signalwirkung. Deshalb spielt er für zeitliche Berechnungen keine Rolle.

Basistext

3.2 Vorgänge eingeben und verknüpfen *

- Markieren Sie in der Spalte Dauer den Eintrag des Meilensteins.
- ☐ Die Zelle ändert ihre Form: Am rechten Rand werden zwei Pfeile eingeblendet.
- Klicken auf die untere Pfeiltaste, bis die Dauer 0 Tage beträgt.

Tastatur
Alternativ können Sie den Wert in der Tabelle einfach über die Tastatur überschreiben. Bestätigen Sie mit der Eingabetaste.

Tipp

Der Meilenstein ist somit erstellt. Abb. 3.2-11 zeigt den Meilenstein im Balkendiagramm.

Meilenstein im Diagramm

Meilensteine werden im Balkendiagramm durch ein **Rau-**

	❶	Vorgangsname	Dauer	01. Mrz '04				
				S	M	D	M	D	F
1		⊟ **Vorbereitungen**	**1 Tag?**	▼				
2		Rollenvergabe	1 Tag?	▨				
3		Regelmäßige Probe	1 Tag?	▨				
4		⊟ **Bühnenausstattung**	**1 Tag?**	▼				
5		Kostüme organisieren	1 Tag?	▨				
6		Bühnenbild gestalten	1 Tag?	▨				
7		Requisiten beschaffen	1 Tag?	▨				
8		Kartenvorverkauf durchführen	1 Tag?	▨				
9		Vorbereitungen abgeschlossen	0 Tage	♦ 01.03.				

Abb. 3.2-11: Rechts neben dem Meilenstein steht im Balkendiagramm dessen Anfangstermin. Interessanter wäre die Darstellung des Endtermins, weil dieser auf den Abschluss des Meilensteins hinweist. Diese Feinheit betrifft jedoch nur Meilensteine mit einer von null abweichenden Dauer.

tensymbol angezeigt. Rechts davon steht das Datum, zu dem sie erreicht werden.

Basistext

Verknüpfungen zwischen Vorgängen erzeugen

Ein wesentlicher Aspekt fehlt der Vorgangsliste noch: Um den Stein bzw. das Projekt ins Rollen zu bringen, bedarf es noch einer Arbeitsreihenfolge. Alle Vorgänge verlaufen bisher parallel!

Fügen Sie **Verknüpfungen** zwischen Vorgängen ein, um sie nacheinander abzuarbeiten.

Ende-Anfang-Beziehung

Der klassische Fall ist eine zeitlich lineare Verknüpfung: Ein Vorgang beginnt erst nach dem Abschluss eines anderen. Der Anfangstermin des Nachfolgers berücksichtigt den Beginn und die Dauer seines Vorgängers.

Der Meilenstein Vorbereitungen abgeschlossen kann erst erreicht sein, wenn alle anderen Vorgänge fertiggestellt sind. Er muss mit dem Sammelvorgang Vorbereitungen verknüpft werden, um diese **Anordnungsbeziehung** zu definieren.

- (1) Markieren Sie die beiden Vorgänge. Beachten Sie hierbei die Richtung der Verknüpfung:
  ☐ Markieren Sie erst den Sammelvorgang (Abb. 3.2-12).
  ☐ Klicken Sie dann bei gedrückt gehaltener Steuerungstaste den Meilenstein an.

Mit der Reihenfolge der Markierung steuern Sie die Richtung der Verknüpfung. Der später markierte Vorgang wird der Nachfolger des zuerst markierten.

Vorgänge verknüpfen

- (2) Anschließend klicken Sie mit der Maus auf die Schaltfläche Vorgänge verknüpfen.

Im Balkendiagramm zeigt ein Pfeil vom Vorgänger auf den Nachfolger. Abb. 3.2-13 zeigt die Verknüpfung zum Meilenstein.

Basistext

3.2 Vorgänge eingeben und verknüpfen *

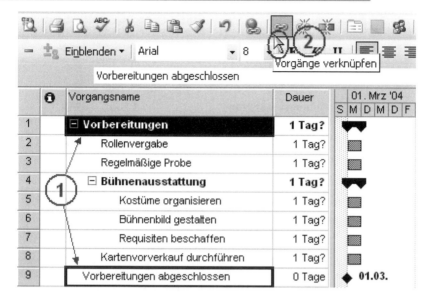

Abb. 3.2-12: Für die anschließende Verknüpfung ist es wichtig, dass Sie zuerst den Sammelvorgang markieren!

Sinnvoll verknüpfen

Tipp

Ein Vorgang kann mehrere Verknüpfungen zu anderen Vorgängen aufweisen. Im Beispiel hätte der Meilenstein auch mit jedem Teilvorgang verknüpft werden können. Das Ergebnis wäre identisch: Der Meilenstein ist erst erreicht, wenn alle Teilvorgänge erledigt sind.

Der Abschluss des Sammelvorgangs hängt ebenfalls vom Ende aller seiner Teilvorgänge ab. Folglich ist die Verknüpfung zwischen Sammelvorgang und Meilenstein der kürzere von zwei gleichen Wegen.

Tipp

Basistext

3 Planungsphase *

	Vorgangsname	Dauer	01. Mrz '04 S M D M D F
1	⊟ Vorbereitungen	1 Tag?	
2	Rollenvergabe	1 Tag?	
3	Regelmäßige Probe	1 Tag?	
4	⊟ Bühnenausstattung	1 Tag?	
5	Kostüme organisieren	1 Tag?	
6	Bühnenbild gestalten	1 Tag?	
7	Requisiten beschaffen	1 Tag?	
8	Kartenvorverkauf durchführen	1 Tag?	
9	Vorbereitungen abgeschlossen	0 Tage	01.03.

Abb. 3.2-13: Vorgänge können auch mit der Maus verknüpft werden. Klicken Sie im Balkendiagramm auf die Mitte des Vorgangsbalkens und ziehen Sie bei gedrückter linker Taste eine Verknüpfungslinie zum Nachfolger. Der Mauszeiger ändert seine Form in das Verknüpfungssymbol. Lassen Sie die Maustaste über dem Balken des Nachfolgers los.

Verknüpfungen bündeln

Mehrere Vorgänge können auch in einem gemeinsamen Schritt verknüpft werden.

Der Vorgang Kartenvorverkauf durchführen soll als Sammelvorgang drei Teilvorgänge Kartenlayout gestalten , Karten drucken und VVK-Stellen beliefern (VVK = Vorverkaufsstellen) beinhalten. Diese müssen der Reihe nach bearbeitet werden. Um sicher zu stellen, dass diese sequenzielle Reihenfolge eingehalten wird, wird jeder dieser Vorgänge mit seinem Nachfolger verknüpft.

- (1) Nehmen Sie die neuen Vorgänge in die Liste auf und markieren Sie diese.
- (2) Klicken Sie auf die Schaltfläche Tiefer stufen.
- (3) Klicken Sie einmal auf die Schaltfläche Vorgänge verknüpfen.

Basistext

3.2 Vorgänge eingeben und verknüpfen *

Sie müssen die Vorgänge für die Verknüpfung nicht zwingend – wie oben – paarweise markieren, sondern es können beliebig viele Vorgänge gleichzeitig markiert werden.
(4) Im Balkendiagramm sehen Sie die erzeugte Treppenform (Abb. 3.2-14). Jeder Vorgang wurde mit dem ihm nachfolgenden verknüpft.

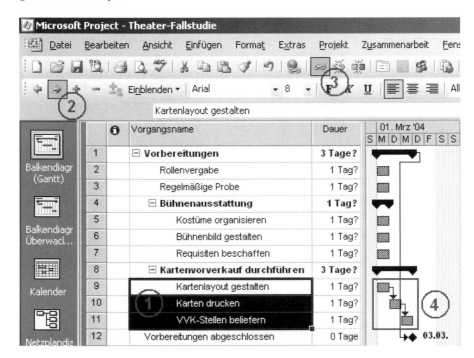

Abb. 3.2-14: Die Teilvorgänge werden jetzt nacheinander bearbeitet. Dadurch erhöht sich die Dauer des Sammelvorgangs. Sie berechnet sich automatisch als Summe der Dauer aller Teilvorgänge und kann nicht von Hand geändert werden.

Basistext

Tipp	**Vorgangsnummern** Die Teilvorgänge des Vorgangs Bühnenausstattung sind im Bildschirmauszug ausgeblendet. Einerseits ist dies am führenden Pluszeichen zu erkennen, andererseits sehen Sie auch den Sprung bei den **Vorgangsnummern**. Die Vorgänge 5 bis 7 sind unterdrückt. Die Nummerierung der unteren Vorgänge ändert sich deswegen natürlich nicht.
Verknüpfungen in der Tabelle	Eine Verknüpfung kann auch im Tabellenteil angelegt werden. Tragen Sie in der Spalte Vorgänger die entsprechende Vorgangsnummer ein. Mehrere Einträge werden mit einem Semikolon getrennt. Microsoft Project erzeugt die Tabelleneinträge automatisch, wenn Sie Verknüpfungen über die Schaltfläche erzeugen.
	Der Meilenstein verschiebt sich durch die Verknüpfungen nach hinten. Das liegt daran, dass die Dauer des Sammelvorgangs von einem auf drei Tage angewachsen ist. Die Länge eines Sammelvorgangs misst sich an der Dauer der einzelnen Teilvorgänge und deren Beziehungen untereinander.
Projektplan ausdrucken 	Sie haben jetzt einen druckfertigen Projektplan. ■ Wählen Sie im Menü Datei den Eintrag Drucken... . ■ Klicken Sie im Dialog auf die Schaltfläche Vorschau. Abb. 3.2-15 zeigt das Ergebnis.
Tipp	**Tabelle drucken** Aus dem Tabellenteil werden nur die Spalten zu Papier gebracht, die aktuell vollständig zu sehen sind. Verschieben Sie nötigenfalls die Trennlinie zwischen linkem und rechtem Teil des Projektfensters mit der Maus, um weitere Tabellenspalten in den Ausdruck aufzunehmen. Ebenso werden nur die Vorgänge gedruckt, die eingeblendet sind. Achten Sie darauf, dass alle Teilvorgänge eingeblendet sind und somit kein Sammelvorgang ein führendes Pluszeichen trägt.

Basistext

3.2 Vorgänge eingeben und verknüpfen * 65

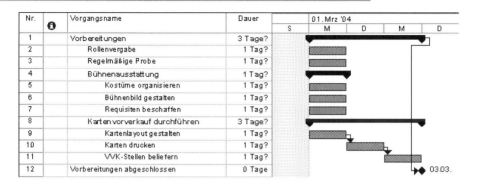

Abb. 3.2-15: Das Balkendiagramm zeigt sich deutlich gestreckt. Microsoft Project nutzt beim Ausdruck die gesamte verfügbare Breite aus.

- Klicken Sie dann in der Vorschau auf die Schaltfläche Drucken...!

Eine **Legende** zur Erläuterung der benutzten Symbole und Balken aus dem Diagramm wird automatisch an das Ende des Ausdrucks angefügt (Abb. 3.2-16).

Legende

Abb. 3.2-16: Die Legende erscheint aus Gründen der Platzersparnis nur auf der jeweils letzen Seite des Ausdrucks.

Klicken Sie auf das Diskettensymbol in der Menüleiste oder wählen Sie im Menü Datei den Eintrag Speichern.

Sammelvorgang Ein → Vorgang, der mehrere Teilvorgänge übergeordnet aufnimmt und zur Gliederung des Projekts beiträgt. Die Berechnung erfolgt aus den Daten der Teilvorgänge.

Verknüpfung Das Erstellen einer Beziehung zwischen → Vorgängen. Definiert Art und Reihenfolge der Verbindung von Vorgänger und Nachfolger. Kann als → Anfang-Anfang-Beziehung, →

Glossar

Basistext

Anfang-Ende-Beziehung, → Ende-Anfang-Beziehung oder → Ende-Ende-Beziehung festgelegt werden. Start oder Ende des Nachfolgers dürfen erst erreicht werden, wenn Start oder Ende des Vorgängers gemäß der Bedingung erfolgt sind. Syn.: Anordnungsbeziehung

3.3 Die Dauer von Vorgängen *

Sie geben die Dauer von Vorgängen entweder als geschätzten oder sicheren Wert an. Die kleinste planbare Zeiteinheit ist eine Minute. Zulässig sind Eingaben in Minuten (min), Stunden (st), Tagen (t), Wochen (w) und Monaten (m). Ein periodischer Vorgang ist eine regelmäßig wiederkehrende Sonderform von Vorgängen. Ein Block zusammengehöriger Vorgänge kann mit einem Meilenstein abgeschlossen werden.

Dauer

Die Vorgangsliste liefert lediglich einen statischen Überblick über die Struktur des Projekts. Für die Ablaufplanung des Projekts müssen die **Vorgänge** miteinander verknüpft werden und die **Dauer** der Vorgänge festgelegt werden. Diese Elemente sorgen für die Dynamik und den Fortschritt Ihres Projekts.

- Mit der Maus können Sie die Dauer eines Vorgangs schrittweise (in Tagen) verändern.
- Über die Tastatur können Sie den gewünschten Wert direkt eingeben.

Wenn Sie die Dauer in Tagen betrachten, müssen Sie nur die Zahl eingeben. Anderenfalls muss die Zeiteinheit mit angegeben werden.

Zeiteinheiten

Für die Dimension der Dauer stehen folgende Einheiten zur Verfügung:

- Monate (m)
- Wochen (w)
- Tage (t)

Basistext

- Stunden (st)
- Minuten (min)

Geben Sie bei der Eingabe der Dauer über die Tastatur das jeweilige Kürzel der Einheit (m, w, t, st, min) mit an. Eine Vorgangsdauer von vier Stunden weisen Sie zu, indem Sie in der Spalte Dauer manuell 4st eingeben.
Microsoft Project ändert die Darstellung automatisch in 4 Stunde (bei den anderen Formaten wird die Mehrzahl übrigens korrekt gebildet).

Darstellung

Tragen Sie die Dauer jedes Vorgangs in den Tabellenteil der Ansicht Balkendiagramm ein. Übernehmen Sie die Dauer der einzelnen Vorgänge aus der Abb. 3.3-1. Ignorieren Sie momentan den Vorgang Regelmäßige Probe und ändern diesen nicht!

Die Dauer von **Sammelvorgängen** berechnet sich automatisch aus der Dauer der einzelnen Teilvorgänge. Eine Eingabe ist deshalb nicht möglich!

Hinweis

Geschätzte Dauer

Das nachgestellte Fragezeichen in der Voreinstellung (Abb. 3.3-2) signalisiert eine geschätzte Dauer. Sobald Sie die Voreinstellung in einem Feld der Spalte Dauer überschreiben (z.B. mit 4t), erscheint das Fragezeichen nicht mehr. Microsoft Project interpretiert diese Eingabe als sichere Dauer. Sie können allerdings jederzeit bei einer manuellen Eingabe eine geschätzte Dauer erzeugen, indem Sie Ihrer Eingabe ein Fragezeichen nachstellen (z.B. 4t?).

Tipp

Basistext

3 Planungsphase *

❶	Vorgangsname	Dauer	01. Mrz '04 S M D M D F S	08. Mrz '04 S M D M D F
1	⊟ Vorbereitungen	6 Tage?		
2	Rollenvergabe	3 Tage		
3	Regelmäßige Probe	1 Tag?		
4	⊟ Bühnenausstattung	6 Tage		
5	Kostüme organisieren	2 Tage		
6	Bühnenbild gestalten	6 Tage		
7	Requisiten beschaffen	2 Tage		
8	⊟ Kartenvorverkauf durchführen	4,5 Tage		
9	Kartenlayout gestalten	1 Tag		
10	Karten drucken	4 Stunde		
11	VVK-Stellen beliefern	3 Tage		
12	Vorbereitungen abgeschlossen	0 Tage		08.03.

*Abb. 3.3-1: Ein nachgestelltes Fragezeichen symbolisiert eine **geschätzte Dauer**. Das ist die Standardeinstellung von Microsoft Project. In Berechnungen werden geschätzte und sichere Werte gleich behandelt.*

Tipp — Microsoft Project behandelt die geschätzte und sichere Dauer vollkommen gleich. Das Fragezeichen dient lediglich als Vermerk für den Projektmanager und kann ebenso gut weggelassen werden.

Vorgangsname	Dauer
⊟ **Vorbereitungen**	**6 Tage?**

Abb. 3.3-2: Schliessen Sie die Eingabe der Dauer mit einem Fragezeichen ab, um diese als Schätzwert zu deklarieren.

Die Länge der Vorgangsbalken im **Balkendiagramm** ändert sich entsprechend der neuen Dauer (Abb. 3.3-3). Besitzt ein Vorgang einen oder mehrere Nachfolger, so verzögert sich ebenfalls deren Anfangstermin. Aufgrund der **Verknüpfung** erfolgt deren Start erst nach Abschluss des Vorgängers.

Basistext

3.3 Dauer von Vorgängen *

⊟ Kartenvorverkauf durchführen	4,5 Tage	Mo 01.03.04 08:00	Fr 05.03.04 12:00
Kartenlayout gestalten	1 Tag	Mo 01.03.04 08:00	Mo 01.03.04 17:00
Karten drucken	4 Stunde	Di 02.03.04 08:00	Di 02.03.04 12:00
VVK-Stellen beliefern	3 Tage	Di 02.03.04 13:00	Fr 05.03.04 12:00

Abb. 3.3-3: Die Länge der Balken im Diagramm zeigt die Dauer eines Vorgangs an. Ihre Position wird von Anfangstermin und Endtermin bestimmt.

Dauer mit der Maus ändern | Tipp
Die Dauer eines Vorgangs lässt sich auch mit der Maus im Balkendiagramm verändern. Bewegen Sie den Zeiger auf die rechte Kante des Balkens, so dass er seine Form verändert. Ziehen Sie den Balken dann bei gedrückter linker Maustaste in die Länge! Abb. 3.3-4 demonstriert dieses Vorgehen.

Ein gelbes Feld mit den Daten Ende und Dauer hilft Ihnen bei der Navigation. | Tipp

3		Vorgang:			
4	Ende:			Mo 08.03.04 17:00	
5	Dauer:			6t	
6		Bühnenbild gestalten		2 Tage	

Abb. 3.3-4: Wichtig ist die Positionierung des Zeigers auf dem Balken. An der rechten Kante verändert sich das Symbol wie dargestellt. Wenn Sie den Balken in der Mitte markieren und ziehen, verschieben Sie den Vorgang anstatt die Dauer zu ändern!

Eine Besonderheit stellt der Vorgang Regelmäßige Probe dar. | Periodischer Vorgang
Er soll in regelmäßigen Abständen zur gleichen Zeit stattfinden. Prinzipiell handelt es sich um einen Wiederholungszyklus eines Vorgangs.
Ein solcher Vorgang wird in Microsoft Project als **Periodischer Vorgang** bezeichnet.

Basistext

Leider lässt sich ein vorhandener Vorgang nicht in einen periodischen verwandeln.
Sie müssen zwangsläufig einen neuen Vorgang einfügen.

Erzeugen Sie einen periodischen Vorgang Regelmäßige Probe, der den bereits vorhandenen Vorgang gleichen Namens ersetzen soll!
Die regelmäßige Probe findet jeden Dienstag und Donnerstag um 13 Uhr statt und dauert 3 Stunden. Es sind insgesamt 12 Proben geplant.

- Markieren Sie eine leere Zelle der Spalte Vorgangsname.
- Wählen Sie aus dem Menü Einfügen den Eintrag Periodischer Vorgang...

Vorgang anlegen

Der Dialog Informationen zum periodischen Vorgang wird automatisch aufgerufen.

Folgende Schritte sind nun im Dialog durchzuführen (Abb. 3.3-5):

- (1) Geben Sie den Vorgangsnamen Regelmäßige Probe ein.
- (2) Legen Sie die Dauer auf 3st fest.
- (3) Aktivieren Sie unter Auftreten wöchentlich jeden Dienstag und Donnerstag.
- (4) Legen Sie als Anfang den 01. März 2004 fest. Die Uhrzeit (13:00 Uhr) müssen Sie manuell eingeben.
- (5) Der Vorgang soll nach 12 Vorkommnissen beendet sein.
- Bestätigen Sie Ihre Eingaben mit OK. Der periodische Vorgang ist angelegt.

Position ändern

- Verschieben Sie den Vorgang jetzt an die richtige Stelle (Zeile Nr. 3).

Erledigen Sie dies per *drag and drop* mit der Maus, indem Sie die Vorgangsnummer anklicken und den Vorgang dann bei gedrückt gehaltener linker Maustaste verschieben.

Basistext

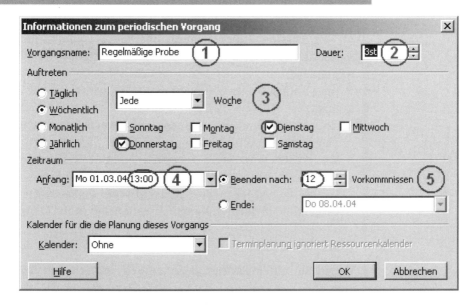

Abb. 3.3-5: Wenn Sie ein monatliches oder jährliches Auftreten vereinbaren, ändert sich die Datumsauswahl entsprechend. Sie können dann natürlich nicht verschiedene Wochentage anwählen.

Der ursprüngliche Vorgang Regelmäßige Probe kann nun problemlos gelöscht werden.

Alten Vorgang löschen

- Markieren Sie die Vorgangsnummer des alten Vorgangs Regelmäßige Probe und drücken Sie die Taste Entfernen.

Daten löschen
In früheren Versionen von Microsoft Project wurde sofort der gesamte markierte Vorgang gelöscht, wenn Sie die Taste Entfernen gedrückt haben.

Tipp

Basistext

3 Planungsphase *

Tipp

Ab der Version 2002 reagieren markierte Felder unterschiedlich auf diesen Befehl. Für die Vorgangstabelle gilt folgendes:
- Dauer und Termine werden auf den Standardwert zurückgesetzt.
- Einträge für Vorgänger und Ressourcen werden gelöscht. Sie entfernen somit Verknüpfungen bzw. Zuordnungen.
- Beim Löschen des Vorgangsnamens wird in der **Indikatorspalte** ein Symbol eingeblendet. Klicken Sie auf dieses Symbol, haben Sie die Auswahl, entweder den gesamten Vorgang oder nur den Namen zu entfernen (Abb. 3.3-6):

Tipp

Haben Sie einen Eintrag versehentlich gelöscht, so läßt sich der alte Zustand wiederherstellen, indem Sie die Schaltfläche Rückgängig anklicken oder den gleichnamigen Eintrag aus dem Menü Bearbeiten wählen. Der Befehl ist jedoch leider nur einmal verfügbar. Folglich müssen Sie die Änderung *sofort* zurücknehmen. Wenn Sie nach dem unbeabsichtigten Löschen eine andere Aktion ausführen, bezieht sich der Befehl Rückgängig auf eben diese neue Aktion.

Die Tabelle hat nach diesen Änderungen folgendes Ausse-

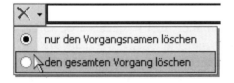

Abb. 3.3-6: Wenn Sie den Vorgangsnamen entfernen, haben Sie die Wahl, den gesamten Vorgang oder nur den Namen zu löschen.

hen (Abb. 3.3-7):

Basistext

3.3 Dauer von Vorgängen *

	ⓘ	Vorgangsname	Dauer
1		⊟ **Vorbereitungen**	**28,88 Tage**
2		Rollenvergabe	3 Tage
3	↻	⊞ **Regelmäßige Probe**	**27,38 Tage**
16		⊟ **Bühnenausstattung**	**6 Tage**
17		Kostüme organisieren	2 Tage
18		Bühnenbild gestalten	6 Tage
19		Requisiten beschaffen	2 Tage
20		⊟ **Kartenvorverkauf durchführen**	**4,5 Tage**
21		Kartenlayout gestalten	1 Tag
22		Karten drucken	4 Stunde
23		VVK-Stellen beliefern	3 Tage
24		Vorbereitungen abgeschlossen	0 Tage

Abb. 3.3-7: Wie bei üblichen Sammelvorgängen wird die Dauer des periodischen Vorgangs automatisch als Summe der Teilvorgangsdauern ermittelt.

In der **Indikatorspalte** des periodischen Vorgangs wird ein neues Symbol angezeigt. Das führende Pluszeichen weist auf die nun vorhandene Baumstruktur hin. Mit einem Klick auf das Pluszeichen werden die Teilvorgänge eingeblendet.

↻

Jedes **Vorkommnis** wird durchgehend nummeriert und als Teilvorgang betrachtet, denn letztlich ist der periodische Vorgang eine Sonderform des **Sammelvorgangs**.
Einzelne Vorkommnisse können wie gewöhnliche Vorgänge behandelt und verändert werden. Sie müssen nicht identisch zueinander sein, wie es zum Erstellungszeitpunkt der Fall ist.

Sie beschließen, die `Rollenvergabe` nicht mehr als eigenständigen Vorgang zu planen. Sie soll statt dessen im Rahmen der ersten regelmäßigen Probe durchgeführt werden.

Periodischen Vorgang anpassen

Basistext

- Klicken Sie auf das führende Pluszeichen vor dem Sammelvorgang Regelmäßige Probe, um alle Teilvorgänge einzublenden.
- Doppelklicken Sie auf den Vorgang Regelmäßige Probe1.

Der Dialog Informationen zum Vorgang wird geöffnet.

Abb. 3.3-8: Name und Dauer eines Vorgangs können in jedem Register des Dialogs geändert werden.

- Ändern Sie den Namen in Rollenvergabe (in jedem Ordner des Dialogs möglich).
- Verlängern Sie die Dauer auf 4 Stunden (Abb. 3.3-8).
- Entfernen Sie anschließend den ursprünglichen Vorgang Rollenvergabe aus Ihrem Projekt.

Weiterhin soll das letzte Vorkommnis des periodischen Vorgangs als Generalprobe ablaufen. Die Dauer dieser Probe soll der Spielzeit des Stückes entsprechen. Diese beläuft sich auf 2 Stunden. Ferner soll die Generalprobe als Meilenstein dargestellt werden.

- Doppelklicken Sie auf den Vorgang Regelmäßige Probe12.
- Ändern Sie die Dauer und den Namen auf dem Register Spezial.
- Aktivieren Sie – wie in Abb. 3.3-9 – das Kontrollfeld Vorgang als Meilenstein darstellen.

Sie erhalten somit einen **Meilenstein**, der ausnahmsweise von einer **Dauer** ungleich null ist!
In Abb. 3.3-10 sehen Sie für die Generalprobe die Darstellung als Meilenstein im Balkendiagramm und die gleichzeitige Dauer von 2 Stunden in der Tabelle.

Basistext

3.3 Dauer von Vorgängen * 75

☑ Vorgang als Meilenstein darstellen

Abb. 3.3-9: Alternativ können Sie einen weiteren Vorgang erstellen (zum Beispiel Generalprobe erfolgreich durchgeführt) *und diesen als Meilenstein mit einer Dauer von null bestimmen. Genau genommen erreichen Sie Ihr Etappenziel ja erst mit Abschluss der Generalprobe.*

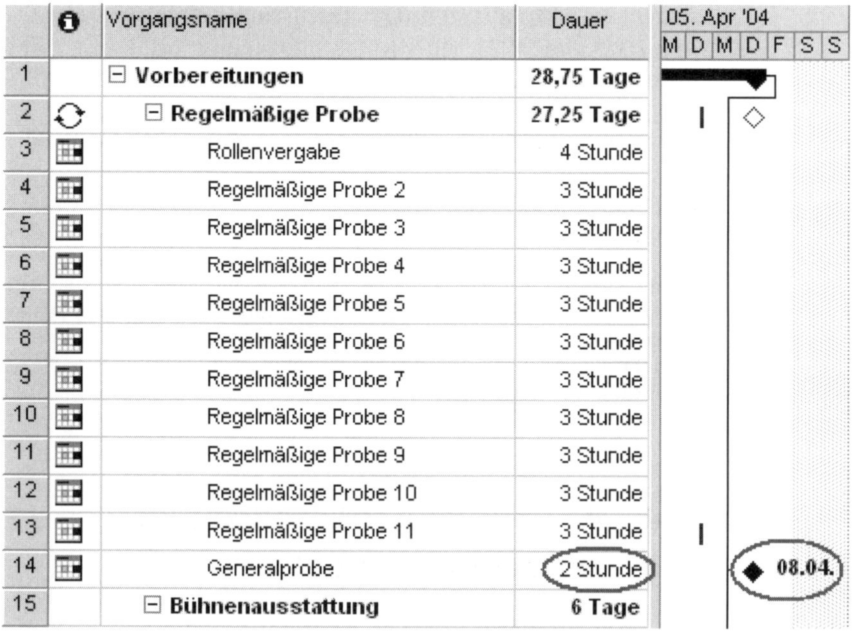

	ⓘ	Vorgangsname	Dauer	05. Apr '04 M D M D F S S
1		⊟ **Vorbereitungen**	28,75 Tage	
2	⟳	⊟ **Regelmäßige Probe**	27,25 Tage	◇
3	▦	Rollenvergabe	4 Stunde	
4	▦	Regelmäßige Probe 2	3 Stunde	
5	▦	Regelmäßige Probe 3	3 Stunde	
6	▦	Regelmäßige Probe 4	3 Stunde	
7	▦	Regelmäßige Probe 5	3 Stunde	
8	▦	Regelmäßige Probe 6	3 Stunde	
9	▦	Regelmäßige Probe 7	3 Stunde	
10	▦	Regelmäßige Probe 8	3 Stunde	
11	▦	Regelmäßige Probe 9	3 Stunde	
12	▦	Regelmäßige Probe 10	3 Stunde	
13	▦	Regelmäßige Probe 11	3 Stunde	
14	▦	Generalprobe	2 Stunde	♦ 08.04.
15		⊟ **Bühnenausstattung**	6 Tage	

Abb. 3.3-10: Die Generalprobe *wird als Meilenstein angezeigt. Beim periodischen Vorgang wird im Balkendiagramm für jedes Vorkommnis (auch der Meilenstein) ein Balken erstellt.*

Wenn Sie alle Erweiterungen im Projekt aufgenommen haben, sollten Sie es speichern.

Das **Balkendiagramm** ist durch die veränderte Dauer sehr breit geworden.

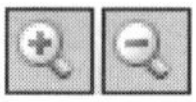

Basistext

Sie können die Skalierung mit den Schaltflächen Vergrößern und Verkleinern anpassen und sich viel lästiges Navigieren ersparen.

Tipp

Grösse des Ausdrucks
Diese Änderungen werden auch für den Ausdruck des neuen Projektplans genutzt. Der Druck erfolgt in der aktuellen *Zoom*-Stufe. Nutzen Sie diese Funktion, damit der Plan weiterhin auf eine DIN-A4-Seite passt.

Drucken Sie den neuen Projektplan auf eine DIN-A4-Seite!

Glossar

Indikator Symbol, welches signalisiert, dass zu einem → Vorgang oder einer → Ressource bestimmte Zusatzinformationen verfügbar sind. Diese werden durch einen Doppelklick auf das Symbol erreicht.
Periodischer Vorgang Ein sich regelmäßig wiederholender → Vorgang, deren einzelne → Vorkommnisse in Termin, Dauer und Inhalt ähnlich sind und somit einen zusammengehörigen Zyklus bilden.
Vorkommnis Ein Element aus der Menge von Teilvorgängen eines → periodischen Vorgangs.

3.4 Anordnungsbeziehungen zwischen Vorgängen *

Anordnungsbeziehungen konkretisieren die Verknüpfungen zwischen Vorgängen. Microsoft Project unterscheidet vier verschiedene Arten von Anordnungsbeziehungen. Der häufigste Fall ist die Ende-Anfang-Beziehung (EA). Hier beginnt der nachfolgende Vorgang nach dem Ende seines Vorgängers. Sollen Vorgänge nicht unmittelbar aufeinander folgen, kann für jede Anordnungsbeziehung ein Zeitabstand festgelegt werden.

Anordnungsbeziehung

Die **Vorgangsdauer** ist nicht allein ausschlaggebend für die Zeitplanung.

Basistext

3.4 Anordnungsbeziehungen *

Die Dauer des Projekts und die einzelnen Vorgangstermine hängen auch davon ab, wie die Vorgänge miteinander verknüpft sind.

Die häufigste **Verknüpfung** sieht so aus, dass der Anfang eines **Vorgangs** unmittelbar nach dem Ende seines Vorgängers liegt.
In Microsoft Project wird diese Form als **Ende-Anfang-Beziehung (EA)** bezeichnet.

Microsoft Project unterscheidet insgesamt vier verschiedene **Anordnungsbeziehungen**.

- **Ende-Anfang-Beziehung (EA)**
- **Anfang-Anfang-Beziehung (AA)**
- **Ende-Ende-Beziehung (EE)**
- **Anfang-Ende-Beziehung (AE)**

Ende-Anfang (EA)
Anfang-Anfang (AA)
Ende-Ende (EE)
Anfang-Ende (AE)
(Keine)

Ende-Ende-Beziehung
Der Vorgang Bühnenbild gestalten darf nicht vor Requisiten beschaffen enden, da auch die Requisiten Teil des Bühnenbildes sind und dieses folglich erst mit deren Aufstellung komplett ist. Sie benötigen eine Verbindung vom Ende des einen zum Ende des anderen Vorgangs, wobei Requisiten beschaffen der Vorgänger von Bühnenbild gestalten sein muss.

- Verknüpfen Sie die Vorgänge Bühnenbild gestalten und Requisiten beschaffen.

Automatisch wird eine Ende-Anfang-Beziehung (EA) hergestellt.

- Doppelklicken Sie auf den Verknüpfungspfeil, um den Dialog Anordnungsbeziehung zu öffnen.
- Wählen Sie als Art eine Ende-Ende-Beziehung (EE) aus der Liste (Abb. 3.4-1).

Basistext

Anordnungsbeziehung
Von: Requisiten beschaffen
Nach: Bühnenbild gestalten
Typ: Ende-Anfang (EA)
Zeitabstand: 0t
Ende-Anfang (EA)
Anfang-Anfang (AA)
Ende-Ende (EE)
Anfang-Ende (AE)
(Keine)
Abbrechen

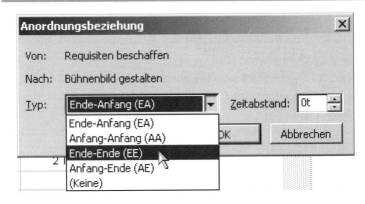

Abb. 3.4-1: Im Dialog »Anordnungsbeziehung« wählen Sie die »Art« aus einer Liste. Die Richtung der Verknüpfung entnehmen Sie den Feldern »Von:« und »Nach:«.

Die Verbindungslinie im **Balkendiagramm** ändert sich entsprechend Ihrer Auswahl. Der Pfeil zeigt nicht mehr vom Ende des Vorgängers zum Anfang des Nachfolgers, sondern verbindet die rechten Kanten (Ende) beider Vorgänge (Abb. 3.4-2).

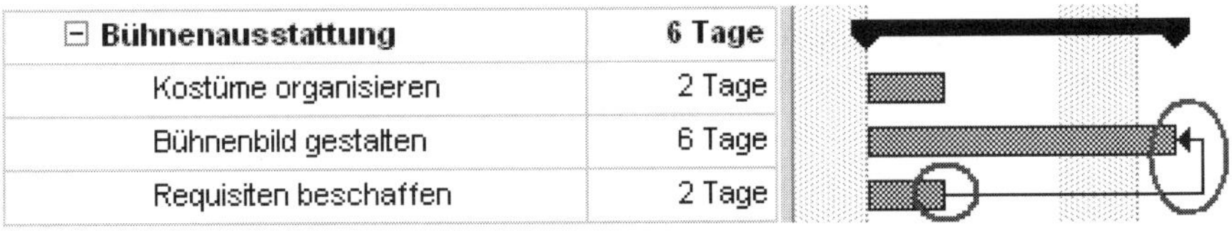

Bühnenausstattung
6 Tage
Kostüme organisieren
2 Tage
Bühnenbild gestalten
6 Tage
Requisiten beschaffen
2 Tage

Abb. 3.4-2: Den Unterschied zwischen einer Ende-Anfang-Beziehung und einer Ende-Ende-Beziehung sehen Sie an der Richtung der Pfeilspitze im Balkendiagramm.

Basistext

Probleme bei älteren Versionen

Bis zur Version **Project 2002** ist der Umgang mit Verknüpfungen an dieser Stelle problematisch.
Unabhängig davon, in welcher Reihenfolge Sie die Vorgänge markieren, wird die Verknüpfung immer in dieselbe Richtung gesetzt: Der in der Tabelle unten stehende Vorgang wird der Nachfolger des oberen.

Reihenfolge ändern (bis Version Project 2002)

Für Ihr Beispiel muss die Verknüpfung aber genau anders herum gerichtet sein.
Die Gestaltung der Bühne kann nicht vor der Beschaffung der Requisiten beendet sein, weil diese eben ein Teil des Bühnenbildes sind.

- Löschen Sie die vorhandene Verknüpfung zwischen den besagten Vorgängen.
  - Öffnen Sie dazu den Dialog Anordnungsbeziehungen und klicken Sie auf die Schaltfläche Löschen.
- Doppelklicken Sie dann auf den Vorgang Bühnenbild gestalten.

Der Dialog Informationen zum Vorgang wird geöffnet.

- Auf dem Register Vorgänger können Sie den Vorgänger und die Art der Anordnungsbeziehung in der Liste bestimmen.
  - Wählen Sie Requisiten beschaffen als Vorgänger und als Art eine Ende-Ende-Beziehung (Abb. 3.4-3).

Auf diesem Weg wird die Beziehung auch in früheren Versionen korrekt dargestellt.

Basistext

Abb. 3.4-3: Für den Dialog Informationen zum Vorgang *gibt es auch eine eigene Schaltfläche. Der Dialog befindet sich im Menü* Projekt. *Die Tastenkombination zum Aufrufen lautet* Umschalt+F2.

Zur Verdeutlichung sei gesagt, dass Anordnungsbeziehungen stets Vorgänger-Nachfolger-Beziehungen sind. Eine Ende-Ende-Beziehung heißt nicht zwingend, dass die Vorgänge zeitgleich (parallel) enden, sondern dass das Ende des Nachfolgers nicht vor dem Ende des Vorgängers erreicht werden darf!

Zeitabstand

Neben der Art legen Sie im Dialog Anordnungsbeziehung (oder Informationen zum Vorgang, Register Vorgänger) einen möglichen **Zeitabstand** fest.

In der Voreinstellung werden verknüpfte Vorgänge unmittelbar aufeinanderfolgend durchgeführt, also mit einem Zeitabstand von null Tagen.

In der Dauer des Vorgangs VVK-Stellen beliefern ist der 2-tägige Postweg berücksichtigt, den die Karten nach dem Vorgang Karten drucken zurücklegen. Die tatsächliche Vorgangsdauer beträgt lediglich einen Tag.

Stellen Sie diesen Sachverhalt mit Hilfe einer Anordnungs-

Basistext

beziehung dar!

- Reduzieren Sie die Dauer des Vorgangs VVK-Stellen beliefern auf einen Tag.
- Doppelklicken Sie auf den Verbindungspfeil zwischen Karten drucken und VVK-Stellen beliefern.
- Wählen Sie im Dialog Anordnungsbeziehung eine EA-Beziehung mit einem Zeitabstand von 2 Tagen.

⊟ Kartenvorverkauf durchführen	4,5 Tage
Kartenlayout gestalten	1 Tag
Karten drucken	4 Stunde
VVK-Stellen beliefern	1 Tag

Abb. 3.4-4: Die Länge des Pfeils hängt ausschließlich von der Länge der Balken ab. Den Zeitabstand erkennen Sie am horizontalen Abstand der Vorgangsbalken voneinander.

Durch den Zeitabstand wird für die EA-Beziehung erreicht, dass der Vorgang VVK-Stellen beliefern erst 2 Tage nach dem Ende von Karten drucken begonnen wird.
Im Balkendiagramm verschiebt sich der Balken des Nachfolgers aufgrund des neuen Anfangstermins (Abb. 3.4-4).

Zeitabstand
Ziehen Sie Vorgänge nicht künstlich in die Länge, um Zeitabstände zu simulieren. Wenn Sie einem Vorgang später Ressourcen zuordnen, werden diese für den Vorgang abgestellt, obwohl keine Arbeit zu bewältigen ist.

Tipp

Sie sehen in der Spalte Vorgänger die vorgenommenen Veränderungen in komprimierter Form. Ein Eintrag besteht der Reihe nach aus den Teilen

Kurzform in der Tabelle

- Nummer des Vorgängers
- Art der Anordnungsbeziehung

Basistext

■ Zeitabstand

Beispiel

In der Spalte Vorgänger bedeutet ein Eintrag mit dem Wert 21EA+2Tage:

21EA+2 Tage

- Der Vorgänger ist der Vorgang mit der Nummer 21.
- Es handelt sich um eine Ende-Anfang-Anordnungsbeziehung.
- Der zweite Vorgang beginnt 2 Tage nach Ende des ersten.

Tipp

Informationsfenster
Halten Sie den Mauszeiger auf den Verknüpfungspfeil im Balkendiagramm, so wird – wie in Abb. 3.4-5 – ein Informationsfenster eingeblendet. Die Verknüpfung wird hier zusammengefasst.

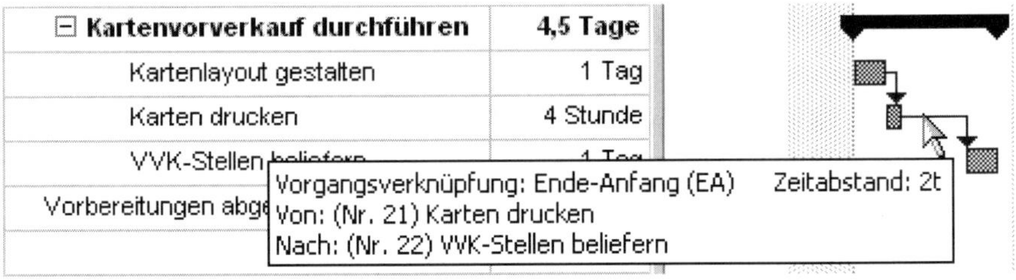

Abb. 3.4-5: Informationsfenster sind an vielen Stellen verfügbar. Probieren Sie bei Bedarf einfach aus, die Maus auf einer markanten Stelle des Bildschirms zu positionieren.

Speichern Sie das Projekt, wenn Sie alle Erweiterungen aufgenommen haben.

Drucken Sie den neuen Projektplan auf eine DIN-A4-Seite!

Basistext

3.5 Termine und Einschränkungen von Vorgängen *

Einschränkungstermine legen den Anfang oder das Ende eines Vorgangs auf einen bestimmten kalendarischen Zeitpunkt fest. Die Art der Einschränkung bestimmt, ob ein Termin nur überschritten oder unterschritten werden darf bzw. ganz exakt eingehalten werden muss. Anfangstermin, Endtermin und Dauer bestimmen einen Vorgang. Sie legen die Dauer und Anfangs- oder Endtermin fest. Der fehlende Termin wird von Microsoft Project berechnet. In der Indikatorspalte werden die Einschränkungen signalisiert.

Bestimmte Terminbedingungen oder Terminziele fordern neben der Angabe der Dauer einen **Anfangs- oder Endtermin**.

Termine

Sie legen einen solchen **Einschränkungstermin** in der Ansicht Balkendiagramm fest, indem Sie auf eine Zelle der Spalte Anfang oder Ende klicken. Es öffnet sich ein Kalender, aus dem Sie den gewünschten **Termin** wählen können (Abb. 3.5-1).

Die anstehenden Berechnungen werden von Microsoft Project durchgeführt.
Geben Sie einen Termin und die **Dauer** ein, so wird der fehlende Termin berechnet.
Wenn Sie sowohl Anfangs- als auch Endtermin eingeben, erfolgt die automatische Berechnung der Dauer.

Anfang, Ende, Dauer

Pünktlich zur Generalprobe muss das Bühnenbild vollständig gestaltet sein.

- Legen Sie deshalb den Endtermin des Vorgangs Bühnenbild gestalten im Tabellenteil auf den 7. April 2004 fest.

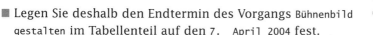

Basistext

3 Planungsphase *

Bühnenbild gestalten	6 Tage	Mo 01.03.04 08:00 Mo 08.03.04 17:0
Requisiten beschaffen	2 Tage	
⊟ **Kartenvorverkauf durchführen**	4,5 Tage	
Kartenlayout gestalten	1 Tag	
Karten drucken	4 Stunde	
VVK-Stellen beliefern	1 Tag	
Vorbereitungen abgeschlossen	0 Tage	

März 2004

Mo	Di	Mi	Do	Fr	Sa	So
23	24	25	26	27	28	29
1	2	3	4	5	6	7
8	9	10	11	12	13	14
15	16	17	18	19	20	21
22	23	24	25	26	27	28
29	30	31	1	2	3	4

Heute: 14.10.2003

Abb. 3.5-1: Diese Eingabe können Sie auch über die Tastatur erledigen. Das ist insbesondere dann sinnvoll, wenn Sie neben dem Tag auch eine bestimmte Uhrzeit eingeben wollen. Dadurch verändern Sie allerdings unter Umständen die geplante Vorgangsdauer!

Wegen des neuen Endtermins verschiebt sich der gesamte Vorgang nach hinten.
Die Dauer von 6 Tagen bleibt unverändert. Durch die Eingabe des Endtermins wird der Anfangstermin neu berechnet und auf den 31. März 2004 verschoben. Der Balken im Diagramm ändert sich analog.

		Vorgangsname	Dauer	Anfang	Ende
1		⊟ **Vorbereitungen**	28,75 Tage	Mo 01.03.04 08:00	Do 08.04.04 15:00
2	○	⊞ **Regelmäßige Probe**	27,25 Tage	Di 02.03.04 13:00	Do 08.04.04 15:00
15		⊟ **Bühnenausstattung**	28 Tage	Mo 01.03.04 08:00	Mi 07.04.04 17:00
16		Kostüme organisieren	2 Tage	Mo 01.03.04 08:00	Di 02.03.04 17:00
17		Bühnenbild gestalten	6 Tage	Mi 31.03.04 08:00	Mi 07.04.04 17:00
18		Requisiten beschaffen	2 Tage	Mo 01.03.04 08:00	Di 02.03.04 17:00

Abb. 3.5-2: Die arbeitsfreie Zeit am Wochenende ist in den Terminen einkalkuliert. Zwischen Anfangstermin und Endtermin vergehen 8 Kalendertage. Die Vorgangsdauer beträgt jedoch nur 6 Tage.

Einschränkungsart Durch das Festsetzen eines Termins verändern Sie implizit auch die **Einschränkungsart**.

Basistext

3.5 Termine und Einschränkungen *

In der **Indikatorspalte** erscheint ein neues Symbol in Form eines Kalenderblattes (Abb. 3.5-2 links). Wenn Sie den Mauszeiger auf das Symbol führen, öffnet sich ein Informationsfeld. Dieses ist in Abb. 3.5-3 dargestellt. Außerdem wird

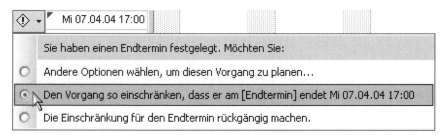

Abb. 3.5-3: Diese Angaben finden Sie auch im Dialog Informationen zum Vorgang.

dort, wo Sie die Terminänderung vorgenommen haben (also in der Spalte Ende von Bühnenbild gestalten), ein kleines grünes Symbol in der Tabelle angezeigt (Abb. 3.5-2 rechts). Bewegen Sie die Maus auf diese Zelle, erscheint ein Hinweiszeichen. Per Mausklick öffnen Sie die Auswahlliste aus der Abb. 3.5-4. Microsoft Project stellt fest, dass Sie einen End-

Abb. 3.5-4: Wird für einen Vorgang ein Endtermin manuell bestimmt, so ändert sich die Einschränkungsart automatisch in Ende nicht früher als.

termin manuell festgesetzt haben. Bestehen Sie darauf, dies in voller Absicht getan zu haben und bestimmen Sie, die Einschränkung Ende nicht früher als beizubehalten.
Anderenfalls öffnet sich ein Assistent, der die Eingabe eher verkompliziert. Daraufhin verschwindet das grüne Symbol.

Basistext

| Ende nicht früher als | Die neue Einschränkung für den Vorgang lautet also Ende nicht früher als. Microsoft Project legt diese Einschränkungsart automatisch an, wenn Sie einen Endtermin manuell eingeben. |

| Vorsicht | Die gewünschte Einschränkung sollte allerdings genau das Gegenteil bewirken. Verzögerungen über den Endtermin hinaus sollen gerade vermieden werden. Diese automatische Anpassung muss dringend überarbeitet werden. |

Einschränkungsart festlegen
Ändern Sie die automatisch erstellte Einschränkungsart in Ende nicht später als, um eine Verzögerung über den gewünschten Endtermin hinaus zu unterbinden.

- Doppelklicken Sie auf den Vorgang Bühnenbild gestalten (in der Tabelle).

Dadurch wird der Dialog Informationen zum Vorgang gestartet.

- Einschränkungsart und Einschränkungstermin legen Sie auf dem Register Spezial fest.
- Ändern Sie die Einschränkungsart in Ende nicht später als (Abb. 3.5-5).

Durch diese Einschränkung haben Sie erreicht, dass der Endtermin von Bühnenbild gestalten auf gar keinen Fall überschritten wird.

| Möglicher Konflikt | Der **Planungsassistent** weist in einem Dialogfenster auf das daraus entstandene Risiko hin (Abb. 3.5-6):
Der Vorgang hat eine Verknüpfung zu Requisiten beschaffen. Verzögerungen in Bühnenbild gestalten wirken sich in gleicher Weise auf den Nachfolger aus. Dieser müßte also im Falle einer Verzögerung nach hinten ausweichen dürfen. Verschiebungen über den gesetzten Termin hinaus werden aber durch die von Ihnen erstellte Einschränkung untersagt. |

Basistext

3.5 Termine und Einschränkungen * 87

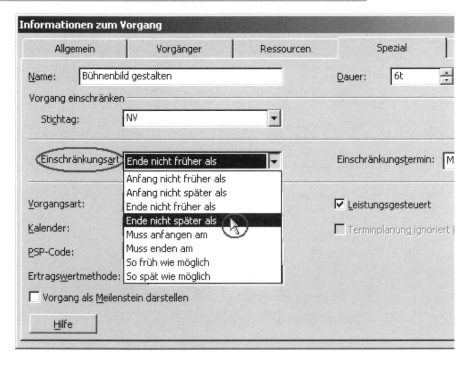

Abb. 3.5-5: Bei der Vorwärtsberechung ist die Standardeinschränkung So früh wie möglich. Bei der Rückwärtsberechnung ist dies So spät wie möglich. Alle anderen Einschränkungsarten erfordern einen Einschränkungstermin.

Der Planungsassistent sieht darin ein Risiko und schlägt Lösungsalternativen vor.

Die Alternativen werden dem bestehenden Problem nicht gerecht:
Der Endtermin darf nicht überschritten werden. Ferner ist der Eintritt des Problems aufgrund der hohen **Pufferzeit** sehr unwahrscheinlich. Der Vorgang kann notfalls früher gestartet werden.

Basistext

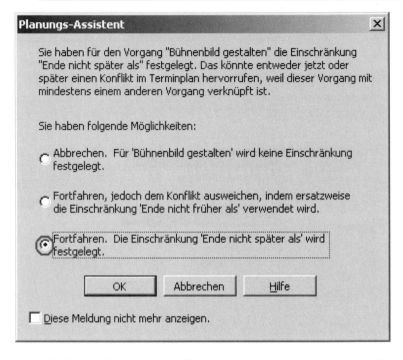

Abb. 3.5-6: Sie müssen sich für eine genannte Option entscheiden. Die Schaltfläche Abbrechen *macht Ihre eben erstellten Änderungen wieder rückgängig.*

- Wählen Sie die Option Fortfahren. Die Einschränkung »Ende nicht später als« wird festgelegt (Abb. 3.5-6).

Das Kalenderblatt-Symbol in der Indikatorspalte ändert sich mit der neuen Einschränkung (Abb. 3.5-7). Der rote Punkt signalisiert einen Einschränkungstermin, der nicht überschritten werden darf.

Anfangstermin Der Vorgang beginnt nun wieder zum Projektanfangstermin (ebenfalls Abb. 3.5-7).

Die festgelegte Einschränkung Ende nicht später als steht in keinem Widerspruch zur **Vorwärtsberechnung** mit dem Gebot Alle Vorgänge beginnen so früh wie möglich.

Basistext

3.5 Termine und Einschränkungen * 89

	Vorgangsname	Dauer	Anfang	Ende
1	⊟ Vorbereitungen	28,75 Tage	Mo 01.03.04 08:00	Do 08.04.04 15:00
2	⊞ Regelmäßige Probe	27,25 Tage	Di 02.03.04 13:00	Do 08.04.04 15:00
15	⊟ Bühnenausstattung	6 Tage	Mo 01.03.04 08:00	Mo 08.03.04 17:00
16	Kostüme organisieren	2 Tage	Mo 01.03.04 08:00	Di 02.03.04 17:00
17	Bühnenbild gestalten	6 Tage	Mo 01.03.04 08:00	Mo 08.03.04 17:00
18	Requisiten beschaffen	2 Tage	Mo 01.03.04 08:00	Di 02.03.04 17:00

Abb. 3.5-7: *In der Abbildung sind die veränderten Termine der verknüpften Vorgänge hervorgehoben.*

Ändern sich die Anforderungen an die Einhaltung von Terminen, müssen die Einschränkungen neu formuliert werden. Im Laufe eines Projekts treten häufig Probleme auf, die in der frühen Planung nicht erkannt wurden. Untersuchen Sie Vorgänge daraufhin, ob die gesetzten Einschränkungen scharf genug formuliert sind.

Die Bühne, auf der das Theaterstück aufgeführt werden soll, wird auch für andere Veranstaltungen genutzt. In Folge dessen kann das Bühnenbild nicht beliebig errichtet werden, sondern muss unmittelbar vor der Generalprobe installiert werden. ∎

Beispiel

Eine Einschränkungsart So spät wie möglich ist in Microsoft Project zwar vorhanden, jedoch arbeitet diese ohne Einschränkungstermin. Vorgänge so spät wie möglich zu bearbeiten bedeutet demnach nur, die Puffer zu minimieren.

So spät wie möglich

Für das Beispiel wird eine Einschränkungsart benötigt, die sowohl eine Überschreitung des Endtermins als auch einen vorzeitigen Beginn ausschliesst. Für den Vorgang ist also kein Spielraum zulässig – weder nach vorne noch nach hinten.
Eine Kombination von Ende nicht später als und Anfang so

Basistext

spät wie möglich ist nicht direkt verfügbar. Sie können jedem Vorgang nur eine Einschränkungsart zuordnen.

Muss enden am...
Die Einschränkung Muss enden am ist die schärfste Form der Einschränkung. Der Termin darf nicht überschritten werden. Um ihn genau pünktlich zu erreichen, darf der Vorgang aber auch nicht eher beginnen. Eine Punktlandung ist also erforderlich.

Für das Beispiel ist die Einschränkungsart Muss enden am diejenige, die den tatsächlichen Sachverhalt widerspiegelt. ■

■ Ändern Sie die Einschränkung für den Vorgang Bühnenbild gestalten in Muss enden am.

Dadurch verschiebt sich der Vorgang wieder nach hinten, so dass er – wie gewünscht – auch wirklich am 07. April endet. Abb. 3.5-8 zeigt das Ergebnis der Änderung.

	ⓘ	Vorgangsname	Dauer	Anfang	Ende
1		⊟ **Vorbereitungen**	28,75 Tage	Mo 01.03.04 08:00	Do 08.04.04 15:00
2	↻	⊞ **Regelmäßige Probe**	27,25 Tage	Di 02.03.04 13:00	Do 08.04.04 15:00
15		⊟ **Bühnenausstattung**	28 Tage	Mo 01.03.04 08:00	Mi 07.04.04 17:00
16		Kostüme organisieren	2 Tage	Mo 01.03.04 08:00	Di 02.03.04 17:00
17	▦	Bühnenbild gestalten	6 Tage	Mi 31.03.04 08:00	Mi 07.04.04 17:00
18		Requisiten beschaffen	2 Tage	Mo 01.03.04 08:00	Di 02.03.04 17:00

Abb. 3.5-8: Eine Einschränkung der Art Muss enden am *reagiert sehr empfindlich auf Verzögerungen!*

Speichern Sie das Projekt, wenn Sie alle Erweiterungen aufgenommen haben.

Drucken Sie den neuen Projektplan auf eine DIN-A4-Seite!

Basistext

3.6 Ressourcen anlegen und zuordnen *

Ressourcen erledigen die benötigte Arbeit an den Vorgängen, denen Sie zugeordnet sind. Microsoft Project unterscheidet zwischen Ressourcen der Arten »Arbeit« und »Material«. Arbeitsressourcen werden über den Faktor Zeit abgerechnet. Sie stehen mit einer festen Zahl von Einheiten zur Verfügung, die auf einen oder mehrere Vorgänge aufgeteilt werden können. Materialressourcen stehen unbegrenzt zur Verfügung, werden jedoch während des Vorgangsprozesses verbraucht. Ihr Einsatz verursacht mengenmäßige Kosten.

- Wechseln Sie in die Ansicht Ressource: Tabelle.
- ☐ Klicken Sie dazu auf die entsprechende Schaltfläche der Ansichtsleiste.

Die Eingabe von **Ressourcen** ist vergleichbar mit der Eingabe einer Vorgangsliste. Geben Sie in der Spalte Ressourcennamedie Namen Ihrer Ressourcen ein. Die verbleibenden Felder werden automatisch mit Standardwerten gefüllt.

An den Vorbereitungen der Theateraufführung sind eine Reihe von Personen beteiligt. Der Regisseur hat neben der Gestaltung der Proben den Großteil der Organisation durchzuführen. Ferner werden ein Schreiner für die Gestaltung des Bühnenbildes und eine Druckerei für den Kartendruck benötigt. Die verbleibenden Personen sind Schauspieler, die mit den Rollennamen aus Dürrenmatts »Die Physiker« bedacht sind.

- Legen Sie die folgende Ressourcenliste aus Abb. 3.6-1 an:

Im nächsten Schritt sollen die Ressourcen den einzelnen **Vorgängen** zugeordnet werden.

Ressourcen zuordnen

Basistext

	❶	Ressourcenname
1		Regisseur
2		Schreiner
3		Druckerei
4		Möbius, J.
5		Ernesti, E.
6		Beutler, H.
7		Voß, R.
8		von Zahnd, M.

Abb. 3.6-1: Die Ressourcenliste wird vergleichbar zur Vorgangsliste angelegt. Geben Sie anfangs nur die Namen ein. Die verbleibenden Spalten werden mit Standardwerten gefüllt.

Zuordnungen können nur in einer vorgangsbasierten Ansicht vorgenommen werden. Dort bestimmen Sie für jeden Vorgang, welche Ressourcen diesem zugeteilt werden.
Es besteht also keine Möglichkeit, anhand einer Ressourcenliste die entsprechenden Aufgaben zu verteilen.

Vorgänge erledigen sich nicht von selbst. Folglich müssen Sie jedem Vorgang Ressourcen zuweisen, um die nötige **Arbeit** erbringen zu können.

- Wechseln Sie für die Zuordnung in die Ansicht Balkendiagramm (Gantt).

Der Vorgang Kostüme organisieren wird vom Regisseur durchgeführt. Weisen Sie die Ressource dem Vorgang zu! ■

- Markieren Sie den Vorgang Kostüme organisieren.
- Klicken Sie auf die entsprechende Zelle der Spalte Ressourcennamen.
- ☐ Eine Auswahlliste mit allen angelegten Ressourcen wird geöffnet (Abb. 3.6-2).

Basistext

3.6 Ressourcen anlegen und zuordnen *

- Wählen Sie den Eintrag Regisseur und klicken Sie diesen an.
- Sobald Sie die Zelle verlassen, tritt die Zuordnung in Kraft.

	❶	Vorgangsname	Dauer	Ressourcennamen
1		⊟ **Vorbereitungen**	28,75 Tage	
2	↻	⊞ **Regelmäßige Probe**	27,25 Tage	
15		⊟ **Bühnenausstattung**	28 Tage	
16		Kostüme organisieren	2 Tage	
17	🖽	Bühnenbild gestalten	6 T	Regisseur
18		Requisiten beschaffen	2 T	Schreiner
19		⊟ **Kartenvorverkauf durchführen**	4,5 T	Druckerei
20		Kartenlayout gestalten	1	Möbius, J.
21		Karten drucken	4 Stu	Ernesti, E.
22		VVK-Stellen beliefern	1	Beutler, H.
23		Vorbereitungen abgeschlossen	0 T	Voß, R.
				von Zahnd, M.

Abb. 3.6-2: Klicken Sie mit der Maus direkt in die Tabelle. Per Tastatureingabe können Sie zu einem bestimmten Anfangsbuchstaben springen. Das ist hilfreich, wenn Sie eine lange Ressourcenliste verwalten.

Im **Balkendiagramm** wird – wie in Abb. 3.6-3 – rechts neben dem Vorgangsbalken der Name der zugeordneten Ressource angezeigt.

Balkenansicht

Über den Dialog Ressourcen zuordnen lässt sich diese Arbeit ebenfalls bequem erledigen.

Dialog Ressourcen zuordnen

Weisen Sie den Vorgängen Requisiten beschaffen, Kartenlayout gestalten und VVK-Stellen beliefern ebenfalls den Regisseur als Ressource zu.
Der Vorgang Bühnenbild gestalten wird von der Ressource

Basistext

	ⓘ	Vorgangsname	01. Mrz '04
			S|M|D|M|D|F|S|S
1		⊟ Vorbereitungen	
2	↻	⊞ Regelmäßige Probe	
15		⊟ Bühnenausstattung	
16		Kostüme organisieren	Regisseur

Abb. 3.6-3: Wenn mehr als eine Ressource an dem Vorgang arbeiten, werden die Einträge durch ein Semikolon getrennt.

Schreiner übernommen, den Kartendruck führt die Druckerei aus.

- Markieren Sie den Vorgang Requisiten beschaffen.
- Klicken Sie auf die Schaltfläche Ressourcen zuordnen.

- □ Der gleichnamige Dialog wird geöffnet (Abb. 3.6-4).
- (1) Wählen Sie den Regisseur aus der Liste im Dialog.
- (2) Klicken Sie im Dialog auf Zuordnen.
- Wiederholen Sie diese Prozedur für die verbleibenden Zuordnungen.

Der Dialog ist gerade dann vorteilhaft, wenn viele Zuordnungen gleichzeitig erfolgen sollen.

Mehrere Zuordnungen gleichzeitig erstellen
Der Regisseur sowie alle Schauspieler müssen selbstverständlich an allen Proben teilnehmen.

Führen Sie folgende Schritte durch, wie sie in Abb. 3.6-5 dargestellt sind:

- (1) Markieren Sie alle Teilvorgänge der regelmäßigen Probe.
- (2) Markieren Sie anschließend im Dialog alle benötigten Ressourcen.

Basistext

3.6 Ressourcen anlegen und zuordnen *

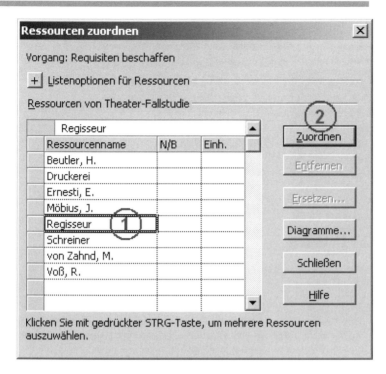

Abb. 3.6-4: *Markieren Sie in der Tabelle einen Vorgang und ordnen Sie diesem über den Dialog Ressourcen zu! Wenn Sie fertig sind, müssen Sie diesen Dialog explizit schließen.*

- ☐ Halten Sie hierzu die Steuerungstaste gedrückt und klicken mit der Maus jeden gewünschten Eintrag an.
- ■ (3) Durch einen Klick auf die Schaltfläche Zuordnen im Dialog ist die gesamte Arbeit in einem Schritt erledigt.
- ■ Wechseln Sie anschließend in die Ansicht Ressource: Tabelle, um noch einige andersartige Ressourcen anzulegen.

Microsoft Project unterscheidet Ressourcen der Art **Arbeit** und der Art **Material**.

Arbeit und Material

Mit Arbeit sind in erster Linie **Humanressourcen** gemeint. Weiterhin sind dies Sachgegenstände wie Maschinen oder

Basistext

96 3 Planungsphase *

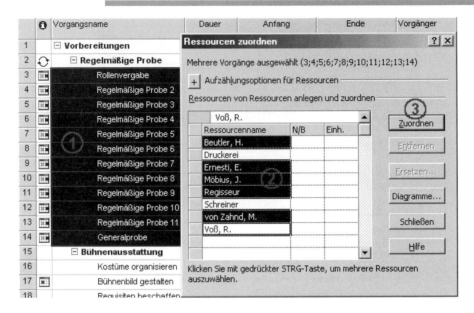

Abb. 3.6-5: Sie können verschiedene Zuordnungen in einem Schritt erledigen, wenn entweder eine Ressource an mehreren Vorgängen arbeitet oder mehrere Ressourcen am selben Vorgang.

Räume. Der Einsatz von Arbeitsressourcen wird über den Faktor Zeit bestimmt. Material ist dadurch charakterisiert, dass es während des Einsatzes an einem Vorgang verbraucht wird. Die bisherigen Ressourcen sind durchweg vom Typ Arbeit.

Fügen Sie Ihrer Liste exemplarisch zwei Ressourcen der Art Material hinzu, um die Unterschiede betrachten zu können. Die Ressource Laminierfolie ist für den Druck der Karten notwendig.

Laut Drehbuch verzehren die drei Physiker weiterhin Leberknödelsuppe, Poulet à la broche und Cordon bleu. Im Rahmen der Generalprobe werden deshalb diese Speisen benötigt. ■

Basistext

3.6 Ressourcen anlegen und zuordnen *

- Tragen Sie zuerst in der Ansicht Ressource: Tabelle die neuen Elemente (Laminierfolie, Speisen) ein.
- Bestimmen Sie anschließend für jede Ressource die entsprechende Art.
Verwenden Sie die Vorschläge der Abb. 3.6-6.

Überlastung
Die Ressource Regisseur wird in Abb. 3.6-6 rot dargestellt, weil diese unter den gegebenen Zuordnungen überlastet ist. Für das Fallbeispiel hat diese **Überlastung** aktuell keine Bedeutung. Vertiefende Informationen zu diesem Thema lesen Sie in dem Wissensbaustein »Überlastungen von Ressourcen« (S. 156).

Hinweis

	❶	Ressourcenname	Art
1	⟨!⟩	Regisseur	Arbeit
2		Schreiner	Arbeit
3		Druckerei	Arbeit
4		Möbius, J.	Arbeit
5		Ernesti, E.	Arbeit
6		Beutler, H.	Arbeit
7		Voß, R.	Arbeit
8		von Zahnd, M.	Arbeit
9		Lamierfolie	Material
10		Speisen	Material

Abb. 3.6-6: Die rote Darstellung der Ressource Regisseur weist auf eine Überlastung hin. Sie können dies momentan noch ignorieren.

Ressourcen vom Typ Arbeit stehen mit einer festen Anzahl von **Einheiten** zur Verfügung, die auf einen oder mehrere Vorgänge verwendet werden können.

Einheiten aufteilen

Basistext

Einheiten werden prozentual bestimmt. Wenn Sie eine Ressource mit 100 % ihrer verfügbaren Einheiten auf einen Vorgang verplanen, so bedeutet dies, dass die Ressource ihre gesamte Arbeitskraft bzw. Arbeitszeit auf einen bestimmten Vorgang verwendet und somit über die Dauer dieses Vorgangs keinen weiteren bearbeiten kann.

Die Vorgänge Kostüme organisieren und Requisiten beschaffen verlaufen zeitgleich. Für die Bearbeitung ist in beiden Fällen die Ressource Regisseur vorgesehen.

Auf der bisherigen Zuordnungsbasis ist der Regisseur überlastet, weil er beiden Vorgängen zu 100 % zugeordnet ist. Er müßte täglich 16 Stunden arbeiten, um die Vorgänge planmäßig durchführen zu können.

Reduzieren Sie die Einheiten des Regisseurs an beiden Vorgängen auf jeweils 50 %, damit diese von ihm parallel bearbeitet werden können!

- (1) Markieren Sie die Vorgänge Kostüme organisieren und Requisiten beschaffen.
- ☐ Halten Sie für diese Mehrfachauswahl die Steuerungstaste gedrückt.
- Klicken Sie auf die Schaltfläche Ressourcen zuordnen.
- ☐ Der Dialog Ressourcen zuordnen wird geöffnet.
- (2) Reduzieren Sie – wie in Abb. 3.6-7 dargestellt – die Einheiten für den Regisseur auf 50 %.
- (3) Beenden Sie den Dialog über die Schaltfläche Schliessen.

In der Tabellenspalte Ressourcenname und im Balkendiagramm sind Zuordnungen ungleich 100 % explizit vermerkt.

Änderung der Dauer

Durch die Reduzierung der Einheiten auf 50 Prozent hat sich die Dauer der Vorgänge logischerweise verdoppelt (vgl. Abb. 3.6-8).

Die Arbeit, die vorher an zwei ganzen Tagen hätte erledigt werden können, verteilt sich nun auf vier halbe Tage.

Basistext

3.6 Ressourcen anlegen und zuordnen *

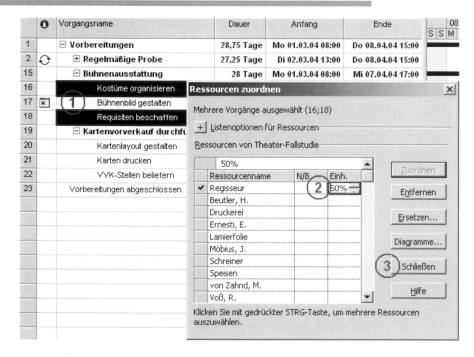

Abb. 3.6-7: Links neben der Spalte Name *ist jede Ressource mit einem Haken versehen, die dem markierten Vorgang zugeordnet ist.*

Materialressourcen werden nicht prozentual, sondern in absoluten Einheiten zugeordnet. Im Gegensatz zu Ressourcen vom Typ Arbeit sind sie unbegrenzt verfügbar. Ihr Verbrauch verursacht mengenmäßige Kosten.

Material zuordnen

Im Rahmen der Generalprobe verzehren die Schauspieler 3 Einheiten der Materialressource Speisen. Ferner werden beim Vorgang Karten drucken 200 Stück Laminierfolien verbraucht. Weisen Sie den Vorgängen die Materialressourcen in den entsprechenden Mengen zu!

Basistext

100 3 Planungsphase *

	❶	Vorgangsname	Dauer	Ressourcennamen	01. Mrz '04 S M D M D F S	08. Mrz '04 M D M D F
1		⊟ **Vorbereitungen**	28,75 Tage			
2	↻	⊞ **Regelmäßige Probe**	27,25 Tage		▌				
15		⊟ **Bühnenausstattung**	28 Tage			
16		Kostüme organisieren	4 Tage	Regisseur[50%]	▬▬▬ Regisseur[50%]	
17	▣	Bühnenbild gestalten	6 Tage	Schreiner		
18		Requisiten beschaffen	4 Tage	Regisseur[50%]	▬▬▬ Regisseur[50%]	

Abb. 3.6-8: Die Halbierung der Einheiten führt zur Verdopplung der Dauer. Umgekehrt führt eine Verdopplung der Einheiten zur Halbierung der Dauer. Jeder Vorgang in Microsoft Project ist leistungsgesteuert. Ausnahme sind die periodischen Vorgänge. In der Regel bezeichnen Sie Besprechungen o.ä. In der Praxis werden diese Vorgänge nicht kürzer, wenn sich der Teilnehmerkreis vergrößert!

- ■ Setzen Sie für die Generalprobe die Anzahl der Speisen auf 3 und für den Vorgang Karten drucken die Laminierfolien auf 200.
- ☐ Markieren Sie den Vorgang Generalprobe.
- ☐ Öffnen Sie den Dialog Ressourcen zuordnen.
- ☐ Markieren Sie den Eintrag Speisen und erhöhen Sie in der Spalte Einh. (Einheiten) die Anzahl auf 3 (Abb. 3.6-9).
- ☐ Klicken Sie auf die Schaltfläche Zuordnen.
- ■ Wiederholen Sie dieses Vorgehen für die Laminierfolien beim Vorgang Karten drucken analog.
- ■ Schließen Sie den Dialog Ressourcen zuordnen, wenn Sie ihn nicht weiter benötigen.

Drucken Sie das Projekt mit den Ressourcenzuordnungen aus. Verkleinern Sie die *Zoom*-Stufe im Balkendiagramm. Die Ressourcennamen neben den Vorgangsbalken ziehen die Grafik in die Breite.

Speichern Sie das Projekt, wenn Sie alle Erweiterungen aufgenommen haben.

Basistext

3.6 Ressourcen anlegen und zuordnen *

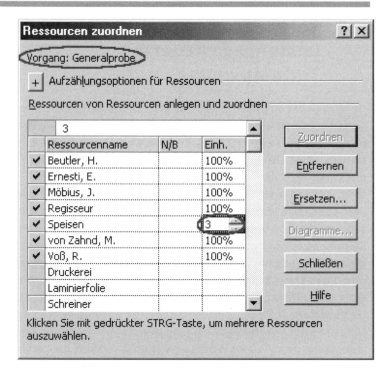

Abb. 3.6-9: Der Name des markierten Vorgangs ist oben links im Dialog zu sehen. Sie können bei Bedarf in der Tabelle andere Vorgänge markieren. Der Dialog wird automatisch aktualisiert und muss nicht erneut aufgerufen werden.

Arbeit Der für den Abschluss eines → Vorgangs benötigte Gesamtaufwand an Arbeitszeit. Wird auf alle → Ressourcen aufgeteilt, die einem Vorgang zugeordnet sind.
Einheiten Anteil der verfügbaren Arbeitszeit einer → Ressource der Art → Arbeit, mit der sie einem

→ Vorgang zugeordnet wird. Die Angabe erfolgt prozentual. Wird eine Ressource einem Vorgang mit 50 % zugeordnet, so arbeitet diese im Zeitraum der → Zuordnung mit 50 % ihrer verfügbaren Zeit an diesem Vorgang.

Glossar

Box

3.7 Vorgangsarten und leistungsgesteuerte Terminplanung ***

In Microsoft Project muss für jeden Vorgang eine Vorgangsart festgelegt sein. Zur Auswahl stehen drei Vorgangsarten: Feste Arbeit, feste Dauer und feste Einheiten. Die Berechnung von Vorgängen basiert demnach auf den drei voneinander abhängigen Größen Arbeit, Dauer und Einheiten. Eine der drei Kräfte wird als konstant angesehen. Änderungen an der zweiten Größe können sich nur auf die dritte auswirken. Damit werden Reaktionen auf Änderungen absehbar und berechenbar. Ferner sind in Microsoft Project alle Vorgänge standardmäßig leistungsgesteuert. Dadurch verkürzt sich ein Vorgang, wenn ihm nachträglich weitere Ressourcen hinzugefügt werden bzw. verlängert sich, wenn Ressourcen abgezogen werden. Der Arbeitsumfang eines Vorgangs bleibt jedoch unverändert.

Die Berechnung von **Vorgängen** basiert auf drei voneinander abhängigen Größen:

- **Arbeit**
- **Dauer** und
- **Einheiten**.

Arbeit wird wie folgt definiert:

Arbeit = Dauer * Einheiten

Änderungen eines Faktors wirken sich gemäß dieser Formel auf die anderen Faktoren aus.

Vorgangsart — Es muss festgelegt werden können, welche der beiden übrigen Größen reagiert, wenn man die dritte verändert. Microsoft Project arbeitet mit festen Größen. Eine der drei Kräfte

Box

3.7 Vorgangsarten und Leistungssteuerung *** 103

wird damit bereits im Vorfeld als konstant angesehen.

Öffnen Sie ein neues Projekt mit den nötigsten Einstellungen. Erstellen Sie einen Vorgang Wohnung streichen mit einer Dauer von 2 Tagen. Erzeugen Sie ferner eine **Ressource** Maler. Diese ist vom Typ Arbeit und basiert auf dem Standardkalender. Die maximalen Einheiten betragen 200 %. Es sind also zwei Maler als Vollzeitkräfte verfügbar.

Beispiel

- Wechseln Sie in die Ansicht Vorgang: Eingabe (in der Ansichtsleiste unter Weitere Ansichten) und arbeiten Sie in der Maskenansicht (unterer Bereich, Abb. 3.7-1).
- Weisen Sie dem Vorgang Wohnung streichen eine Ressource vom Typ Maler zu (also 100 % Einheiten).
- Bestätigen Sie diese Änderung mit OK.

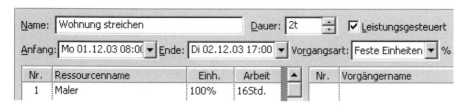

Abb. 3.7-1: Bei einer Dauer von 2 Tagen und einer Zuordnung mit 100 % Einheiten sind gemäß Standard-Projektkalender 16 Stunden Arbeit zu verrichten.

Die Standardeinstellung geht von einem leistungsgesteuerten Vorgang mit der **Vorgangsart** feste Einheiten aus. Mit der Vorgangsart legen Sie fest, welche der drei Größen konstant bleibt.

Verwenden Sie das Beispiel Wohnung streichen. Der Auftraggeber wünscht zusätzlich einen Anstrich der Heizkörper. Die Arbeit erhöht sich dadurch um 4 Stunden.

Beispiel mit festen Einheiten

- Wählen Sie als Vorgangsart feste Einheiten.
- Erhöhen Sie die Arbeit um 4 Stunden auf 20.
- Bestätigen Sie diese Änderung mit OK.

Box

3 Planungsphase *

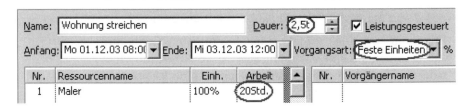

Abb. 3.7-2: Die Vorgangsart »feste Einheiten« ist die Standardeinstellung von Microsoft Project.

Ergebnis Abb. 3.7-2 zeigt das Ergebnis. Folgende Änderungen sind eingetreten:

- Der Vorgang verlängert sich auf 2,5 Tage.
- Die Einheiten sind als feste Größe von Veränderungen ausgeschlossen.
- Änderungen der Arbeit können sich nur auf die Dauer auswirken.

Tipp **Berechnungsart: Feste Einheiten**
Die Berechnung mit festen Einheiten ist die Standardeinstellung von Microsoft Project. Diese Methode hat den Vorteil, dass die Verteilung von Ressourcen in der Hand des Benutzers bleibt. Insbesondere bei personalintensiven Vorgängen wird man Arbeitskräfte den Vorgängen mit einem festen Prozentsatz zuordnen. Eine Veränderung der Arbeit wirkt sich also ausschließlich auf die Dauer aus, während die Einheiten konstant bleiben. Die beiden anderen Vorgangsarten tragen schnell zur Verwirrung der Mitarbeiter bei. Die Teammitglieder müssen ständig mit einer Umverteilung ihrer Einheiten an einem Vorgang rechnen und diese auch permanent beobachten.

Box

3.7 Vorgangsarten und Leistungssteuerung ***

Die Terminplanung des Malers lässt nicht zu, dass der Vorgang länger als 2 Tage dauert. Die Ressourcen sind danach bereits verplant. Ändern Sie die Berechnungsart in feste Dauer, damit die Dauer als konstante Größe unverändert bleiben kann!

Beispiel mit fester Dauer

- Setzen Sie für das neue Beispiel die Änderungen zurück auf den Anfangswert (16 Stunden Arbeit).
- Wählen Sie in der Maskenansicht die Vorgangsart Feste Dauer.
- ☐ Die Dauer wird somit zur konstanten Größe.
- Erhöhen Sie nun die Arbeit von 16 auf 20 Stunden, um den Anstrich der Heizkörper zu berücksichtigen.

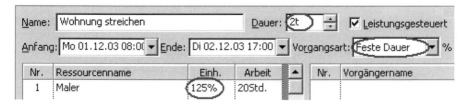

Abb. 3.7-3: Bei konstanter Dauer und Erhöhung der Arbeit können sich nur die Einheiten verändern.

Abb. 3.7-3 zeigt das Ergebnis. Folgende Änderung ist eingetreten:

Ergebnis

- Der Einheiten erhöhen sich auf 125 %.
- ☐ Um den Vorgang in der vorgeschriebenen Dauer von zwei Tagen durchführen zu können, benötigen Sie an einem Tag eine weitere Halbtagskraft.

Box

Fazit

> Bei einem Vorgang mit fester Dauer wirken sich Änderungen bei den Einheiten ausschließlich auf die Arbeit aus und umgekehrt. Werden einem solchen Vorgang weitere Ressourcen hinzugefügt, so hat das zur Folge, dass die einzelnen Ressourcen mit geringeren Einheiten an diesem Vorgang beteiligt werden bzw. für die Fertigstellungen weniger Arbeit aufwenden müssen. Analog gilt eine Erhöhung der Einheiten bei Reduzierung der beteiligten Ressourcen.

Beispiel mit fester Arbeit

Für den Vorgang Wohnung streichen werden 20 Stunden Arbeit benötigt (inkl. Heizkörper). Diese Dauer wird als konstante Größe betrachtet und ist somit unveränderlich. Wegen Terminproblemen steht dem Maler jedoch momentan nur eine Arbeitskraft (100 % Einheiten) zur Verfügung.

- Ändern Sie die Vorgangsart auf feste Arbeit.
- Reduzieren Sie die Einheiten auf 100 %.

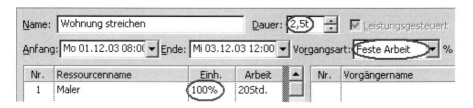

Abb. 3.7-4: Bei diesem Beispiel mit fester Arbeit muss natürlich eine andere Größe geändert werden als in den vorangegangenen Beispielen.

Ergebnis

- Der Vorgang verlängert sich auf 2,5 Tage (Abb. 3.7-4).
- ☐ Die Arbeit ist als feste Größe bekannt.
- ☐ Änderungen der Einheiten können sich nur auf die Dauer auswirken.

Box

Hinweis

Feste Arbeit
Die Vorgangsart feste Arbeit ist zwangsläufig leistungsgesteuert. Das ist auch durchaus sinnvoll. Wenn im Voraus feststeht, wie viel Arbeit in einen Vorgang investiert werden muss um ihn zum Abschluss zu bringen, kann eine Änderung der Einheiten nicht ohne Konsequenzen für die abhängige Größe Dauer bleiben.

Leistungsgesteuerte Terminplanung

In Microsoft Project sind alle Vorgänge standardmäßig **leistungsgesteuert**. Dadurch verkürzt sich ein Vorgang, wenn ihm nachträglich weitere Ressourcen hinzugefügt werden bzw. verlängert sich, wenn Ressourcen abgezogen werden. Der Arbeitsumfang eines Vorgangs bleibt jedoch unverändert.

Entscheidend ist hierbei, dass eine nachträgliche Zuweisung vorliegen muss. Änderungen an Arbeit, Dauer und Einheiten wie in obigen Beispielen bleiben unberücksichtigt.

Ändern Sie im Beispiel Wohnung streichen zuerst die Ressourcentabelle. Legen Sie anstelle der Ressourcengruppe Maler drei einzelne Ressourcen Maler 1, Maler 2 und Maler 3 mit jeweils 100 % max. Einheiten an, wie es in Abb. 3.7-5 dargestellt ist.

Beispiel leistungsgesteuert

	❶	Ressourcenname	Art	Max. Einh.
1		Maler 1	Arbeit	100%
2		Maler 2	Arbeit	100%
3		Maler 3	Arbeit	100%

Abb. 3.7-5: An Stelle der Gruppe stehen jetzt drei individuelle Ressourcen mit jeweils 100 % max. Einheiten zur Verfügung.

Box

- Öffnen Sie die Ansicht Vorgang: Eingabe.

Der Vorgang Wohnung streichen hat eine Dauer von 2 Tagen (16 Stunden Arbeit). Die Ressource Maler 1 soll den Vorgang als Vollzeitkraft bearbeiten.

- Wählen Sie die Vorgangsart Feste Einheiten.
- Weisen Sie die Ressource Maler 1 mit 100 % zu.

Stellen Sie sicher, dass das Kontrollfeld Leistungsgesteuert in jedem Fall aktiviert ist (vgl. Abb. 3.7-6).

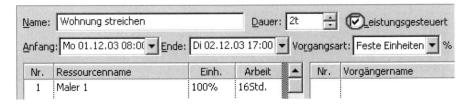

Abb. 3.7-6: Dem Vorgang wird vorerst eine Ressource zugeordnet. Die Option »leistungsgesteuert« ist aktiviert.

Die Ressource Maler 2 wird kurzfristig verfügbar und soll dem Vorgang jetzt ebenfalls voll zugeordnet werden.

- Fügen Sie die Ressource in der Maske ein und klicken Sie auf OK.

Ergebnis
- Die Dauer des Vorgangs reduziert sich auf einen Tag (Abb. 3.7-7).

Der Arbeitsumfang von 16 Stunden (2 Personentage) bleibt erhalten, wird jedoch auf beide Ressourcen verteilt. Die veränderte eingebrachte Leistung steuert den Vorgang.

Beispiel nicht leistungsgesteuert
Führen Sie das Beispiel erneut durch, diesmal allerdings ohne leistungsgesteuerte Terminplanung!

Box

3.7 Vorgangsarten und Leistungssteuerung *** 109

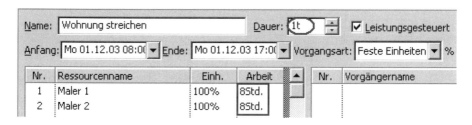

Abb. 3.7-7: In der Abbildung sind die Änderungen hervorgehoben, die der erhöhte Ressourceneinsatz mit sich bringt.

- Entfernen Sie die zweite Ressource wieder aus dem Beispiel und stellen Sie die ursprünglichen Werte ein (Maler 1 mit 100 % und 2 Tage Dauer), wie in Abb. 3.7-8 dargestellt.

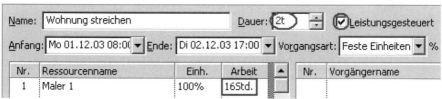

Abb. 3.7-8: Dies sind die Ausgangseinstellungen für das Beispiel mit nichtleistungsgesteuerter Terminplanung. Stellen Sie sicher, dass Ihre Projektdatei exakt diese Werte enthält.

- Deaktivieren Sie das Kontrollfeld Leistungsgesteuert und klicken Sie auf OK.
- Weisen Sie anschließend dem Vorgang wieder die Ressource Maler 2 zu.

Abb. 3.7-9 entnehmen Sie, dass jetzt beide Ressourcen 16 Stunden arbeiten. Insgesamt werden also 32 Stunden Arbeit geleistet. Die nachträgliche Zuordnung der zweiten Ressource verkürzt die Dauer des Vorgangs nicht.

Ergebnis

Box

3 Planungsphase *

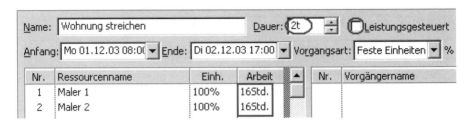

Abb. 3.7-9: Der Vorgang ist nicht leistungsgesteuert. Jede zusätzliche Ressource leistet Arbeit am Vorgang, was sich aber nicht auf die Dauer auswirkt.

 Dieses Beispiel zeigt vor allem, dass leistungsgesteuerte Terminplanung bei falschem Einsatz zu völlig unlogischen Tatbeständen führt.

Tipp
Sinnvoller Einsatz
Deaktivieren Sie leistungsgesteuerte Terminplanung nur, wenn eine Aufstockung der Ressourcen die Dauer eines Vorgangs nicht verkürzen soll.

Tipp
In der Regel sind dies Vorgänge vom Charakter einer Besprechung oder Sitzung. Die Dauer einer Besprechung verkürzt sich nicht mit steigender Teilnehmerzahl.

Periodische Vorgänge
Periodische Vorgänge haben einen *nicht* leistungsgesteuerten Charakter und sind deshalb standardmäßig **nicht** leistungsgesteuert.

Beispiel
Die regelmäßigen Proben einer Theateraufführung sind als periodischer Vorgang nicht leistungsgesteuert. Die Dauer einer Probe ist unabhängig von der Anzahl der teilnehmenden Schauspieler. ■

Leistungsgesteuerte Terminplanung abwählen
So deaktivieren Sie leistungsgesteuerte Terminplanung:

■ Doppelklicken Sie auf einen gewünschten Vorgang.

Box

3.7 Vorgangsarten und Leistungssteuerung ***

- ☐ Der Dialog Informationen zum Vorgang wird geöffnet.
- ■ Wählen Sie das Register Spezial.
- ■ Deaktivieren Sie das Kontrollfeld Leistungsgesteuert (vgl. Abb. 3.7-10).

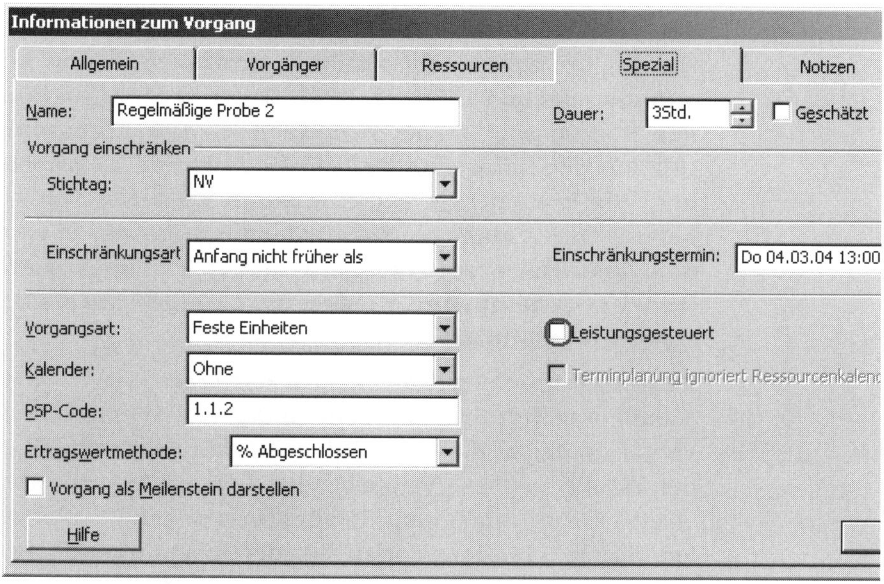

Abb. 3.7-10: Im Dialog kann für jeden Vorgang die Option »leistungsgesteuert« aktiviert oder deaktiviert werden. Ein Wechsel in die Maskenansicht ist hierfür nicht nötig.

Leistungsgesteuert (Leistungsgesteuerte Terminplanung) Berechnungsmethode für die Bearbeitung von → Vorgängen. Leistungsgesteuerte Vorgänge verändern ihre → Dauer durch das Hinzufügen bzw. Entfernen von → Ressourcen.
Vorgangsart Legt für jeden → Vorgang fest, wie die Neuberechnung bei veränderten Eingabewerten erfolgen soll. Zu unterscheiden sind die Vorgangsarten »feste Dauer«, »feste Einheiten« (Standardwert) und »feste Arbeit«. Die feste Größe verhält sich bei neuen Werten konstant, die verbleibenden sind variabel. Änderungen einer der beiden variablen Größen können sich somit nur auf die andere variable Größe auswirken.

Glossar

Box

3.8 Ressourcen vollständig in der Ressourcentabelle anlegen **

Das vollständige Anlegen von Ressourcen erfolgt in der Ressourcentabelle. Microsoft Project unterscheidet Arbeits- und Materialressourcen. Sie legen fest, welche Kosten die Ressourcen verursachen und bestimmen deren Fälligkeit. Beide Ressourcenarten können Kosten pro Einsatz verursachen. Arbeitsressourcen werden über den zeitlichen Aufwand abgerechnet. Sie können mit verschiedenen Kostensätzen arbeiten. Ihnen muss ein Basiskalender zugewiesen werden. Materialressourcen verursachen Mengenkosten. Ihre Mengeneinheiten werden durch eine Materialbeschriftung definiert.

Ressourcen werden in der Ansicht Ressource: Tabelle vollständig angelegt. Für die **Zuordnung** von Ressourcen zu Vorgängen reicht die Angabe eines **Ressourcennamens** in der Tabelle aus. Die verbleibenden Tabellenfelder werden von Microsoft Project mit Standardwerten gefüllt. Vor allem für die Ermittlung der anfallenden **Ressourcenkosten** sollte die Tabelle jedoch vollständig und korrekt ausgefüllt werden.

Ressourcenarten

Microsoft Project unterscheidet Ressourcen der **Art Arbeit** und **Material**.

Arbeit und Material

Mit »Arbeit« sind in erster Linie **Humanressourcen** gemeint. Weiterhin sind dies Sachgegenstände wie Maschinen oder Räume. Der Einsatz von Arbeitsressourcen wird über den Faktor Zeit bestimmt.

»Material« ist dadurch charakterisiert, dass es während des Einsatzes an einem Vorgang verbraucht wird.

Materialbeschriftung

Ressourcen der Art Material benötigen eine frei wählbare Maßeinheit für die Berechnung der Menge. Diese wird in die Spalte **Materialbeschriftung** eingetragen. Denkbar sind

Basistext

3.8 Ressourcen vollständig anlegen **

z.B. Liter, Meter, Kilogramm.

Für die Durchführung des Beispielprojektes werden zwei Materialressourcen benötigt. Dies sind Laminierfolie und Speisen (Abb. 3.8-1).

- Geben Sie als Materialbeschriftung für Laminierfolie Stück an.
- Die Speisen werden als Menü gezählt.

	❶	Ressourcenname	Art	Materialbeschriftung
9		Lamierfolie	Material	Stück
10		Speisen	Material	Menü

Abb. 3.8-1: Materialbeschriftungen werden in der Ansicht Ressource: Tabelle *festgelegt.*

Neben ihrem Namen können Ressourcen auch über ihr **Kürzel** identifiziert werden. Beide Felder erfüllen also identische Funktionen.   Kürzel

Tragen Sie zu jeder Ressource ein entsprechendes Kürzel ein. Benutzen Sie die Vorschläge aus der Abb. 3.8-2.

Sie können Ihre Ressourcen verschiedenen **Gruppen** zuordnen. Wenn Sie in einer Tabelle oder Ansicht ausschließlich eine bestimmte Gruppe von Ressourcen ansehen wollen, können Sie diese Gruppe mit Hilfe von Filtern selektieren.   Gruppe

Ordnen Sie die Ressourcen Möbius, Ernesti, Beutler, Voß und von Zahnd der Gruppe Schauspieler zu!

- Tragen Sie für die Ressource Möbius als Gruppe Schauspieler ein.
- (1) Markieren Sie die Zelle erneut und bewegen Sie den Mauszeiger in die untere rechte Ecke, bis er seine Form ändert (Abb. 3.8-3 links).

Basistext

3 Planungsphase *

	❶	Ressourcenname	Kürzel
1	◈	Regisseur	Reg
2		Schreiner	Schr
3		Druckerei	Dru
4		Möbius, J.	JM
5		Ernesti, E.	EE
6		Beutler, H.	HB
7		Voß, R.	RV
8		von Zahnd, M.	MvZ
9		Lamierfolie	LamF
10		Speisen	Sp

Abb. 3.8-2: *Überschreiben Sie einfach die Vorschläge von Microsoft Project.*

- (2) Ziehen Sie bei gedrückter linker Maustaste den Mauszeiger bis zur Zelle der Ressource von Zahnd (Abb. 3.8-3 mitte).
- (3) Sobald Sie die Maustaste loslassen, wird der Eintrag in alle markierten Zellen kopiert (Abb. 3.8-3 rechts).

Ressourcenname	Gruppe		Ressourcenname	Gruppe		Ressourcenname	Gruppe
Regisseur			Regisseur			Regisseur	
Schreiner	(1)		Schreiner	(2)		Schreiner	(3)
Druckerei			Druckerei			Druckerei	
Möbius, J.	Schauspieler		Möbius, J.	Schauspieler		Möbius, J.	Schauspieler
Ernesti, E.			Ernesti, E.			Ernesti, E.	Schauspieler
Beutler, H.			Beutler, H.			Beutler, H.	Schauspieler
Voß, R.			Voß, R.			Voß, R.	Schauspieler
von Zahnd, M.			von Zahnd, M.			von Zahnd, M.	Schauspieler
Lamierfolie			Lamierfolie			Lamierfolie	

Abb. 3.8-3: *Achten Sie darauf, dass der Mauszeiger die Form annimmt, die Sie auf dem Bildschirmabzug sehen können. Lassen Sie die Maustaste los, wenn der Rahmen alle zu markierenden Zellen umspannt!*

Basistext

Ressourcen der Art Arbeit stehen nur mit einer begrenzten Zahl von **Einheiten** zur Verfügung. In dieser Spalte geben Sie die Obergrenze dieser Einheiten als Prozentwert an.

Maximale Einheiten

Eine Nutzung der Ressource über diesen Wert hinaus führt automatisch zu einer **Überlastung**. Für **Vollzeitkräfte** sollten Sie einen Wert von 100 % eintragen. Dies bedeutet, dass die Ressource über ihre gesamte Arbeitszeit dem Projekt voll und ganz zur Verfügung steht und keinen weiteren Aktivitäten nachgeht.

Ressourcen, die zeitgleich ebenfalls an anderen Projekten arbeiten, sollten dem entsprechend vermindert berücksichtigt werden.

Ein Mitglied des Projektteams arbeitet 40 Stunden in der Woche (Vollzeit), kann am Projekt aber nur 20 Wochenstunden arbeiten, weil der Rest der Arbeitszeit für andere (projektfremde) Aktivitäten verplant ist.

Beispiel

- Die maximalen Einheiten für diesen Mitarbeiter sollten 50 % betragen.

■

Teilzeitkräfte sollten Sie hingegen ebenfalls mit 100 % angeben. Die geringere Wochenarbeitszeit können Sie einfacher im speziellen **Ressourcenkalender** vermerken. Die 100 % maximalen Einheiten bedeuten dann, dass der Mitarbeiter im Rahmen seiner Möglichkeiten bzw. Anwesenheit ausschließlich diesem Projekt zugeordnet ist. Microsoft Project berücksichtigt den individuellen Ressourcenkalender bei der Verwaltung der Einheiten. 100 % Einheiten einer Halbtagskraft entsprechen damit 50 % einer Ganztagskraft.

Unabhängig davon gibt es noch den Ansatz, mehrere Ressourcen als Sammelressource zu verwalten.

Eine Gruppe von 10 Malern kann als Sammelressource mit

Beispiel

Basistext

einem maximalen Einheitenwert von 1.000 % verplant werden.

Der Nachteil dieser Methode liegt darin, dass die Ressourcen nicht individuell verwaltet werden können. Sie wissen folglich nicht, welcher Maler wirklich an welchem Vorgang arbeitet. Ferner können Sie dieser Gruppe nur einen Ressourcenkalender zuweisen. Das erweist sich bei der Eingabe von individuellen Fehlzeiten, Urlaub etc. als problematisch.

Kostensatz

Der Einsatz von Ressourcen verursacht Kosten. Diese werden ebenfalls in der Ressourcentabelle erfasst.

Für Ressourcen vom Typ Arbeit können zwei verschiedene Kostensätze eingetragen werden. Während der festgelegten Arbeitszeit (gemäß Basiskalender) erfolgt die Berechnung über den **Standardsatz**, außerhalb dieser Zeiten tritt der **Überstundensatz** in Kraft. Bei Ressourcen der Art Material entfällt der Überstundensatz, weil diese keinem Kalender unterliegen und folglich keine Unterscheidung nach der Einsatzzeit erfolgen kann.

Kosten pro Einsatz

Weiterhin werden **Kosten pro Einsatz** in Rechnung gestellt. Dies können zum Beispiel Fahrtkosten sein.

Die Druckerei verlangt pauschal 200 € für den Druck der Karten. Ein Stundenlohn wird deshalb nicht berechnet. Es entstehen lediglich Kosten pro Einsatz in Höhe von 200 €. Diese werden jedes Mal fällig, wenn die Druckerei in Anspruch genommen wird.

Die Laminierfolie wird mit 1 € pro Stück in Rechnung gestellt.

Die Speisen kosten 30 € pro Menü, dazu kommen 4 € Kosten pro Einsatz für den Lieferservice.

■ Tragen Sie die Kostensätze der einzelnen Ressourcen entsprechend Abb. 3.8-4 in der Ansicht Ressource: Tabelle ein.

Basistext

3.8 Ressourcen vollständig anlegen ** 117

	Ressourcenname	Art	Standardsatz	Überstd.-Satz	Kosten/Einsatz
1	Regisseur	Arbeit	20,00 €/Stunde	25,00 €/Stunde	0,00 €
2	Schreiner	Arbeit	60,00 €/Stunde	70,00 €/Stunde	0,00 €
3	Druckerei	Arbeit	0,00 €/Stunde	0,00 €/Stunde	200,00 €
4	Möbius, J.	Arbeit	40,00 €/Stunde	40,00 €/Stunde	0,00 €
5	Ernesti, E.	Arbeit	40,00 €/Stunde	40,00 €/Stunde	0,00 €
6	Beutler, H.	Arbeit	40,00 €/Stunde	40,00 €/Stunde	0,00 €
7	Voß, R.	Arbeit	40,00 €/Stunde	40,00 €/Stunde	0,00 €
8	von Zahnd, M.	Arbeit	40,00 €/Stunde	40,00 €/Stunde	0,00 €
9	Lamierfolie	Material	1,00 €		0,00 €
10	Speisen	Material	30,00 €		4,00 €

Abb. 3.8-4: Materialressourcen werden ohne Kalender eingesetzt. Aus diesem Grund arbeiten Sie mit einem einzigen Stundensatz.

Kosten können durchaus auch **negativ** sein und damit einen Gewinn erzeugen. Dieser fließt genauso in die Kostenberechnungen ein wie alle anderen Einträge.

Negative Kosten

Aus dem Verkauf der Eintrittskarten ergibt sich ein Erlös von 10 € pro Stück. Diese Einnahmen können dem Sammelvorgang Kartenvorverkauf durchführen als negative Kosten zugeführt werden.

- Erstellen Sie eine neue Materialressource Eintrittskarte (Materialbeschriftung: Stück)!
- Der Standardsatz beträgt -10 €.

- Ordnen Sie in der Ansicht Balkendiagramm dem Sammelvorgang Kartenvorverkauf durchführen 200 Stück Eintrittskarten zu!

Die **Fälligkeit** der Kosten wählen Sie aus einer Liste mit den Optionen Anfang, Anteilig oder Ende. Die Option **Anfang** be-

Fälligkeit von Kosten

Basistext

deutet, dass die Kosten zum Vorgangsbeginn anfallen. **Ende** ist zu wählen, wenn die Kosten nach dem Abschluss des Vorgangs anfallen. **Anteilige** Kosten werden nach dem Arbeitsfortschritt am Vorgang erhoben.

Schreiner und Druckerei werden als externe Dienstleister erst nach Erhalt der Rechnung bezahlt.

■ Tragen Sie unter Fällig am für die Ressourcen Schreiner, Druckerei und Laminierfolie jeweils Ende ein (Abb. 3.8-5).

		Ressourcenname	Fällig am
1	⟨!⟩	Regisseur	Anteilig
2		Schreiner	Ende
3		Druckerei	Ende
4		Möbius, J.	Anteilig
5		Ernesti, E.	Anteilig
6		Beutler, H.	Anteilig
7		Voß, R.	Anteilig
8		von Zahnd, M.	Anteilig
9		Lamierfolie	Ende
10		Speisen	Anteilig
11		Eintrittskarte	Anteilig

Abb. 3.8-5: Die Fälligkeit bezieht sich auf die Gesamtkosten einer Ressource. Die Kosten pro Einsatz und die variablen Kosten werden summiert.

Basiskalender   Die Spalte **Basiskalender** bestimmt wesentlich die Arbeitszeiten von Ressourcen der Art Arbeit. Sie können mehrere Basiskalender mit unterschiedlichen Arbeitszeiten erstellen. Jeder Arbeitsressource wird ein solcher Kalender zugeordnet. Aus diesem wird automatisch ein individueller Ressourcenkalender hergeleitet. Arbeitszeitliche Änderungen am Ressourcenkalender wirken sich nur auf die betrachtete Ressource aus, während sich Änderungen am Basiskalender auf

Basistext

alle Ressourcen auswirken, denen dieser Kalender zugrunde liegt. Der Einsatz von Basiskalendern spart somit Zeit, wenn identische Änderungen für eine ganze Gruppe vergleichbarer Ressourcen durchzuführen sind. Näheres hierzu finden Sie in dem Wissensbaustein »Arbeitszeiten und Projektkalender« (S. 119) sowie in dem Wissensbaustein »Kalender für Ressourcen und Vorgänge« (S. 128).

Bisher stehen nur die von Microsoft Project mitgelieferten Kalender zur Verfügung. Änderungen werden erst später notwendig.

Hinweis

Die Druckfunktion steht in jeder Ansicht zur Verfügung. Erweitern Sie den Ausdruck Ihrer Projektdaten um die vollständige Ressourcentabelle.

Speichern Sie das Projekt, wenn Sie alle Erweiterungen aufgenommen haben.

Basiskalender Allgemeiner Kalender, welcher Arbeitszeiten definiert. Kann nach ausdrücklicher Zuweisung als Grundlage für die Arbeitszeiten von Projekten, → Ressourcen oder → Vorgängen dienen.
Materialbeschriftung Frei wählbare Maßeinheit zur mengenmäßigen Bestimmung von → Materialressourcen.

Glossar

3.9 Arbeitszeiten ändern und Projektkalender anpassen *

Jedes Projekt basiert auf einem Projektkalender. Hier werden der Arbeitszeitraum und die arbeitsfreie Zeit festgelegt. Der Projektkalender bestimmt gemeinsam mit den Ressourcenkalendern, wann die Vorgänge bearbeitet werden. Passen Sie den Projektkalender Ihrer individuellen Zeitplanung an und fügen Sie Feiertage hinzu. Erstellen Sie einen neuen Basiskalender, der als

Basistext

Projektkalender, Ressourcenkalender oder Vorgangskalender verwendet werden kann. In den Kalenderoptionen legen Sie die Faktoren für das Zusammenspiel von täglicher und wöchentlicher Arbeitszeit fest.

Arbeitszeiten werden in Microsoft Project von **Kalendern** bestimmt. Die tägliche Arbeitsdauer sowie Arbeitsanfang, Arbeitsende und Pausen werden im **Projektkalender** festgelegt.

Sie legen den Projektkalender im Menü Projekt/Projektinfo fest. Eingangs stehen drei vordefinierte Kalender zur Auswahl (vgl. Abb. 3.9-1). Wählen Sie den Kalender Standard, sofern Sie nicht im 3-Schicht-Betrieb (24 Stunden) oder im Nachtschicht-Betrieb arbeiten.

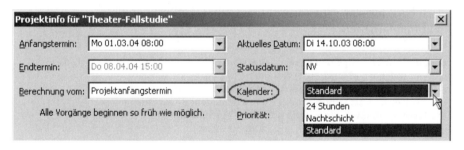

Abb. 3.9-1: Im Dialog Projektinfo wird der Projektkalender aus einer Liste gewählt. Anfangs stehen drei Kalender zur Auswahl. Selbst definierte Kalender werden der Liste automatisch hinzugefügt.

Projektkalender anpassen

Die vordefinierten Kalender müssen in jedem Fall angepasst werden. Dazu gehört einerseits, die voreingestellten Arbeitszeiten zu korrigieren. Ferner sind in der Standardeinstellung noch keine Feiertage berücksichtigt. ∎

Basistext

3.9 Arbeitszeiten und Projektkalender *

- Öffnen Sie das Menü Extras und wählen Sie Arbeitszeit ändern....
- Wählen Sie aus der Liste Für: den Eintrag Standard.

Wie Sie der Abb. 3.9-2 entnehmen können, ist dieser als aktueller Projektkalender ausgewiesen.

Abb. 3.9-2: Neben den drei mitgelieferten Kalendern gibt es in der Liste für jede Arbeitsressource einen eigenen Kalender. Dieser wird automatisch mit dem Erstellen einer Ressource eingerichtet.

Sie können diesen Kalender nach Ihren Wünschen ändern, jedoch überschreiben Sie damit unwiederbringlich die Voreinstellung.

Anstatt einen vorhandenen Kalender zu ändern, können Sie ebensogut neue Kalender erzeugen. Microsoft Project arbeitet mit Basiskalendern. Ein **Basiskalender** existiert vorerst ohne Funktion bzw. Auswirkung auf Ihre Projekte. Er wird lediglich der Liste der vorhandenen Kalender hinzugefügt. Erst, wenn Sie einen Basiskalender einem Objekt zuweisen, wird dieser aktiviert. Objekte in diesem Sinne können das gesamte Projekt, einzelne **Ressourcen** oder **Vorgänge** sein. Ein Basiskalender kann also als Projektkalender, **Ressourcenkalender** oder **Vorgangskalender** dienen. Ein Basiskalender kann hierbei mehreren Objekten zugleich zugewiesen sein. Änderungen am Basiskalender werden dann auto-

Basiskalender erstellen

Basistext

matisch an die ihm zugeordneten Objekte übergeben. Es können beliebig viele solcher Basiskalender nebeneinander existieren.

Erstellen Sie einen neuen Basiskalender mit dem Namen »Regelarbeitszeit«!
Die Arbeitszeit beginnt um 8:00 Uhr. Um 10:00 Uhr erfolgt eine halbstündige Frühstückspause. Die Mittagspause beginnt um 12:30 Uhr und dauert eine Stunde. Der Arbeitstag endet um 17:30 Uhr. Die tägliche Arbeitszeit beträgt somit 8 Stunden.

- Öffnen Sie das Menü Extras und wählen Sie Arbeitszeit ändern....
- Klicken Sie auf die Schaltfläche Neu... .
- ☐ Der Dialog Neuen Basiskalender erstellen wird geöffnet.

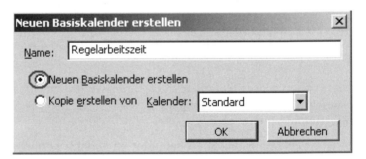

Abb. 3.9-3: Das Erstellen von Kopien ist dann sinnvoll, wenn Sie einen Basiskalender schon bearbeitet haben, indem Sie zum Beispiel die bundesweiten Feiertage eingetragen haben. Eine Kopie übernimmt diese Einstellungen, so dass Sie sich die wiederholte Eingabe von Feiertagen im neuen Kalender ersparen.

- Geben Sie dem Kalender den Namen Regelarbeitszeit.
- Wählen Sie die Option Neuen Basiskalender erstellen (Abb. 3.9-3) und klicken Sie auf OK.
- ☐ Der Dialog Arbeitszeit ändern öffnet sich für den neuen Kalender.

Basistext

3.9 Arbeitszeiten und Projektkalender * 123

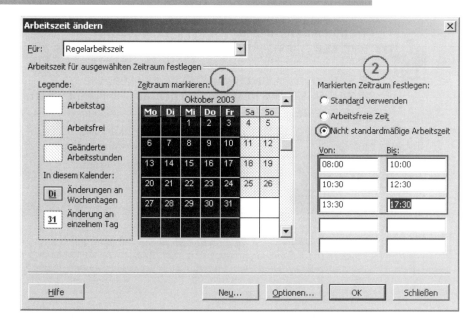

Abb. 3.9-4: Für die Anpassung der Arbeitszeit stehen Ihnen fünf Intervalle zur Verfügung. Sie können also insgesamt vier Pausen in die tägliche Arbeitszeit einbringen.

Die neuen Arbeitszeiten legen Sie wie folgt fest (Abb. 3.9-4):

- (1) Markieren Sie alle Tage von Montag bis Freitag, indem Sie bei gedrückter Umschalttaste den Kopf jeder Spalte anklicken.
  - ☐ Dadurch gelten Ihre Änderungen für **jeden** Montag, Dienstag etc.
- (2) Tragen Sie die neuen Arbeitszeiten als Nicht standardmäßige Arbeitszeit ein.

Gesetzliche Feiertage sind in der Standardeinstellung nicht berücksichtigt und müssen als Arbeitsfreie Zeit festgelegt werden. Feiertage hinzufügen

Basistext

Bestimmen Sie den 3. Oktober exemplarisch als Feiertag (vgl. Abb. 3.9-5).

- Markieren Sie zuerst das Feld im Kalender.
- Klicken Sie anschließend auf den Auswahlknopf Arbeitsfreie Zeit.

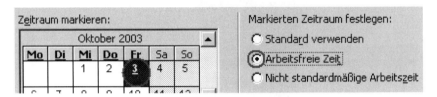

Abb. 3.9-5: Hilfreich ist die Legende im linken Teil. Ein unterstrichener Kalendertag ist individuell verändert. Ein unterstrichener Wochentag in der Kopfzeile bedeutet eine Anpassung für jedes Vorkommnis dieses Tages.

Betriebsferien und sonstige Arbeitsstillstände sollten Sie auch in diesem Basiskalender vermerken.

- Ihre Änderungen werden übernommen, sobald Sie auf die Schaltfläche OK klicken.

Der neue Basiskalender ist damit erstellt!

Projektkalender zuweisen
Im nächsten Schritt soll dieser Kalender dem Projekt als Projektkalender zugewiesen werden, damit die Vorgänge auch tatsächlich in den geänderten Zeiten bearbeitet werden.

- Wechseln Sie hierzu erneut zu den Projektinformationen und setzen den Listeneintrag Regelarbeitszeit als Kalender ein (Abb. 3.9-6).

Alle Vorgänge werden jetzt nur innerhalb der Arbeitszeiten dieses Kalenders bearbeitet. Der Projektkalender ist automatisch Basiskalender für Vorgänge.

Basistext

3.9 Arbeitszeiten und Projektkalender * 125

Abb. 3.9-6: Die Spalte Kalender ist um einen Eintrag reicher geworden.

Der neue Projektkalender wird den Ressourcen **nicht** automatisch als Basiskalender zugewiesen.

Hinweis

Die Ressourcen arbeiten weiterhin unter dem Basiskalender Standard.
Vorgänge orientieren sich an den Kalendern der Ressourcen, die ihnen zugeordnet sind.
Nur deshalb hat der neue Basiskalender keine sichtbaren Auswirkungen auf die bestehenden Vorgänge. Alle Vorgänge des Beispielprojektes werden bereits von Ressourcen bearbeitet und von deren Arbeitszeit bestimmt.
Erstellen Sie einen neuen Vorgang, so findet für diesen der neue Projektkalender Regelarbeitszeit Anwendung. Das ändert sich wiederum, sobald Sie dem neuen Vorgang Ressourcen zuweisen, die ihrerseits auf einem anderen Kalender basieren.

Microsoft Project kennt verschiedene Zeiteinheiten (Stunden, Tage, Wochen etc.). Die Informationen darüber, wie viele Stunden ein Tag und wie viele Tage eine Woche hat, gewinnt Microsoft Project nicht aus dem Projektkalender. Die Zeiteinheiten stehen in den **Kalenderoptionen** und müssen dort von Ihnen definiert werden.

Kalenderoptionen

Basistext

■ Öffnen Sie den Menüpunkt Extras/Optionen und dort das Register Kalender.

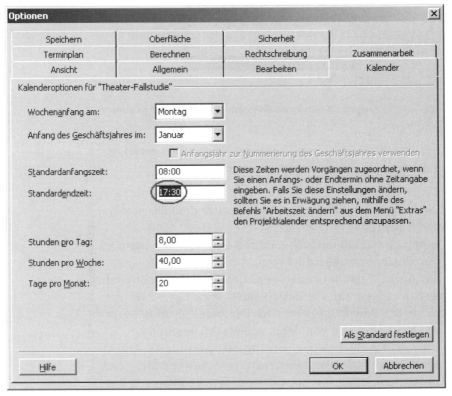

Abb. 3.9-7: Sie sehen, dass die Einheiten Woche *und* Monat *im Laufe des Jahres zu Ungenauigkeiten führen. Arbeiten Sie deshalb vorzugsweise mit Tagen.*

■ Ändern Sie die Standardendzeit gemäß dem neuen Projektkalender Regelarbeitszeit auf 17.30 Uhr (vgl. Abb. 3.9-7).

Die tägliche Arbeitszeit von 8 Stunden besagt, dass innerhalb des Intervalls zwischen Anfangs- und Endzeit 8 Stun-

Basistext

den gearbeitet wird, auch wenn zwischen diesen Zeiten 9,5 Stunden vergehen.

An die **Kalenderoptionen** sind zwei Anforderungen zu stellen

Konsistenz

- Die Werte müssen untereinander konsistent sein.
  - ☐ Bei 8 Stunden pro Tag an 5 Wochentagen muss die Wochenstundenzahl 40 betragen.

- Die Werte müssen zum Projektkalender konsistent sein.
  - ☐ Die tägliche und wöchentliche Arbeitszeit der Kalenderoptionen darf nicht von den Zeiten des Projektkalenders abweichen.

  Wenn Sie im Projektkalender 10 Stunden tägliche Arbeitszeit bestimmen, müssen Sie dies auch in den Kalenderoptionen tun. Microsoft Project überprüft dies nicht.

Kalenderoptionen

Tipp

Zu den Kalenderoptionen gelangen Sie auch direkt aus dem Dialog Arbeitszeit ändern.... Klicken Sie dort auf die Schaltfläche Optionen....

Speichern Sie das Projekt, wenn Sie alle Erweiterungen aufgenommen haben.

Drucken Sie das Projekt in der Ansicht Balkendiagramm aus. Die im Projekt verwendeten Kalender können Sie ebenfalls ausdrucken lassen:

- Öffnen Sie den Menüpunkt Ansicht/Berichte.
- Wählen Sie im Dialog Berichte die Kategorie Übersicht.
- Markieren Sie den Bericht Arbeitstage und klicken auf Auswahl.
- Drucken Sie den Bericht!

Basistext

3.10 Eigene Kalender für Ressourcen und Vorgänge **

Für jede neue Ressource wird automatisch ein Ressourcenkalender angelegt. Hier werden individuelle Regelungen von Arbeitszeit, Fehlzeit und Urlaub für die einzelne Person getroffen. Jedem Ressourcenkalender liegt ein Basiskalender mit den Eckdaten zu Grunde. Änderungen am Basiskalender werden an die anhängenden Ressourcenkalender übergeben. Vorgänge orientieren sich an den Kalendern der Ressourcen, von denen sie bearbeitet werden. Spezielle Vorgangskalender sollten nur ausnahmsweise erstellt werden. Haben Ressourcen andere Basiskalender als die Vorgänge, denen sie zugeordnet sind, so bearbeiten sie die Vorgänge nur während der gemeinsamen Arbeitszeit (Schnittmenge) beider Kalender.

Die Arbeitszeiten von **Ressourcen** und die Bearbeitungszeiten von **Vorgängen** basieren standardmäßig auf dem **Projektkalender**.

Basiskalender auf Ressourcen anwenden

Ein neuer Projektkalender wird den Ressourcen aber nicht automatisch als **Basiskalender** zugewiesen. Wenn Sie dem Projekt einen neuen Kalender zugewiesen haben, sollten auch die Ressourcen diesem Kalender folgen.

Basiskalender auf Ressourcen anwenden
Alle Ressourcen des Beispielprojektes sollen auf dem Kalender Regelarbeitszeit basieren. ■

- Wechseln Sie in die Ansicht Ressource: Tabelle.
- Legen Sie – wie in Abb. 3.10-1 – für alle Ressourcen den Basiskalender Regelarbeitszeit fest.

Vorgänge orientieren sich an den Kalendern der Ressourcen, von denen sie bearbeitet werden.

Basistext

3.10 Kalender für Ressourcen und Vorgänge ** 129

	❶	Ressourcenname	Basiskalender
1	⚠	Regisseur	Regelarbeitszei ▼
2		Schreiner	24 Stunden
3		Druckerei	Nachtschicht
4		Möbius, J.	Regelarbeitszeit
5		Ernesti, E.	Standard
6		Beutler, H.	Regelarbeitszeit
7		Voß, R.	Regelarbeitszeit
8		von Zahnd, M.	Regelarbeitszeit
9		Lamierfolie	
10		Speisen	
11		Eintrittskarte	

Abb. 3.10-1: Sie müssen nicht jede Zuweisung separat durchführen: Ändern Sie den Kalender für die Ressource in der obersten Zeile. Dann führen Sie die Maus auf die rechte untere Ecke dieser Zelle, so dass er sich zu einem schmalen Kreuz formt. Ziehen Sie dann bei gedrückter linker Maustaste einen Rahmen um alle Ressourcen vom Typ Arbeit.

Betrachten Sie in der Ansicht Balkendiagramm bzw. in Abb. 3.10-2 die Änderungen in der Spalte Ende! Der veränderte Projektkalender wurde jeder Ressource als Basiskalender zugewiesen. Dadurch verändern sich ebenfalls die Arbeitszeiten an den Vorgängen, die bereits von Ressourcen bearbeitet werden. Im Fallbeispiel gilt dies allerdings nur für Vorgänge, deren Zeiten nicht manuell festgelegt wurden (z.B. Regelmäßige Proben) oder durch Verknüpfungen bestimmt sind.

Im **Ressourcenkalender** werden individuelle Arbeits- und Fehlzeiten sowie der Urlaub einer einzelnen **Arbeitsressource** verwaltet.

Ressourcenkalender individuell anpassen

Bereits beim Anlegen einer Ressource wird automatisch ein eigener Ressourcenkalender erzeugt. Deshalb sind in der Liste Für: im Dialog Arbeitszeit ändern... neben den bekann-

Basistext

3 Planungsphase *

	ⓘ	Vorgangsname	Dauer	Anfang	Ende
1		⊟ Vorbereitungen	28,75 Tage	Mo 01.03.04 08:00	Do 08.04.04 15:30
2	↻	⊞ Regelmäßige Probe	27,25 Tage	Di 02.03.04 13:30	Do 08.04.04 15:30
15		⊟ Bühnenausstattung	27,94 Tage	Mo 01.03.04 08:00	Mi 07.04.04 17:00
16		Kostüme organisieren	4 Tage	Mo 01.03.04 08:00	Do 04.03.04 17:30
17	📅	Bühnenbild gestalten	6 Tage	Di 30.03.04 17:00	Mi 07.04.04 17:00
18		Requisiten beschaffen	4 Tage	Mo 01.03.04 08:00	Do 04.03.04 17:30
19		⊟ Kartenvorverkauf durchführen	4,5 Tage	Mo 01.03.04 08:00	Fr 05.03.04 12:30
20		Kartenlayout gestalten	1 Tag	Mo 01.03.04 08:00	Mo 01.03.04 17:30
21		Karten drucken	4 Stunde	Di 02.03.04 08:00	Di 02.03.04 12:30
22		VVK-Stellen beliefern	1 Tag	Do 04.03.04 13:30	Fr 05.03.04 12:30
23		Vorbereitungen abgeschlossen	0 Tage	Do 08.04.04 15:30	Do 08.04.04 15:30

Abb. 3.10-2: Gemäß den neuen Kalendereinstellungen endet die Arbeitszeit jetzt erst um 17.30 Uhr.

ten Kalendern auch die Namen aller Arbeitsressourcen aufgeführt (vgl. Abb. 3.10-3).

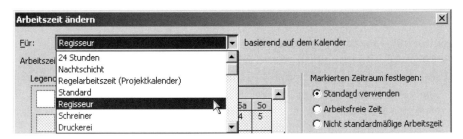

Abb. 3.10-3: Vorgangskalender werden nicht in der Liste aufgeführt.

Hinweis | **Fehler in der Anwendung**
Wenn Sie in der Liste einen Ressourcenkalender anwählen, wird stets eingeblendet, auf welchem Kalender dieser basiert. Ist der Name dieses Basiskalenders zu lang (z.B. Regelarbeitszeit), so wird er leider nicht angezeigt!

Basiskalender   Ein Ressourcenkalender hat stets einen Basiskalender. Än-

Basistext

3.10 Kalender für Ressourcen und Vorgänge ** 131

derungen am Basiskalender werden auf alle Ressourcenkalender übertragen. Diese »vererben« ihre Daten an die abhängigen Ressourcenkalender. Abb. 3.10-4 stellt diese Datenübergabe dar.

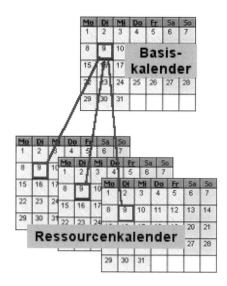

Abb. 3.10-4: Ein Basiskalender kann als Grundlage für den Projektkalender, die Ressourcenkalender und die Vorgangskalender dienen. Sie können beliebig viele Basiskalender erstellen. Solange Sie diese aber nicht zuweisen, existieren sie wirkungslos.

Im Ressourcenkalender werden lediglich individuelle Arbeits- und Fehlzeiten sowie der Urlaub der einzelnen Arbeitsressource verwaltet. Diese Änderungen betreffen nur den einzelnen Ressourcenkalender.

Ressourcenkalender

Urlaub und individuelle Arbeitszeiten einer Ressource eingeben
Die Ressource Regisseur hat vom 12. – 15. März Urlaub.

Basistext

Freitags endet die Arbeitszeit des Regisseurs stets um 15.30 Uhr.

Extras
Arbeitszeit ändern...

- Öffnen Sie den Dialog Arbeitszeit ändern... und führen Sie folgende Schritte gemäß Abb. 3.10-5 durch:
- (1) Wählen Sie in der Liste Für: den Eintrag Regisseur.
- (2) Markieren Sie dann im Kalender die Zellen für die genannten Tage.
- (3) Stellen Sie den Zeitraum als arbeitsfreie Zeit ein.

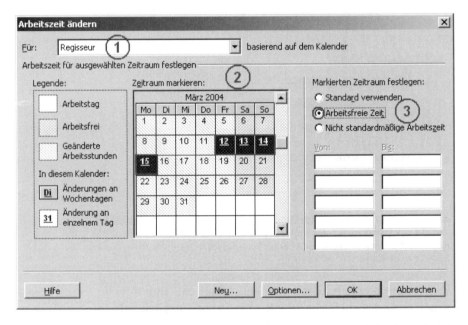

Abb. 3.10-5: Individuelle Anpassung eines Ressourcenkalenders: Einrichtung des Urlaubs der Ressource Regisseur.

Individuelle Arbeitszeit bestimmen

Die individuelle Arbeitszeit legen Sie wie in Abb. 3.10-6 fest:
- (1) Markieren Sie den Kopf der Spalte Freitag.
- (2) Legen Sie eine Nicht standardmäßige Arbeitszeit mit Ende um 15.30 Uhr fest.

Basistext

3.10 Kalender für Ressourcen und Vorgänge **

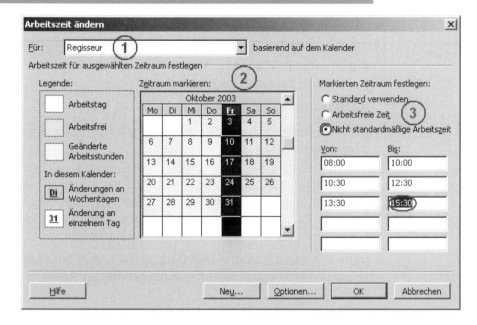

Abb. 3.10-6: Individuelle Anpassung der Arbeitszeit (freitags) für den Ressourcenkalender des Regisseurs

Basiskalender sinnvoll einsetzen

Nutzen Sie die Möglichkeiten von Basiskalendern. Änderungen erfolgen an nur einer Stelle und werden an alle anhängenden Kalender übertragen.

Tipp

Ein Basiskalender für Teilzeitkräfte lässt sich schnell realisieren. Eine Modifikation aller einzelnen Ressourcenkalender dieser Kräfte hingegen nicht.

Tipp

Ebenso wie dem Projekt und den Ressourcen können auch Sie auch Vorgängen gezielt Kalender zuweisen.

Vorgangskalender

Vorgangskalender sind nicht unter Extras/Arbeitszeit ändern verfügbar. Die Zuordnung von Kalendern zu Vorgängen

Basistext

ist nur im Dialog Informationen zum Vorgang auf dem Register Spezial möglich.

- Wechseln Sie in die Ansicht Balkendiagramm (Gantt).
- Markieren Sie einen Vorgang.

- Klicken auf die Schaltfläche Informationen zum Vorgang.

Auf dem Register Spezial kann dem Vorgang ein Kalender zugewiesen werden.

Sie können Vorgängen nur bestehende Basiskalender zuweisen. Der Kalender muss vorher unter Arbeitszeit ändern... erstellt worden sein. Dann erst kann die Zuweisung auf dem Register vorgenommen werden.

Ohne Kalender (Standardeinstellung, Abb. 3.10-7) hängt die Bearbeitungszeit vom Kalender der zugeordneten Ressource ab.

Tipp

Unterschiedliche Kalender

Hat eine Ressource einen anderen Basiskalender als die Vorgänge, denen sie zugeordnet ist, so bearbeitet sie die Vorgänge nur während der gemeinsamen Arbeitszeit (Schnittmenge) beider Kalender! Abb. 3.10-8 stellt diesen Zusammenhang dar.

Tipp

Bei mangelnder Übereinstimmung erhalten Sie eine Fehlermeldung.

Tipp

Soll ausschließlich der Vorgangskalender zur Berechnung der Dauer herangezogen werden, aktivieren Sie auf dem Register Spezial das Kontrollfeld Terminplanung ignoriert Ressourcenkalender.

Vorgangskalender sind eher unpraktisch und führen schnell zu Problemen. Weisen Sie einem Vorgang nur dann einen

Basistext

3.10 Kalender für Ressourcen und Vorgänge ** 135

Abb. 3.10-7: Einem Vorgang kann nur ein bestehender Basiskalender zugewiesen werden. Anders als bei den Ressourcen werden Vorgangskalender nicht automatisch erstellt.
Vorgänge benötigen nur ausnahmsweise einen eigenen Kalender.

Kalender zu, wenn bestimmte Zeiten bewusst ausgegrenzt werden sollen!

Der Datenbankserver eines Reisebüros muss während einer Reparatur abgeschaltet werden. Dadurch sind keine Buchungen möglich. Diese Tätigkeit (Vorgang) darf nur außerhalb der Geschäftszeiten durchgeführt werden. Ein

Beispiel

Basistext

136   3 Planungsphase *

Abb. 3.10-8: Die beiden Uhren symbolisieren jeweils einen Kalender für einen Vorgang bzw. eine Ressource. Beide weichen stark voneinander ab.
*Eine Bearbeitung des Vorgangs durch die Ressource findet nur in der rot gekennzeichneten **Schnittmenge** statt!*

Vorgangskalender ist in diesem Fall sinnvoll, um die Durchführung zur Geschäftszeit zu unterbinden.

 Speichern Sie das Projekt, wenn Sie alle Erweiterungen aufgenommen haben.

3.11 Ausdrucke und Berichte erstellen *

Jede Ansicht oder Tabelle in Microsoft Project kann über die Druckfunktion ausgedruckt werden. Zusätzlich steht eine Anzahl von vordefinierten Berichten zur Verfügung, mit deren Hilfe bestimmte Datensätze bzw. Eigenschaften zu Papier gebracht werden können. Daten können in Berichten gefiltert werden. Ferner können benutzerdefinierte Berichte erstellt werden, die ausgewählte Daten in der gewünschten Sichtweise darstellen.

Druckfunktion   In Microsoft Project können Sie jede Ansicht oder Tabelle zu Papier bringen.

    ■ Öffnen Sie einfach die gewünschte Ansichtsform und rufen Sie den Dialog Drucken... aus dem Menü Datei auf.

Basistext

3.11 Ausdrucke und Berichte erstellen

Benutzen Sie das Beispiel der **Theateraufführung**. Sie wollen für die Ressource Regisseur einen Arbeitsplan ausdrucken. Dieser soll veranschaulichen, an welchem Tag der Regisseur wie viele Stunden an bestimmten Vorgängen arbeiten muss.

- Öffnen Sie die Ansicht Ressource: Einsatz.
- Wählen Sie den Regisseur wie folgt:
  - ☐ (1) Klicken Sie auf die Schaltfläche AutoFilter.
  - ☐ (2) Klicken Sie auf den Pfeil im Kopf der Spalte Ressourcenname.
  - ☐ (3) Wählen Sie den Regisseur aus der Liste.
- Drucken Sie den Arbeitsplan bzw. schauen Sie sich die Vorschau an (Schaltfläche im Dialog Drucken...). Abb. 3.11-1 zeigt den gedruckten Arbeitsplan.

					Theater-Fallstudie				
Nr.	Ressourcenname		Arbeit	Einzelheiten	01.Mrz '04				
					M	D	M	D	F
1	Regisseur		84 Stunde	Arbeit	16 Std.	12 Std.	8 Std.	15 Std.	4 Std.
	Kostüme organisieren		16 Stunde	Arbeit	4 Std.	4 Std.	4 Std.	4 Std.	
	Requisiten beschaffen		16 Stunde	Arbeit	4 Std.	4 Std.	4 Std.	4 Std.	
	Kartenlayout gestalten		8 Stunde	Arbeit	8 Std.				
	VVK-Stellen beliefern		8 Stunde	Arbeit				4 Std.	4 Std.
	Rollenvergabe		4 Stunde	Arbeit		4 Std.			
	Regelmäßige Probe 2		3 Stunde	Arbeit				3 Std.	
	Regelmäßige Probe 3		3 Stunde	Arbeit					
	Regelmäßige Probe 4		3 Stunde	Arbeit					
	Regelmäßige Probe 5		3 Stunde	Arbeit					
	Regelmäßige Probe 6		3 Stunde	Arbeit					
	Regelmäßige Probe 7		3 Stunde	Arbeit					
	Regelmäßige Probe 8		3 Stunde	Arbeit					
	Regelmäßige Probe 9		3 Stunde	Arbeit					
	Regelmäßige Probe 10		3 Stunde	Arbeit					
	Regelmäßige Probe 11		3 Stunde	Arbeit					
	Generalprobe		2 Stunde	Arbeit					

Abb. 3.11-1: Ausdruck der Ansicht Ressource: Einsatz *für eine mit Hilfe des Filters selektierte Ressource (hier: Regisseur).*

Ausdrucke von Ansichten orientieren sich an der aktuellen Darstellung auf dem Bildschirm.

Basistext

- Es werden nur die Tabellenspalten gedruckt, die aktuell vollständig auf dem Bildschirm sichtbar sind.
- Die Spaltenbreite im Druck stimmt im Maßstab mit der Breite der Spalte auf dem Bildschirm überein.
- Die Baumstruktur wird nur bis zu der Tiefe ausgedruckt, die auf dem Bildschirm eingeblendet ist. Ausgeblendete untergeordnete Vorgänge werden nicht berücksichtigt.
- Ausgefilterte Ressourcen und Vorgänge werden nicht gedruckt (siehe Beispiel).

Berichte erstellen

Neben der Druckfunktion für die Ansichten bietet Microsoft Project eine Reihe vordefinierter **Berichte** zum Ausdruck an.

- Öffnen Sie den Dialog Berichte... aus dem Menü Ansicht.

Abb. 3.11-2: Jede Kategorie des Dialogs enthält verschiedene vorgefertigte Berichte.

Basistext

3.11 Ausdrucke und Berichte erstellen *

Der Dialog zeigt fünf verfügbare **Berichtsarten** (Abb. 3.11-2):

- Übersicht,
- Vorgangsstatus,
- Kosten,
- Ressourcen und
- Arbeitsauslastung,

die ihrerseits unterschiedliche Berichte enthalten.

Berichtsarten

Klicken Sie auf eine Berichtsart und dann auf die Schaltfläche Auswahl, um die Berichte einer Art sehen zu können. Die Berichte werden in der Seitenansicht geöffnet. Betrachten Sie die dargestellten Informationen und überprüfen Sie vor dem Ausdruck, welche Berichte Sie tatsächlich benötigen.

Seitenansicht

Sie benötigen eine Auflistung, welche Ressource welchem Vorgang zugeordnet ist und welchen Rahmen diese Zuordnung umfasst.

- Öffnen Sie den Dialog Berichte... .
- Wählen Sie die Kategorie Ressourcen... .
- ☐ Der Dialog Ressourcenberichte wird aufgerufen (vgl. Abb. 3.11-3).
- Markieren Sie den Dialog Wer-macht-was und klicken Sie auf Auswahl.
- ☐ Der Bericht erscheint in der **Seitenansicht** (Abb. 3.11-4).

Nutzen Sie die Pfeile, um zwischen den einzelnen Seiten zu navigieren. Berichte passen in den seltensten Fällen auf eine einzige Seite.

Benutzerdefinierte Berichte

Im Dialog Berichte befindet sich noch eine Kategorie mit **benutzerdefinierten Berichten**.
Hier finden Sie eine Auswahlliste von weiteren vorgefertigten Berichten (inklusive der aus den übrigen Kategorien) und darüber hinaus die Möglichkeit, eigene Berichte zu erstellen.

Basistext

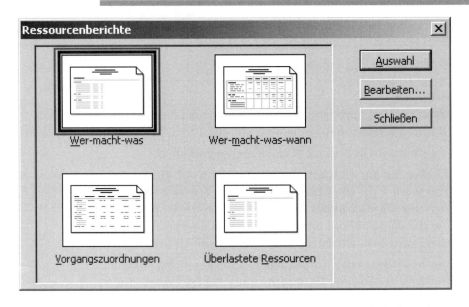

Abb. 3.11-3: Unter der Berichtsart Ressourcenberichte *befinden sich vier Berichte zu dieser Kategorie.*

Liste aller Berichte

Eigene Berichte erstellen

Berichtsarten

■ Öffnen Sie die Kategorie Benutzerdefiniert... aus dem Dialog Berichte... .

Die einzelnen Berichte aus der Liste (vgl. Abb. 3.11-5) können Sie über die Schaltfläche Vorschau betrachten und sich ein Bild über die dargestellten Informationen machen.

Dieser Dialog ermöglicht Ihnen weiterhin die Erstellung eigener benutzerdefinierter Berichte.

■ Klicken Sie auf die Schaltfläche Neu... .

Im Dialog Neuen Bericht definieren stehen vier Grundtypen eigener Berichte zur Auswahl (Abb. 3.11-6).

Die **Berichtsarten** Vorgang und Ressource ermöglichen den Druck von Tabellen unter Berücksichtigung von Filtereinstellungen. Diese sind identisch zu den Tabellen, die Sie über die normale Druckfunktion zu Papier bringen können.

Basistext

3.11 Ausdrucke und Berichte erstellen * 141

Wer-macht-was vom Mi 15.10.03 10:33
Theater-Fallstudie

Nr.	Ressourcenname			Arbeit			
1	Regisseur			84 Stunde			
	Nr.	Vorgangsname	Einheiten	Arbeit	Verzögerung	Anfang	Ende
	16	Kostüme organisieren	50 %	16 Stunde	0 Tage	Mo 01.03.04 08:00	Do 04.03.04 17:30
	18	Requisiten beschaffen	50 %	16 Stunde	0 Tage	Mo 01.03.04 08:00	Do 04.03.04 17:30
	20	Kartenlayout gestalten	100 %	8 Stunde	0 Tage	Mo 01.03.04 08:00	Mo 01.03.04 17:30
	22	VVK-Stellen beliefern	100 %	8 Stunde	0 Tage	Do 04.03.04 13:30	Fr 05.03.04 12:30
	3	Rollenvergabe	100 %	4 Stunde	0 Tage	Di 02.03.04 13:30	Di 02.03.04 17:30
	4	Regelmäßige Probe 2	100 %	3 Stunde	0 Tage	Do 04.03.04 13:30	Do 04.03.04 16:30
	5	Regelmäßige Probe 3	100 %	3 Stunde	0 Tage	Di 09.03.04 13:30	Di 09.03.04 16:30
	6	Regelmäßige Probe 4	100 %	3 Stunde	0 Tage	Do 11.03.04 13:30	Do 11.03.04 16:30
	7	Regelmäßige Probe 5	100 %	3 Stunde	0 Tage	Di 16.03.04 13:30	Di 16.03.04 16:30
	8	Regelmäßige Probe 6	100 %	3 Stunde	0 Tage	Do 18.03.04 13:30	Do 18.03.04 16:30
	9	Regelmäßige Probe 7	100 %	3 Stunde	0 Tage	Di 23.03.04 13:30	Di 23.03.04 16:30
	10	Regelmäßige Probe 8	100 %	3 Stunde	0 Tage	Do 25.03.04 13:30	Do 25.03.04 16:30
	11	Regelmäßige Probe 9	100 %	3 Stunde	0 Tage	Di 30.03.04 13:30	Di 30.03.04 16:30
	12	Regelmäßige Probe 10	100 %	3 Stunde	0 Tage	Do 01.04.04 13:30	Do 01.04.04 16:30
	13	Regelmäßige Probe 11	100 %	3 Stunde	0 Tage	Di 06.04.04 13:30	Di 06.04.04 16:30
	14	Generalprobe	100 %	2 Stunde	0 Tage	Do 08.04.04 13:30	Do 08.04.04 15:30
2	Schreiner			48 Stunde			
	Nr.	Vorgangsname	Einheiten	Arbeit	Verzögerung	Anfang	Ende
	17	Bühnenbild gestalten	100 %	48 Stunde	0 Tage	Di 30.03.04 17:00	Mi 07.04.04 17:00
3	Druckerei			4 Stunde			
	Nr.	Vorgangsname	Einheiten	Arbeit	Verzögerung	Anfang	Ende
	21	Karten drucken	100 %	4 Stunde	0 Tage	Di 02.03.04 08:00	Di 02.03.04 12:30

Abb. 3.11-4: *Der Bericht »Wer macht was« zeigt die zugeteilten Aufgaben für jede Ressource.*

Sie begehen damit also nur einen Umweg.
Monatskalender können Sie ebenfalls schneller mit der normalen Druckfunktion erstellen, wenn Sie mit der Ansicht Kalender arbeiten.

Mit **Kreuztabellen** können Sie Informationen zu Vorgängen oder Ressourcen über einen bestimmten Zeitraum betrachten.

Kreuztabellen

Kreuztabelle erstellen
Für die Verplanung der Ressourcen benötigen Sie eine Auflistung, die Ihnen für jeden Tag angibt, mit wie vielen Stunden jede Ressource verplant werden kann. ■

Basistext

3 Planungsphase *

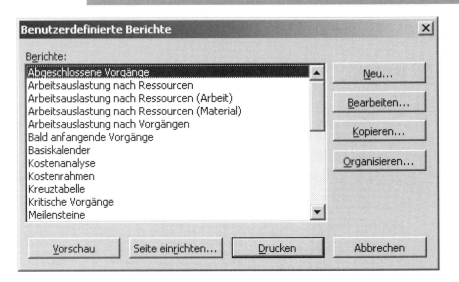

Abb. 3.11-5: In der Berichtsart »Benutzerdefinierte Berichte« finden Sie alle verfügbaren Berichte, also auch die aus den anderen Kategorien.

Abb. 3.11-6: Die ersten drei Berichtsarten isolieren Informationen zu den Größen Vorgang, Ressource und Monatskalender. Die Berichtsart »Kreuztabelle« verbindet diese drei Größen und liefert Informationen von Vorgängen und Ressourcen über einen bestimmten Zeitraum.

- Öffnen Sie die Kategorie Benutzerdefiniert... im Dialog Berichte.

Basistext

3.11 Ausdrucke und Berichte erstellen *

- Klicken Sie auf die Schaltfläche Neu....
- Wählen Sie die Berichtsart Kreuztabelle.

Auf dem Register Definition bestimmen Sie die Daten, die in den Zeilen und Spalten der Kreuztabelle dargestellt werden sollen (vgl. Abb. 3.11-7):

Register Definition

- (1) Nennen Sie den Bericht Verfügbarkeit Ressourcen.
- (2) Wählen Sie Tage als Maßstab für die Spalte.
- (3) Nehmen Sie Ressourcen in die Zeilen auf.
- (4) Bestimmen Sie als Inhalt der Zellen Verfügbare Arbeitszeit.

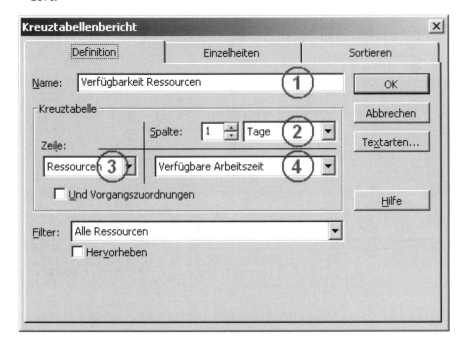

Abb. 3.11-7: Mit Hilfe des Filters können Sie bestimmte Elemente isoliert darstellen. Die Option »Hervorheben« sorgt dafür, dass wiederum alle Elemente dargestellt werden, wobei die gefilterten gleichzeitig hervorgehoben werden.

Aktivieren Sie – wie in Abb. 3.11-8 – auf dem Register Ein-

Register Einzelheiten

Basistext

zelheiten folgende Kontrollfelder:

- Summen der Zeilen
- Summen der Spalten
- Gitternetzlinien zwischen Ressourcen
- Erste Spalte auf allen Seiten wiederholen

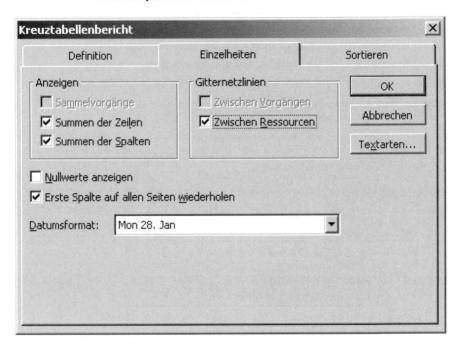

Abb. 3.11-8: Summen von Zeilen und Spalten können im Bericht wahlweise dargestellt werden.

Neuer Bericht ist erstellt

Mit einem Klick auf OK gelangen Sie zurück in den Dialog für Benutzerdefinierte Berichte.
Der neue Bericht ist in die Liste aufgenommen und bereits markiert. In der Vorschau (Abb. 3.11-9) sehen Sie das Ergebnis: Eine tagesgenaue Aufstellung der verfügbaren Arbeitszeit aller Ressourcen. Am Beispiel des Regisseurs sehen Sie, dass Urlaub und nicht standardmäßige Arbeitszeit

Basistext

3.11 Ausdrucke und Berichte erstellen * 145

im Bericht berücksichtigt werden. Freitags steht der Regisseur nur 6 Stunden zur Verfügung, da Sie dies im Ressourcenkalender so vereinbart haben.

Verfügbarkeit Ressourcen vom Mi 15.10.03 11:16
Theater-Fallstudie

	Mon 01. Mrz	Die 02. Mrz	Mit 03. Mrz	Don 04. Mrz	Fre 05. Mrz
Regisseur	8 Stunde	8 Stunde	8 Stunde	8 Stunde	6 Stunde
Schreiner	8 Stunde	8 Stunde	8 Stunde	8 Stunde	8 Stunde
Druckerei	8 Stunde	8 Stunde	8 Stunde	8 Stunde	8 Stunde
Möbius, J.	8 Stunde	8 Stunde	8 Stunde	8 Stunde	8 Stunde
Ernesti, E.	8 Stunde	8 Stunde	8 Stunde	8 Stunde	8 Stunde
Beutler, H.	8 Stunde	8 Stunde	8 Stunde	8 Stunde	8 Stunde
Voß, R.	8 Stunde	8 Stunde	8 Stunde	8 Stunde	8 Stunde
von Zahnd, M.	8 Stunde	8 Stunde	8 Stunde	8 Stunde	8 Stunde
Lamierfolie (Stück)					
Speisen (Menü)					
Eintrittskarte (Stück)					
Gesamt	64 Stunde	64 Stunde	64 Stunde	64 Stunde	62 Stunde

Abb. 3.11-9: Auflistung über die tägliche Verfügbarkeit der am Projekt beteiligten Ressourcen. Geänderte Einstellungen aus dem Dialog Arbeitszeit ändern... *werden berücksichtigt.*

Schriftgröße verändern

Berichte können nur in der Seitenansicht betrachtet und somit nicht bearbeitet werden. Streckenweise sind die Spalten zu schmal für die Werte, die sie darstellen sollen. Die Spaltenbreite kann in der Seitenansicht nicht verändert werden.

Tipp

Hier bleibt nur die Möglichkeit, die Schriftgröße zu verringern. Auf der Symbolleiste Format finden Sie Einstellungsmöglichkeiten für Schriftgrad und Schriftgröße.

Tipp

Basistext

Glossar **Bericht** Für den Ausdruck bestimmter Informationen aus der Projektdatei. Nach der Art der anzuzeigenden Informationen in verschiedene Berichtsarten unterteilt.
Berichtsart Eine Kategorie, die mehrere → Berichte zu einer bestimmten Informationsgruppe aufnimmt. Berichtsarten sind »Übersicht«, »Vorgangsstatus«, »Kosten«, »Ressourcen« und »Arbeitsauslastung«.
Kreuztabelle Für den Ausdruck bestimmte Darstellung von gefilterten bzw. verdichteten Informationen zu → Vorgängen und → Ressourcen über einen bestimmten Zeitraum. Syn.: Kreuztabellenbericht

3.12 Zeitskala und Balkenarten verändern **

Das Aussehen von Tabellen und Balkendiagramm kann beliebig verändert werden. Im Balkendiagramm lassen sich die Beschriftungen für die obere und untere Zeitskala getrennt verändern. Art und Farbe einer Linie in Diagramm oder Tabelle lassen sich individuell einstellen. Im Dialog für die Einstellung der Balkenarten können Sie die Darstellung für die verschiedenen Vorgangsarten separat ändern. Neben Form, Muster und Farbe lassen sich ebenfalls Beschriftungen für die Balken festlegen.

Je mehr Spalten Sie in der Tabelle betrachten müssen, desto schmaler wird zwangsläufig die Darstellung des **Balkendiagramms**. Das hat zur Folge, dass Sie im Balkendiagramm viel navigieren müssen, um die Übersicht zu behalten.

Die Schaltflächen Vergrößern und Verkleinern ändern die Skalierung in der Darstellung. Ihre Einstellung wirkt sich nicht nur auf die Bildschirmdarstellung, sondern auch auf den Druck aus.
Gedruckt wird mit dem aktuellen *Zoom*-Faktor.

Basistext

Anpassen der Zeitskala

Mehr Veränderungsmöglichkeiten bieten sich Ihnen, wenn Sie – wie in Abb. 3.12-1 gezeigt – im Bereich der Zeitskala rechtsklicken.

Anpassungsoptionen

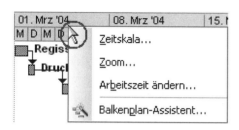

Abb. 3.12-1: Das Kontextmenü ist eine Zusammenstellung von Befehlen aus anderen Menüs. Die Zeitskala und der Assistent befinden sich im Menü Format, *der Eintrag Zoom im Menü* Ansicht *und die Arbeitszeit ändern Sie im Menü* Extras.

Der Eintrag Zoom... ist funktionsgleich zu oben beschriebenen Schaltflächen, erlaubt aber eine direkte Auswahl der gewünschten Skalierung.

Zoom

Unter dem Eintrag Zeitskala... (Register Zeitskala) lassen sich die Beschriftungen für die obere und untere Skala getrennt verändern. Zusätzlich kann die Gesamtgröße der Zeitskala prozentual verändert werden. Das Ergebnis der Veränderungen wird in einem Vorschaufenster angezeigt.

Zeitskala

Verändern Sie die voreingestellte Darstellung der Zeitskala.

- Klicken Sie mit der rechten Maustaste in den Bereich der Zeitskala.
- Wählen Sie im Kontextmenü den Eintrag Zeitskala.
- Öffnen Sie das Register Obere Leiste und nehmen Sie die folgenden Änderungen gemäß Abb. 3.12-2 vor:
- (1) Für die Zeitskalaoptionen sollen Drei Leisten angezeigt werden.

Basistext

- (2) Ändern Sie im Bereich Formatierung die Einheiten in Wochen, die Beschriftung in Kalenderwochen und die Ausrichtung in Zentriert.
- (3) Legen Sie zusätzlich eine Größe von 100% fest, um einen größeren Zeitausschnitt auf dem Bildschirm darstellen zu können.

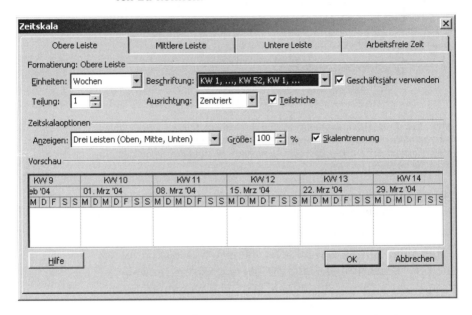

Abb. 3.12-2: Ihre Änderungen sehen Sie direkt im Vorschaufenster.

- Wechseln Sie auf das Register Mittlere Leiste und ändern die Formatierung gemäß Abb. 3.12-3:
- Anschließend ändern Sie auch die Untere Leiste wie in Abb. 3.12-4:

Arbeitsfreie Zeit
Auf dem Register Arbeitsfreie Zeit gibt es für eben jene Augenblicke eigene Formatierungsoptionen. Hier ist eine weitere Änderung zu berücksichtigen:
Sie arbeiten in Ihrem Projekt mit verschiedenen Kalendern.

Basistext

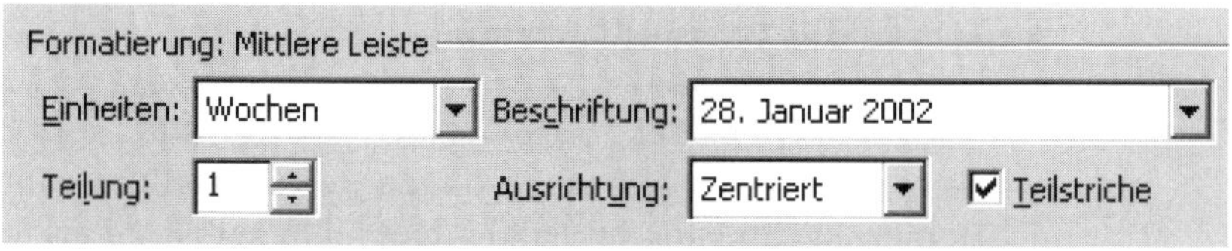

3.12 Zeitskala und Balkenarten ** 149

```
Formatierung: Mittlere Leiste
Einheiten: Wochen         Beschriftung: 28. Januar 2002
Teilung:   1              Ausrichtung:  Zentriert    ☑ Teilstriche
```

Abb. 3.12-3: Ändern Sie diese Werte auf dem Register Mittlere Leiste.

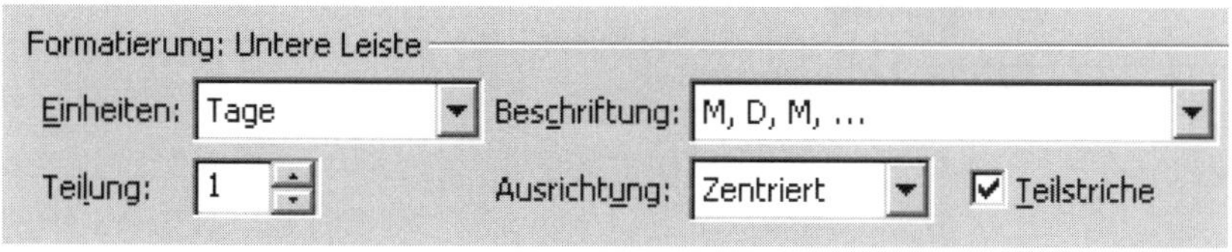

```
Formatierung: Untere Leiste
Einheiten: Tage           Beschriftung: M, D, M, ...
Teilung:   1              Ausrichtung:  Zentriert    ☑ Teilstriche
```

Abb. 3.12-4: Ändern Sie diese Werte auf dem Register Untere Leiste.

Die Kalender von **Projekt, Ressourcen** und **Vorgängen** unterschieden sich in ihrer arbeitsfreien Zeit.

- Wählen Sie auf dem Register Arbeitsfreie Zeit in der Kalenderliste den Projektkalender (Regelarbeitszeit) aus (Abb. 3.12-5).

```
Kalender: Regelarbeitszeit (Projektkalender) ▼
```

Abb. 3.12-5: Auf der Registerkarte Arbeitsfreie Zeit *des Dialogs* Zeitskala *legen Sie fest, aus welchem Kalender diese bestimmt werden soll.*

Diese Einstellung legt fest, dass im **Balkendiagramm** die arbeitsfreie Zeit des **Projektkalenders** dargestellt wird.

Im Kontextmenü der Zeitskala (Rechtsklick!) steht ebenfalls ein Eintrag Arbeitszeit ändern....   *Arbeitszeit ändern*
Dieser entspricht dem gleichnamigen Menüeintrag aus Extras und öffnet den bekannten Dialog.

Basistext

Anpassen des Balkendiagramms

Die Möglichkeiten des Balkenplan-Assistenten sind eingeschränkt. Umfassendere Änderungen der Darstellung sind über einen Rechtsklick im Balkendiagramm selbst zu erzielen (Abb. 3.12-6).

Abb. 3.12-6: Auch dieses Kontextmenü ist eine Zusammenstellung von Befehlen aus verschiedenen Menüs.

Gitternetzlinien   Art und Farbe einer Linie in Diagramm oder Tabelle lassen sich unter Gitternetzlinien... im Kontextmenü individuell einstellen.

Ändern Sie das Erscheinungsbild für das aktuelle Datum im Balkendiagramm. ■

- Bewegen Sie die Maus auf den Bereich des Balkendiagramms und klicken Sie die rechte Taste.
- Wählen Sie im Kontextmenü den Eintrag Gitternetzlinien.
- (1) Im Dialog (Abb. 3.12-7) bestimmen Sie zunächst als zu ändernde Linie das aktuelle Datum.

Basistext

3.12 Zeitskala und Balkenarten **

- (2) In der Liste Art markieren Sie die grob gestrichelte Variante.
- (3) Wählen Sie Limone als Farbe.

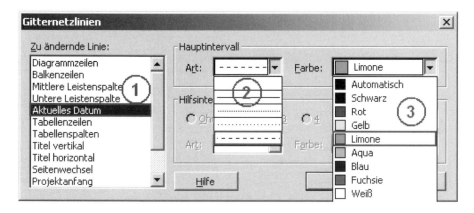

Abb. 3.12-7: Hilfsintervalle sind nur für wenige Linienarten verfügbar.

Das aktuelle Datum wird nun als limonefarbene senkrechte Linie im Balkendiagramm angezeigt.

Im Dialog für die Einstellung der **Balkenarten** können Sie die Darstellung für die verschiedenen **Vorgangsarten** separat ändern. Neben Form, Muster und Farbe lassen sich ebenfalls Beschriftungen für die Balken festlegen (Register Text).

Balkenarten

In der Standardeinstellung werden im Balkendiagramm rechts neben jedem Vorgang die Namen der zugeordneten Ressourcen angezeigt.
Arbeiten viele Ressourcen an einem Vorgang, wird das Diagramm mit diesen Informationen überladen. Nehmen Sie eine Anpassung vor, die neben dem Vorgang das Kürzel an Stelle des Ressourcennamens angibt!

- Öffnen Sie den Dialog Balkenarten und nehmen Sie folgende Änderungen gemäß Abb. 3.12-8 vor:

Basistext

- (1) Markieren Sie in der Tabelle den Eintrag Vorgang.
- (2) Wechseln Sie auf das Register Text.
- (3) In der Auswahlliste für die Ausrichtung rechts ersetzen Sie Ressourcennamen durch Ressourcenkürzel.
- Bestätigen Sie die Änderungen mit OK.

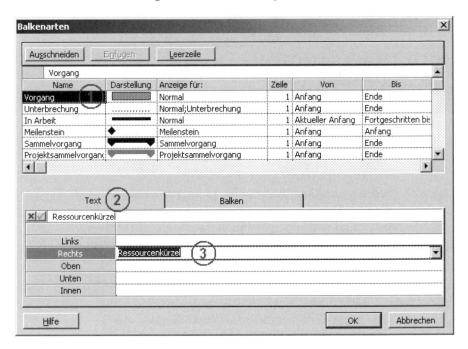

Abb. 3.12-8: Insgesamt können Sie beim Vorgangsbalken 5 verschiedene Informationen einblenden. Vermeiden Sie textliche Darstellung im Innenbereich. Diese sind sehr schlecht lesbar.

Die Darstellung ist deutlich übersichtlicher, da die Vorgangsbalken im Vergleich zur Beschriftung mehr in den Vordergrund rücken (Abb. 3.12-9).

Darstellung von Meilensteinen

Die Einstellung unter Balkenarten für **Meilensteine** ist so gesetzt, dass das rautenförmige Symbol am Anfang des Vorgangs steht. Bei Meilensteinen, deren Länge von null Tagen

Basistext

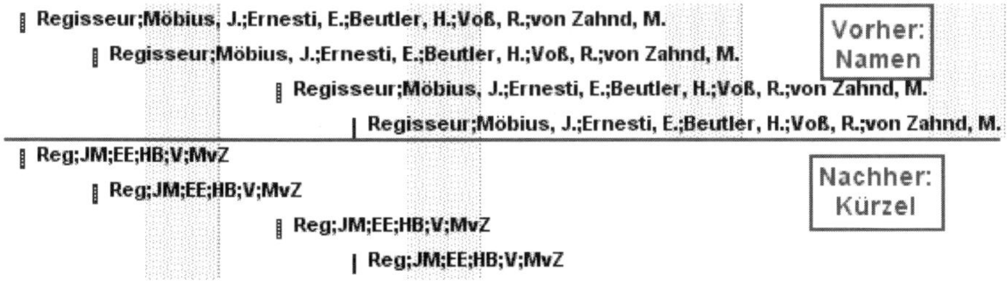

3.12 Zeitskala und Balkenarten ** 153

Abb. 3.12-9: Achten Sie beim Eintragen der Kürzel darauf, dass Sie jeder Ressource einen eindeutigen Eintrag zuweisen. Doppelnennungen sind in Microsoft Project möglich und können zu Verwechslungen führen.

abweicht ist eine Anzeige am Ende sinnvoller.

Fügen Sie der Darstellung von Meilensteinen ein Symbol zum Vorgangsende hinzu!
Die einzelnen Schritte sind in Abb. 3.12-10 dargestellt.

- (1) Markieren Sie in der Tabellenspalte Name den Eintrag Meilenstein.
- (2) Die Anzeige soll zum Ende des Meilensteins erfolgen. Setzen Sie also die Einträge Von und Bis auf Ende.
- (3) Auf dem Register Balken muss die Form für den Anfang entfernt werden (leeres Listenelement wählen!).
- (4) Eine Form für das Ende des Vorgangs muss bestimmt werden. Wählen Sie diese entsprechend der Abb. 3.12-10.
- (5) Auf dem Register Text soll das Datum für das Ende anstatt des Anfangs angezeigt werden (Abb. 3.12-11).

Die Liste der Balkenarten ist erweiterbar. Sie können für bestimmte **Vorgänge** eigene Farb- und Balkenvarianten erstellen, die Ihnen die Übersicht erleichtern.

Eigene Definitionen

Erstellen Sie eine eigene Darstellungsform für Vorgänge, die bereits abgeschlossen sind.

- Tragen Sie in einer leeren Zeile der Tabellenspalte Name einfach per Tastatur Vorgang ein.

Basistext

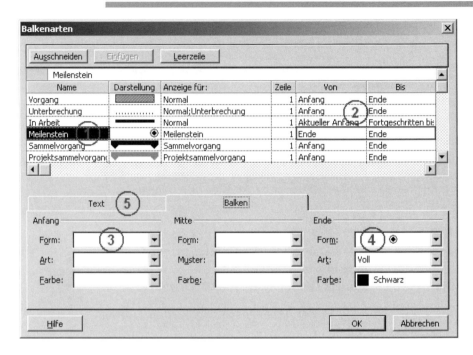

Abb. 3.12-10: Durchgängige Balkenformen wie die von Vorgängen werden nur in der Mitte verändert.

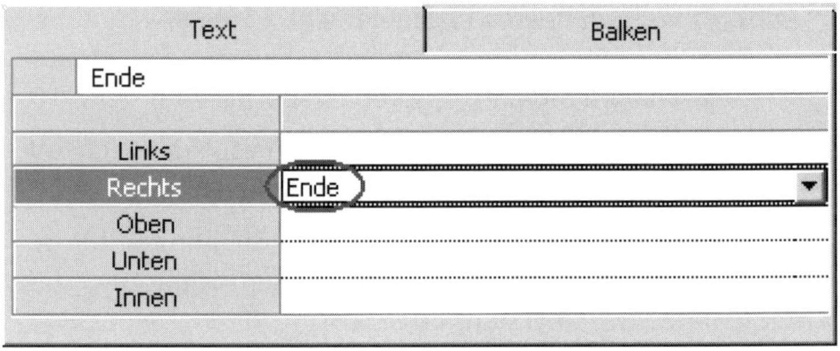

Abb. 3.12-11: Auf dem Register Text wählen Sie den gewünschten Eintrag aus der Liste.

Basistext

3.12 Zeitskala und Balkenarten **

- Setzen Sie den Eintrag Von auf Anfang und den Eintrag Bis auf Ende.
- In der Spalte Anzeige für: wählen Sie Beendet.
- Auf dem Register Balken bestimmen Sie für die Mitte die übliche Form und das Muster für einen normalen Vorgang.
- Wählen Sie als Farbe für abgeschlossene Vorgänge grün. Abb. 3.12-12 zeigt das Ergebnis.

Name	Darstellung	Anzeige für:	Zeile	Von	Bis
Vorgang		Beendet	1	Anfang	Ende

Abb. 3.12-12: Beendete Vorgänge werden nun im Balkendiagramm grün dargestellt.

Wiederholen Sie die oben stehende Prozedur und erzeugen auf dem gleichen Weg eine neue Darstellung für kritische Vorgänge.

- In der Spalte Anzeige für: wählen Sie lediglich Kritisch an Stelle von Beendet.
- Die Farbe für kritische Vorgänge soll *rot* sein (Abb. 3.12-13).

Name	Darstellung	Anzeige für:	Zeile	Von	Bis
Vorgang		Beendet	1	Anfang	Ende
Vorgang		Kritisch	1	Anfang	Ende

Abb. 3.12-13: Kritische Vorgänge erkennen Sie künftig an der roten Balkenfarbe.

Im Balkendiagramm sind die **kritischen Vorgänge** deutlich zu erkennen: Kritische Vorgänge

- Die Generalprobe wird als kritischer Vorgang dargestellt, weil kein Puffer zum Meilenstein Vorbereitungen abgeschlossen vorhanden ist.

Basistext

- Die kritische Darstellung des Vorgangs Bühnenbild gestalten begründet sich darin, dass der Vorgang mit der Einschränkung Muss enden am versehen ist und somit auch keinerlei Puffer zuläßt.

Speichern Sie das geänderte Projekt.

Machen Sie einen Ausdruck der Ansicht Balkendiagramm (Gantt). Die neue Darstellung mit Ressourcenkürzeln ist erheblich übersichtlicher.

3.13 Überlastungen im Umgang mit Ressourcen **

Materialressourcen sind unbegrenzt verfügbar und daher im Einsatz unproblematisch. Anders verhält es sich mit den Ressourcen der Art »Arbeit«. Der Einsatz von Arbeit erfolgt im Rahmen der Zeit, die eine solche Ressource gemäß ihren Kalendereinstellungen arbeiten kann. Hier kommt es schnell zu Überlastungen, die behoben werden müssen, um einen reibungslosen Projektablauf zu gewährleisten. Die Überlastungen lassen sich in den Ansichten »Ressource: Grafik« und »Ressource: Einsatz« ausfindig machen. Dort können Sie mit Hilfe der Symbolleiste »Ressourcenmanagement« zwischen den Überlastungen navigieren. Zur besseren Übersicht können kritische Ressourcen durch Ansichtsfilter isoliert dargestellt werden.

Überlastungen treten ausschließlich im Zusammenhang mit **Ressourcen** der Art **Arbeit** auf, da diese zeitlich nur begrenzt zur Verfügung stehen.

Materialressourcen werden mengenmäßig eingesetzt und sind unbegrenzt verfügbar. Eine Überlastung liegt vor,

Basistext

3.13 Überlastungen von Ressourcen **

wenn eine Ressource zeitgleich mehreren Vorgängen zugeordnet ist und die für die Ressource festgelegte

- maximale Einheitenzahl oder
- tägliche Arbeitszeit

überschritten wird.

Gründe für eine Überlastung

Sie beheben solche Überlastungen, indem Sie

- **Vorgänge** verschieben und nacheinander bearbeiten,
- Vorgänge für die **Dauer** eines anderen unterbrechen,
- die **Einheiten** der Ressource auf die Vorgänge verteilen.

Überlastung ausweichen

Legen Sie eine zusätzliche Kopie der Fallstudie unter einem anderen Namen ab. Sie werden im Rahmen des Überlastungsabgleichs Änderungen an der Fallstudie vornehmen.

Microsoft Project verfügt aber auch über einen **automatischen Abgleich**.
Sie werden diese Änderungen später auch damit durchführen lassen. Es ist zu umständlich, dafür alle manuellen Änderungen wieder rückgängig zu machen.

Tipp

Überlastungen ausfindig machen

Vor dem Beheben von Überlastungen steht naturgemäß das Auffinden dieser Engpässe. Zu diesem Zweck müssen Sie einige ressourcenbasierte Ansichten untersuchen.

- Wechseln Sie zu Ressource:Tabelle.

Die Zeile des Mitarbeiters Regisseur ist nach den Zuordnungen rot hervorgehoben (Abb. 3.13-1). Die Ressource ist **überlastet**.

- Um mehr über die Überlastung herauszufinden, markieren Sie zunächst die Zeile des überlasteten Mitarbeiters.

Basistext

ⓘ	Ressourcenname	Art	Materialbe	Kürzel	Gruppe	Max. Einh.	Standardsatz
1 ⚠	Regisseur	Arbeit		Reg		100%	20,00 €/Stunde

Abb. 3.13-1: In der Liste lässt sich gut erkennen, welche Ressourcen überlastet sind. Über Ursachen und Zeitpunkte von Überlastungen sagt die Ansicht jedoch nichts aus.

■ Wechseln Sie dann zur Ansicht Ressource: Grafik.

Dort (vgl. Abb. 3.13-2) wird für die markierte Ressource der tägliche Einsatz grafisch dargestellt. Sie erkennen die Überlastung unschwer am ebenfalls roten Bereich der Balken. Somit lässt sich jedes Datum lokalisieren, an dem Überlastungen auftreten.

Eine weitere wichtige Ansicht in diesem Zusammenhang ist Ressource: Einsatz.

Im linken Bereich wird für jede Ressource aufgelistet, welchen Vorgängen Sie zugeordnet ist. Rechts wird für jeden Tag beschrieben, wie viel Zeit die Ressource an den Vorgängen arbeitet (Abb. 3.13-3).

Der Fehler ist schnell gefunden. Der Regisseur ist an drei Tagen überlastet. Er arbeitet 16, 12 bzw.15 Stunden an einem Tag.

Symbolleiste Ressourcenmanagement

Hilfreich in diesem Zusammenhang, also beim Aufsuchen von Überlastungen, ist die Symbolleiste Ressourcenmanagement.

Auf dieser Symbolleiste liegt die Schaltfläche Gehe zur nächsten Ressourcenüberlastung. Mit ihrer Hilfe können Sie schnell zwischen den Engpässen navigieren.

Fügen Sie Microsoft Project die Symbolleiste Ressourcenmanagement hinzu! ■

■ Klicken Sie mit der rechten Maustaste auf den freien Bereich neben den Symbolleisten.

Basistext

3.13 Überlastungen von Ressourcen ** 159

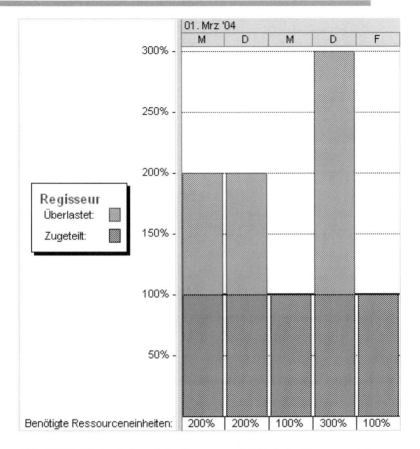

Abb. 3.13-2: Die Auslastung jeder Ressource wird für jeden Tag angezeigt.

	Ressourcenname	Arbeit	Einzelheiten	01. Mrz '04				
				M	D	M	D	F
	⊞ Nicht zugeordnet	0 Stunde	Arbeit					
1	⊟ Regisseur	84 Stunde	Arbeit	16Std.	12Std.	8Std.	15Std.	4Std.

Abb. 3.13-3: Prinzipiell tritt hier eine Überlastung nur dann auf, wenn eine Ressource ihre maximalen Einheiten überschreitet.

Basistext

Abb. 3.13-4: Sie können Symbolleisten auch mit der Maus neben eine andere verschieben. So sparen Sie Platz auf dem Bildschirm.

- Im Kontextmenü aktivieren Sie den Eintrag Ressourcenmanagement (vgl. Abb. 3.13-4)

Überlastungen anzeigen

- Markieren Sie das Datum des Projektstarts.
- Mit jedem Klick auf die Schaltfläche springen Sie zur nächst folgenden Überlastung.

Die kritischen Daten sind der 1., 2. und 4. März.

- Wechseln Sie wiederum in die Ansicht Balkendiagramm.

Interessant sind zur Zeit nur die Vorgänge, an denen der Regisseur beteiligt ist. Alle anderen Ressourcen arbeiten ohne Überlastungen.

Filter

Alle Vorgänge

Hier machen Ihnen **Filter** das Leben leichter. So können Sie ausschließlich Vorgänge anzeigen lassen, die bestimmte Attribute aufweisen. Alle anderen Vorgänge werden nicht dargestellt. Ein mögliches Attribut ist Benutzt Ressource....

- (1) Klicken Sie in der Symbolleiste Format auf die Liste Filter.
- (2) Wählen Sie Benutzt Ressource... (Abb. 3.13-5).
- Im darauf folgenden Dialog (Abb. 3.13-6) müssen Sie noch den Regisseur aus der Liste bestimmen.

Jetzt lassen sich auch im Balkendiagramm (Abb. 3.13-7) die Konflikte deutlich erkennen:

Basistext

3.13 Überlastungen von Ressourcen ** 161

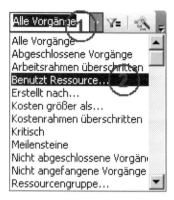

Abb. 3.13-5: Die Liste der Filter ist sehr umfangreich. Ein Blick hinein lohnt sich immer, wenn Sie Informationen separat darstellen wollen.

Abb. 3.13-6: In dieser Liste finden Sie alle einzelnen Ressourcen. Für Ressourcengruppen (zum Beispiel Schauspieler) gibt es einen eigenen Filter.

Konflikt (1) resultiert daraus, dass der Regisseur den Vorgängen Kostüme organisieren, Requisiten beschaffen und Kartenlayout gestalten zeitgleich zugeordnet ist. Den beiden erstgenannten Vorgängen ist er mit 50 % seiner Einheiten, dem Kartenlayout sogar mit 100% zugeordnet. Das übersteigt die maximal möglichen Einheiten um das zweifache.

Konflikt (1)

Die Ursache für Konflikt (2) ist die Überschneidung der Rollenvergabe mit den Vorgängen der Bühnenausstattung.

Konflikt (2)

Konflikt (3) basiert auf der zeitgleichen Zuordnung zu vier verschiedenen Vorgängen.

Konflikt (3)

Basistext

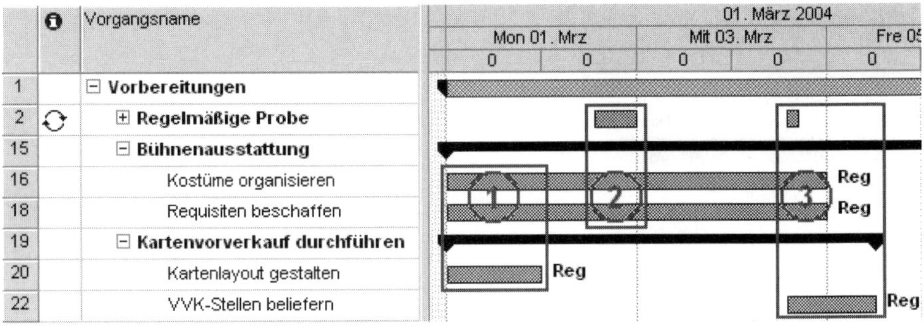

3 Planungsphase *

Abb. 3.13-7: In Verbindung mit der Ressource Regisseur treten zur Zeit drei Überlastungen auf.

Überlastungen beheben

Ihnen stehen drei Wege offen, Konflikten auszuweichen bzw. Überlastungen zu beheben:

- Verschieben Sie Vorgänge aus dem Konfliktbereich.
- Unterbrechen Sie Vorgänge während der Bearbeitungszeit von anderen Vorgängen.
- Verringern Sie die Zuordnungseinheiten der beteiligten Ressourcen.

Konflikt (1)

Der Kartenvorverkauf soll schnellstmöglich durchgeführt werden. Die zugehörigen Vorgänge haben Priorität. Verschieben Sie deshalb den Start der übrigen Vorgänge des Regisseurs (Kostüme organisieren sowie Requisiten beschaffen) auf den 2. März, also hinter das Ende von Kartenlayout gestalten!

Vorgänge verschieben

Sie können Vorgänge im Balkendiagramm mit der Maus verschieben. Ein gelbes Informationsfeld unterstützt Sie – wie in Abb. 3.13-8 – bei der Navigation.

- Klicken Sie mitten auf den Balken des Vorgangs Kostüme organisieren und halten Sie die Maustaste gedrückt.

Basistext

3.13 Überlastungen von Ressourcen ** 163

- Ziehen Sie den Vorgangsbalken nach rechts, bis im Informationsfeld das Anfangsdatum 02.03.04 08:00 erreicht ist.
- Wiederholen Sie die Prozedur für den Vorgang Requisiten beschaffen.

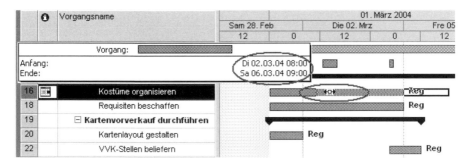

Abb. 3.13-8: Bringen Sie den Mauszeiger auf die Mitte des Balkens. Wenn Sie ihn auf den Balkenrand setzen, wird beim Ziehen die Vorgangsdauer verlängert!

- Vergewissern Sie sich, ob somit Konflikte gelöst sind.
- Wechseln Sie also erneut in die Ansicht Ressource: Grafik (Abb. 3.13-9).

Es sind immer noch Überlastungen vorhanden. In der Ansicht Ressource: Einsatz (Abb. 3.13-10) sehen sie die Konflikttermine deutlicher.

Die verbleibenden Konflikte lösen Sie am besten durch Unterbrechungen.

Vorgänge unterbrechen

Setzen Sie hierzu **Prioritäten**.

Der Regisseur kann natürlich nicht zu den Proben fehlen. Eine Lösung besteht darin, die Vorgänge zu unterbrechen, die sich mit den Proben überschneiden. Ferner hat die Durchführung des Kartenvorverkaufs Vorrang vor der Gestaltung des Bühnenbildes.

Prioritäten der Vorgänge

Basistext

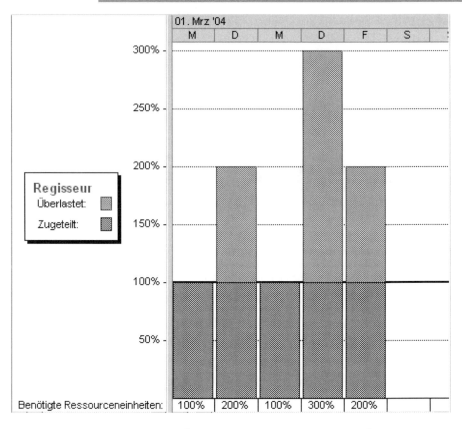

Abb. 3.13-9: Die Überlastungen haben sich durch die Änderung bislang nur verlagert.

Konflikt (2)

Lösen Sie die verbliebenen Konflikte durch den Einsatz von Unterbrechungen. Die Proben haben vor den anderen Vorgängen Priorität. Eine Hierarchiestufe darunter liegt der Kartenvorverkauf.

In der Ansicht Balkendiagramm muss zuerst der Zoom... für die Zeitskala größtmöglich eingestellt werden, damit Unterbrechungen minutengenau gesetzt werden können.

Basistext

3.13 Überlastungen von Ressourcen **

	Ressourcenname	Arbeit	Einzelheiten	01. Mrz '04				
				M	D	M	D	F
	⊞ Nicht zugeordnet	0 Stunde	Arbeit					
◇	⊟ Regisseur	84 Stunde	Arbeit	8Std.	12Std.	8Std.	15Std.	10Std.
	Rollenvergabe	4 Stunde	Arbeit		4Std.			
	Regelmäßige Probe 2	3 Stunde	Arbeit				3Std.	
	Kostüme organisieren	16 Stunde	Arbeit		4Std.	4Std.	4Std.	3Std.
	Requisiten beschaffen	16 Stunde	Arbeit		4Std.	4Std.	4Std.	3Std.
	Kartenlayout gestalten	8 Stunde	Arbeit	8Std.				
	VVK-Stellen beliefern	8 Stunde	Arbeit				4Std.	4Std.

Abb. 3.13-10: Anhand der Vorgangsdauern erklärt sich die Höhe der Balken aus der Grafik.

- Klicken Sie auf die Schaltfläche Vorgang unterbrechen.
- ☐ Es öffnet sich ein gelbes Informationsfenster.

Konflikt (2) lösen Sie, indem Sie die Vorgänge aus dem Bereich der Bühnenausstattung während der Dauer der Rollenvergabe unterbrechen.

- Positionieren Sie den Mauszeiger auf den Balken des Vorgangs Kostüme organisieren.
- Unterbrechen Sie diesen durch einen Mausklick an der gewünschten Stelle (Di 02.03.04 12:30 Uhr). Beachten Sie hierbei Abb. 3.13-11.

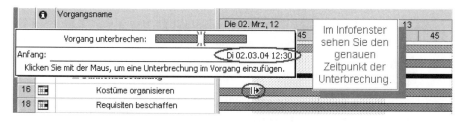

*Abb. 3.13-11: Die Unterbrechung hat eine Standarddauer.
Die Länge der Unterbrechung ändern Sie in einem zweiten Schritt durch Ziehen eines Teils des Vorgangsbalkens.
Beachten Sie die Anweisung des gelben Informationsfensters.*

Basistext

Tipp

Unterbrechung mit Standardlänge
Eine Unterbrechung wird stets mit einer Standardlänge gesetzt. Die Dauer muss durch Ziehen des hinteren Teilbalkens verändert werden (Abb. 3.13-12).

Abb. 3.13-12: Die Maus darf sich nicht auf dem Rand des Balkens befinden, wenn Sie diesen ziehen.

- Ziehen Sie nun den hinteren Teilbalken von Kostüme organisieren (wie beim Verschieben von Vorgängen) nach hinten, bis die benötigte Unterbrechungsdauer erreicht ist. Das gelbe Navigationsfeld unterstützt Sie auch hier.
  ☐ Die Rollenvergabe endet am 2. März um 17:30 Uhr. Folglich müssen Sie die Arbeit bis genau um 17.30 Uhr unterbrechen. Der Balken wird dann automatisch auf den Anfang des nächsten Arbeitstages gesetzt, denn um 17.30 Uhr endet die tägliche Arbeitszeit.
- Wiederholen Sie dieses Vorgehen für den Vorgang Requisiten beschaffen.

Konflikt (3)

An Konflikt (3) sind vier Vorgänge beteiligt. Gehen Sie bei den Unterbrechungen nach den Prioritäten vor und arbeiten Sie von »wichtig« nach »unwichtig«. Je unwichtiger ein Vorgang ist, desto eher muss er einem anderen weichen.

- Beheben Sie **alle** kritischen Überschneidungen durch Unterbrechungen.
- Verschieben Sie die Teilbalken so, dass die Dauer der Unterbrechungen genau mit der Bearbeitungszeit der Vorgänge übereinstimmen, die eine höhere Priorität haben.
  ☐ Vorgänge von geringerer Priorität müssen den wichtigeren Vorgängen weichen.

Basistext

- Wegen der Priorität der Regelmäßigen Proben muss auch VVK-Stellen beliefern weichen.

Wenn zwei zu Überlastungen führende Vorgänge gleichzeitig starten, müssen Sie mit Verschiebungen an Stelle von Unterbrechungen arbeiten! Dies ergibt sich in der Praxis intuitiv, weil Sie keine Unterbrechungen am Anfang eines Vorgangs setzen können.

Wichtig!

- Legen Sie also den Start von VVK-Stellen beliefern auf den 4. März um 16.30 Uhr.
- Unterbrechen Sie die Vorgänge der Bühnenausstattung immer dann, wenn Sie mit einem anderen Vorgang zusammentreffen.

Durch die Unterbrechungen verlängert sich selbstverständlich die kalendarische Bearbeitungsdauer der Vorgänge. Es entstehen zwangsläufig neue Konflikte mit späteren Vorgängen, die ebenfalls behoben werden müssen. Vorgänge können im Übrigen beliebig oft unterbrochen werden.

- Wechseln Sie bei Bedarf zwischen den relevanten Ansichten.

Sind alle Überlastungen abgeglichen, so erscheint der Regisseur in keiner Ansicht mehr rot markiert. Abb. 3.13-13 zeigt das konfliktfreie Balkendiagramm:

Speichern Sie das Projekt, wenn Sie alle Erweiterungen aufgenommen haben.

Drucken Sie das neue Balkendiagramm aus. Wegen der Verschiebung der Bearbeitungszeiten sollten Sie ebenfalls die Ressourcentabelle ausdrucken. Für den Regisseur bietet sich als Überblick über die neue Zeiteinteilung ferner ein Ausdruck der Ansicht Ressource: Einsatz an.

Basistext

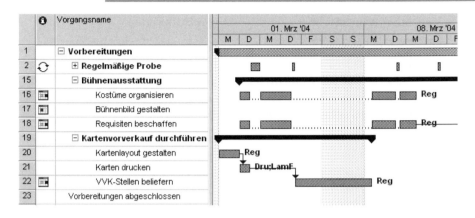

Abb. 3.13-13: Die arbeitsfreie Zeit wird bei Unterbrechungen eingeplant.

Glossar **Priorität** Gewichtungsfaktor für → Vorgänge oder Projekte. Nimmt einen Wert zwischen 0 und 1000 an. Je höher der Wert, desto bedeutender ist ein Vorgang im Hinblick auf die pünktliche Fertigstellung des Projekts.

3.14 Überlastungen von Ressourcen automatisch abgleichen **

Basistext

Microsoft Project verfügt über einen automatischen Kapazitätsabgleich. Dieser löst Überlastungen durch Verschieben oder Unterbrechen von Vorgängen. Vorab geben Sie den Vorgängen Prioritäten, um zu bestimmen, welche Vorgänge zu Gunsten von anderen verschoben oder unterbrochen werden sollen. Ein Abgleich kann manuell oder automatisch erfolgen, wobei der manuelle Abgleich nur auf Ihren Befehl hin ausgeführt wird, während der automatische Abgleich permanent erfolgt. Ein Abgleich kann für das gesamte Projekt erfolgen oder auf einen bestimmten Zeitraum oder eine Ressource begrenzt werden.

3.14 Automatischer Kapazitätsabgleich **

Überlastungen beheben Sie, indem Sie

- Vorgänge verschieben und nacheinander bearbeiten,
- Vorgänge für die **Dauer** eines anderen unterbrechen,
- die **Einheiten** der Ressource auf die Vorgänge verteilen.

Überlastung ausweichen

Microsoft Project verfügt über einen **automatischen Kapazitätsabgleich**, der prinzipiell nichts anderes für Sie erledigt.

Automatischer Abgleich

Sie benötigen den Stand des Theater-Fallbeispiels unmittelbar vor dem manuell durchgeführten Abgleich. Öffnen Sie bitte Ihre dafür erstellte Zweitkopie der **Projektdatei**, wenn Sie vorher den manuellen Abgleich durchgeführt haben oder verwenden Sie die Datei MSProjectFallbeispiel11.

Hinweis

Sollten Sie den automatischen Abgleich zuerst durchführen wollen, legen Sie bitte **jetzt** eine Zweitkopie Ihrer Projektdatei an! Diese benötigen Sie später für den manuellen Ressourcenabgleich!

In der Ansicht Ressource: Einsatz oder Ressource: Grafik sehen Sie die Überlastung des Regisseurs am 1., 2. und 4. März.

Führen Sie einen automatischen Kapazitätsabgleich durch, um die Überlastungen zu beheben, die im Zusammenhang mit der Ressource Regisseur auftreten! ■

Einstellungen für den Kapazitätsabgleich anpassen

Vor der Durchführung des Abgleichs müssen einige Einstellungen im Dialog Kapazitätsabgleich angepasst werden, damit der Abgleich nach den Erfordernissen des Projekts erfolgen kann.

- Öffnen Sie den Dialog für den Kapazitätsabgleich aus dem Menü Extras.
- Übernehmen Sie die Einstellungen aus der Abb. 3.14-1. Folgen Sie dazu bitte den unten stehenden Schritten!

Basistext

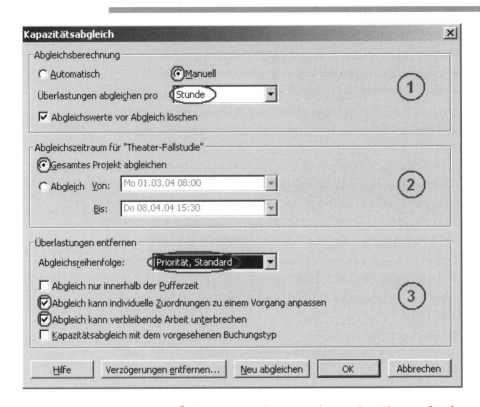

Abb. 3.14-1: Ändern Sie nur die rot markierten Bereiche, um für das Fallbeispiel zum richtigen Ergebnis des Abgleichs zu gelangen.

Der Dialog besteht aus drei Bereichen, in denen Sie den Abgleich anpassen können.

(1) Abgleichsberechnung

- Aktivieren Sie in jedem Fall die manuelle Berechnung!
  - Ein Abgleich erfolgt dann nur auf Ihren Befehl hin (Schaltfläche Neu abgleichen). Die automatische Variante gleicht Ihr Projekt permanent ab. Sie verlieren dadurch schnell die Kontrolle über neue Eingaben.
- Überlastungen müssen in diesem Fall pro Stunde abgeglichen werden.

Basistext

3.14 Automatischer Kapazitätsabgleich **

- ☐ Die regelmäßigen Proben sind nur einige Stunden lang und führen zu Überlastungen. Bei einem Abgleich pro Tag fänden Sie wegen ihrer Kürze keine Berücksichtigung.
- ■ Alle Überlastungen sollen behoben werden. Der Abgleichszeitraum bleibt deshalb das gesamte Projekt.   (2) Abgleichszeitraum
- ■ Die Abgleichsreihenfolge soll Priorität, Standard sein.   (3) Überlastungen entfernen
- ☐ Die Vorgänge sind unterschiedlich dringend. Somit werden die wichtigeren von Unterbrechungen verschont.
- ■ Der Abgleich sollte auf jeden Fall individuelle Zuordnungen zu einem Vorgang anpassen dürfen.
- ☐ Dadurch bietet sich die Möglichkeit, einzelne Ressourcen an Stelle des gesamten Ressourcenpools abzugleichen.
- ■ Gestatten Sie dem Abgleich, verbleibende Arbeit zu unterbrechen.
- ☐ Anderenfalls kann der Abgleich nur mit Verschiebungen arbeiten, was zu einer Verlängerung des Projekts führen kann.
- ■ Übernehmen Sie diese Einstellungen mit OK. Dadurch wird noch **kein** Abgleich gestartet.

- ■ Wechseln Sie anschliessend in die Ansicht Balkendiagramm (Gantt).

Prioritäten festlegen

Vor dem Abgleich müssen ferner einzelne **Prioritäten** verändert werden. Durch die Vergabe von Prioritäten legen Sie fest, welche Vorgänge zugunsten von anderen verschoben werden. Vorgänge von niedriger Priorität werden zuerst verschoben, wenn Sie zeitgleich zu wichtigeren Vorgängen stattfinden.

Überlastungen entstehen nur in Zusammenhang mit dem Regisseur. Die Prioritäten der relevanten Vorgänge sollen folgendermaßen gesetzt werden:

Basistext

- Die Proben haben oberste Priorität. Der Regisseur darf nicht fehlen.
- Der Kartenvorverkauf soll schnellstmöglich anlaufen. Andere Vorgänge sind zu unterbrechen oder zu verzögern.

Prioritäten legen Sie folgendermaßen fest:

- Markieren Sie alle Teilvorgänge der regelmäßigen Proben.
- Klicken Sie auf die Schaltfläche Informationen zum Vorgang.
- ☐ Es öffnet sich ein Dialog namens Informationen zu mehreren Vorgängen, dessen Felder allesamt leer sind.

Die Einstellung für die Priorität finden Sie auf dem Register Allgemein. Die maximale Priorität liegt bei einem Wert von 1000. Normale Vorgänge haben einen Standardwert von 500, periodische Vorgänge bilden die Ausnahme mit einem Wert von 1000.

- Legen Sie die Priorität für alle Teilvorgänge der regelmäßigen Proben auf 1000 fest.
- Wiederholen Sie die Vergabe der Prioritäten für die Vorgänge Kartenlayout gestalten und VVK-Stellen beliefern.
- ☐ Öffnen Sie hierzu jeweils den Dialog Informationen zum Vorgang.
- Beide Vorgänge werden mit 750 Prioritätspunkten gewichtet.

Durch die Vergabe der Prioritäten erreichen Sie im Fallbeispiel, dass die Proben in jedem Fall zum festgelegten Zeitpunkt durchgeführt werden. Der Kartenvorverkauf hat gegenüber allen Vorgängen mit Ausnahme der Proben Priorität. Folglich werden die Vorgänge der Bühnenausstattung zuerst verschoben.

Basistext

3.14 Automatischer Kapazitätsabgleich **

Kapazitätsabgleich durchführen

- Markieren Sie vor dem Abgleich in der Ansicht Ressource: Einsatz den Regisseur.
- Öffnen Sie nun erneut den Dialog Kapazitätsabgleich. Die veränderten Einstellungen sind erhalten geblieben.
- Klicken Sie auf die Schaltfläche Neu abgleichen.

Abb. 3.14-2: Die Ressourcen müssen vorher markiert werden. Benutzen Sie vorzugsweise die Ansicht Ressource: Einsatz. Nur die markierten Ressourcen werden in den Abgleich einbezogen.

- Im Dialog Neu abgleichen wählen Sie die Option Ausgewählte Ressourcen (Abb. 3.14-2).
- ☐ Das ist in diesem Fall natürlich der eben markierte Regisseur.
- Starten Sie den Abgleich mit der Schaltfläche OK.

Nach dem Abgleich erscheint der Regisseur wieder in der gewohnten (nicht roten) Darstellung. Die Überlastungen der Ressource sind behoben. An der Arbeitsleistung von insgesamt 84 Stunden hat sich dennoch nichts geändert.

Überlastungen sind aufgelöst

Das Balkendiagramm ohne Überlastungen (Abb. 3.14-3) zeigt die Unterbrechungen (gelb) und Verschiebungen (rot), die die Konflikte gelöst haben.

Konfliktfreies Balkendiagramm

Speichern Sie das Projekt, wenn Sie alle Erweiterungen aufgenommen haben.

Basistext

174 3 Planungsphase *

		Vorgangsname	KW 10 01. März 2004	KW 11 08. März 2004
1		⊟ Vorbereitungen		
2	○	⊞ Regelmäßige Probe		
15		⊟ Bühnenausstattung		
16		Kostüme organisieren		Reg
18		Requisiten beschaffen		Reg
19		⊟ Kartenvorverkauf durchführen		
20		Kartenlayout gestalten	Reg	
22		VVK-Stellen beliefern		Reg

Abb. 3.14-3: Die gelben Bereiche stellen Unterbrechungen von Vorgängen dar, die roten Bereiche symbolisieren Verschiebungen. Vorgänge von geringerer Priorität wurden erheblich verändert.

 Drucken Sie das neue Balkendiagramm aus. Wegen der Verschiebung der Bearbeitungszeiten sollten Sie ebenfalls die Ressourcentabelle ausdrucken. Für den Regisseur bietet sich als Überblick über die neue Zeiteinteilung ferner ein Ausdruck der Ansicht Ressource: Einsatz an.

3.15 Die festen Kosten von Vorgängen *

Vorgangskosten werden in der Kostentabelle vermerkt. Hier bestimmen Sie neben den Kosten auch deren Fälligkeit. Die Herkunft der Kosten dokumentieren Sie in einer Vorgangsnotiz. In eine Notiz können Dokumente aus anderen Anwendungen eingebunden werden, welche die Kosten umfassend beschreiben. Erzeugen Sie eine Verknüpfung mit einem externen Dokument, so greifen Sie stets auf die aktuelle Version zu, da Sie das Originaldokument nicht in

Basistext

Microsoft Project, sondern in der ursprünglichen Anwendung verwalten und ändern.

Kosten setzen sich zusammen aus den Kosten für den **Vorgang** und Kosten für **Ressourcen**. Vorgangskosten sind stets **feste** Kosten. Sie hängen unvermeidbar mit der Durchführung des Vorgangs zusammen. **Ressourcenkosten** hingegen sind **variabel**, weil sie nur anfallen wenn die Ressource zum Einsatz kommt. Sie werden in der Ansicht Ressource: Tabelle angelegt.

Kostenstruktur

Im Baustein Wissensbaustein »Ressourcen vollständig anlegen« (S. 112) wurde der Umgang mit Ressourcenkosten bereits erläutert.

Hinweis

Für die Eingabe von festen Vorgangskosten wechseln Sie wieder in die Ansicht Balkendiagramm (Gantt).

Im Menü Ansicht können Sie verschiedene Tabellen auswählen. Bisher haben Sie stets mit der Ansicht Tabelle: Eingabe gearbeitet.

- Wählen Sie bitte jetzt die Ansicht Tabelle: Kosten aus (Abb. 3.15-1)!

Tabellenspalten
Die vordefinierten Tabellen von Microsoft Project sind lediglich eine sinnvolle Zusammenstellung bzw. Auswahl von Spalten (*views*). Sie können beliebig angepasst werden.

Tipp

Die Kosten, die ein Vorgang verursacht, werden in der Spalte feste Kosten eingetragen. Dazu gehört ebenfalls die Fälligkeit fester Kosten. Sie können wie bei den Ressourcenkosten zwischen Anteilig, Anfang und Ende wählen.

Fälligkeit

Basistext

3 Planungsphase *

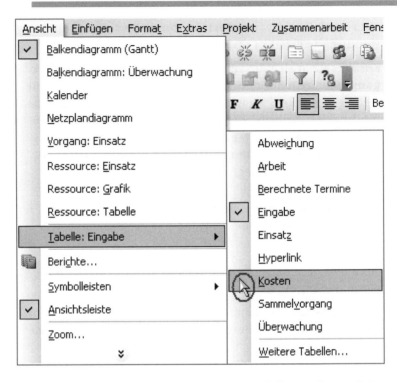

Abb. 3.15-1: *Bisher haben Sie stets mit der Tabelle* Eingabe *gearbeitet. Für die Eingabe von Kosten sind andere Spalten notwendig. In Microsoft Project ist hier die Kostentabelle sinnvoll. Für alle Tabellen gilt, dass Sie lediglich eine Auswahl von Spalten der Gesamttabelle liefern.*

Für den Vorgang Generalprobe fallen 100 Euro feste Kosten durch die Anmietung eines Saals mit Bühne an.
Der Kostümverleih verlangt insgesamt 250 Euro für die Bereitstellung der Kostüme. Diese Kosten beziehen sich auf den Vorgang Kostüme organisieren. Ferner wird hier eine Vorabzahlung vereinbart (Fälligkeit: Anfang).
Für die Beschaffung der Requisiten (Sofa, Tisch, Stühle, Lampen etc.) werden Transportkosten in Höhe von 50 Euro fällig. ∎

Basistext

3.15 Vorgangskosten *

■ Nehmen Sie die entsprechenden Einträge (Abb. 3.15-2) in der Kostentabelle vor!

	Vorgangsname	Feste Kosten	Fälligkeit fester Kosten	Gesamtkosten
1	⊟ Vorbereitungen	0,00 €	Anteilig	10.654,00 €
2	⊟ Regelmäßige Probe	0,00 €	Anteilig	8.114,00 €
14	Generalprobe	100,00 €	Anteilig	634,00 €
15	⊟ Bühnenausstattung	0,00 €	Anteilig	3.820,00 €
16	Kostüme organisieren	250,00 €	Anfang	570,00 €
17	Bühnenbild gestalten	0,00 €	Anteilig	2.880,00 €
18	Requisiten beschaffen	50,00 €	Anteilig	370,00 €
19	⊞ Kartenvorverkauf durchführen	0,00 €	Anteilig	-1.280,00 €
23	Vorbereitungen abgeschlossen	0,00 €	Anteilig	0,00 €

Abb. 3.15-2: Die Ressourcenkosten werden in der Tabelle nicht abgebildet. Der Gesamtkostenbetrag ist nicht schlüssig nachvollziehbar, wenn Sie nicht gleichzeitig Einblick in die Ressourcentabelle haben.

Die **Gesamtkosten** ergeben sich nun als Summe von festen Kosten und Ressourcenkosten. Die verbleibenden Spalten werden von Microsoft Project ebenfalls automatisch berechnet. Sie können zwar selbst Eingaben vornehmen, jedoch unterdrücken Sie dadurch diese Berechnungen.

Automatisch berechnete Einträge

Zuordnung von Kosten

Bei der Zuordnung von Kosten gibt es oft eine Grauzone zwischen Ressourcen und Vorgängen. So könnten Sie die Vorgangskosten für die Generalprobe (Saalmiete) auch einer Ressource Saal zuordnen und als Kosten pro Einsatz bestimmen.

Tipp

Dokumentation der Kosten mit Vorgangsnotizen

Sie sollten auf jeden Fall die Herkunft der festen Kosten dokumentieren, da diese aus dem Kontext des Projekts nicht

Herkunft fester Kosten

Basistext

ersichtlich sind. In Microsoft Project ist keine Verwaltungsmöglichkeit hierfür vorgesehen.

Vorgangsnotizen

Hinterlegen Sie also zumindest eine **Vorgangsnotiz**, in der Sie die Entstehung der Kosten begründen.

Die festen Kosten des Vorgangs Requisiten beschaffen entstehen durch die Anmietung eines LKW für den Transport eben jener Requisiten. Dokumentieren Sie die Herkunft dieser Kosten in der Projektdatei, indem Sie eine Vorgangsnotiz hinterlegen!

- Markieren Sie den Vorgang Requisiten beschaffen.
- Klicken Sie auf die Schaltfläche Vorgangsnotizen.

- ☐ Der Dialog Informationen zum Vorgang wird mit dem Register Notizen geöffnet.
- Geben Sie folgende Vorgangsnotiz ein:

Autovermietung Rent
Rechnung Nr.: 4711 i.H.v. 50 €
Ansprechpartner: Fr. Mayer

Indikatorsymbol

In der **Indikatorspalte** erscheint ein Symbol für die erzeugte Notiz. Halten Sie den Mauszeiger darauf, so öffnet sich ein gelbes Informationsfeld mit den eben hinterlegten Notizen (Abb. 3.15-3).

*Abb. 3.15-3: In der **Indikatorspalte** können für einen Vorgang mehrere Symbole stehen, zum Beispiel eine Einschränkung und eine Notiz. Alle Informationen werden dann in einem einzigen Feld zusammengefasst.*

Spalte hinzufügen

Um in diesen Genuss zu kommen, müssen Sie jedoch erst die Tabelle Kosten um die Indikatorspalte ergänzen.

Basistext

3.15 Vorgangskosten *

Abb. 3.15-4: Der Befehl Spalte... *aus dem Menü* Einfügen *ist funktionsgleich und kann alternativ verwendet werden.*

- Klicken Sie rechts auf den Kopf der Spalte Vorgangsname.
- Wählen Sie aus dem Kontextmenü den Eintrag Spalte hinzufügen... (Abb. 3.15-4)

Die neue Spalte wird immer links von der markierten eingefügt.

- Im Dialog Definition Spalte suchen Sie aus der Liste Feldname den Eintrag Indikatoren und bestätigen die neue Spalte mit OK (Abb. 3.15-5).

Die Indikatorspalte ist damit auch in der Kostentabelle verfügbar.

Verwalten Sie die festen Vorgangskosten mit Hilfe einer externen Datei, so können Sie diese Datei über die Schaltfläche Objekt in die Notiz einfügen.

Objekte in Notizen

Basistext

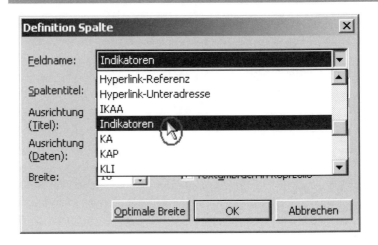

Abb. 3.15-5: Microsoft Project hat getrennte Tabellen für Vorgänge und Ressourcen. Die Liste Feldname *hat andere Elemente, wenn Sie eine Ressourcentabelle erweitern.*
Deshalb können Sie auch leider keine Spalte für Ressourcenkosten in eine Vorgangsansicht einfügen.

Der Kostümverleih hat Ihnen eine genaue Aufstellung über die geliehenen Posten als Word-Dokument zugeschickt. Binden Sie dieses Dokument als Objekt in die Notizen zum Vorgang Kostüme organisieren ein. ■

- Erstellen Sie bitte ein Dokument mit Microsoft Word. Dieses dient nur zu Testzwecken und muss nur ein paar Zeilen lang sein.
- Nennen Sie das Dokument Kostümverleih.
- ☐ Dieses Dokument wird exemplarisch als Objekt in die Projektdatei eingebunden.
- Markieren Sie den Vorgang Kostüme organisieren.
- Legen Sie eine Vorgangsnotiz an.

- Klicken Sie auf die Schaltfläche Objekt einfügen.

- ☐ Der Dialog Objekt einfügen öffnet sich automatisch.

Basistext

3.15 Vorgangskosten *

■ Nehmen Sie im Dialog bitte die folgenden Anpassungen aus Abb. 3.15-6 vor:

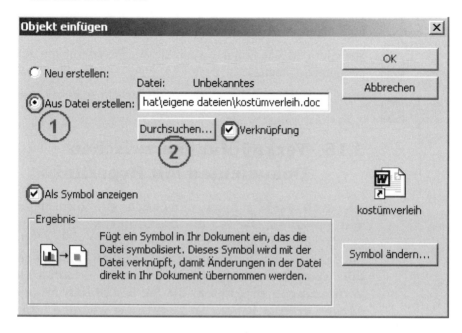

Abb. 3.15-6: Aktivieren Sie in jedem Fall die Verknüpfung. *Anderenfalls versucht Microsoft Project, das gesamte Objekt in das Notizfeld zu kopieren. Je nach Dateityp des Objekts ist das Ergebnis unbrauchbar.*

■ (1) Das Dokument ist bereits vorhanden und soll deshalb aus einer Datei erstellt werden.
■ (2) Über die Schaltfläche Durchsuchen... können Sie das Dokument auswählen.
■ Aktivieren Sie auf jeden Fall die Kontrollkästchen Verknüpfung und Symbol anzeigen!
☐ Die Datei wird dadurch nicht in Microsoft Project, sondern in der Originalanwendung bearbeitet.

Im Register Notizen des Dialogs Informationen zum Vorgang wird ein Symbol angelegt. Sie können die Datei künf-

Basistext

kostümverleih

tig durch einen Doppelklick auf dieses Symbol öffnen. Änderungen an der Datei werden stets auch in Microsoft Project übernommen, weil Sie die aktuelle Originaldatei öffnen und nicht mit einer Kopie für Microsoft Project arbeiten.

Speichern Sie das Projekt, wenn Sie alle Erweiterungen aufgenommen haben.

Drucken Sie die Tabelle Kosten aus der Ansicht Balkendiagramm!

3.16 Verknüpfungen zwischen Dokumenten mit Hyperlinks *

Microsoft Project kann unmöglich alle Informationen verwalten, die für die Durchführung eines Vorgangs von Bedeutung sind. Die Möglichkeiten, die im Rahmen der Notizen geboten werden, sind ebenfalls schnell erschöpft. Mit *Hyperlinks* schaffen Sie Verbindungen zu Dateien, die Sie in anderen Anwendungen erzeugt haben. So können Sie wichtige Informationen abrufen, die nicht Bestandteil der Projektdatei sind. Sie können Office-Dokumente, Internetseiten, Geschäftsprozessmodelle und andere Dateitypen mit einem Vorgang oder einer Ressource verknüpfen. Sie öffnen, bearbeiten und aktualisieren diese Dateien in der Ursprungsanwendung.

Verknüpfungen zu Dateien aus anderen Anwendungen

Öffnen Sie das Beispiel Theateraufführung in der Ansicht Balkendiagramm. Für den **Vorgang** Kostüme organisieren liegt eine Rechnung des Kostümverleihs als Dokument vor. Die Kosten sind in der **Projektdatei** berücksichtigt. Ein Bestandteil der

Box

3.16 Hyperlinks einfügen *

Rechnung ist eine vollständige Liste der geliehenen Gegenstände, die für die Rückgabe wichtig ist. Erzeugen Sie einen *Hyperlink* zu diesem Rechnungsdokument, um die Liste der Kostüme in die Projektdatei einzubinden!

- Erstellen Sie vorab ein leeres Worddokument mit dem Namen Rechnung Kostümverleih.
- Öffnen Sie die Ansicht Balkendiagramm.
- Markieren Sie den Vorgang Kostüme organisieren.
- Klicken Sie auf die Schaltfläche Hyperlink einfügen.
- ☐ Der Dialog Hyperlink einfügen wird geöffnet.

Bearbeiten Sie folgende Schritte gemäß Abb. 3.16-1:

- (1) Klicken Sie in der Leiste Link zu: auf den Eintrag Datei oder Webseite.
- (2) Wählen Sie die vorhandene Datei Rechnung Kostümverleih aus.
- (3) Geben Sie einen Text ein, der für den **Hyperlink** angezeigt wird, zum Beispiel Rechnung Kostümverleih mit Liste der Leihgaben.
- Klicken Sie auf die Schaltfläche OK.
- Bewegen Sie den Mauszeiger auf das neue Symbol in der **Indikatorspalte**.
- ☐ Ein gelbes Infofeld zeigt den Text, den Sie in Schritt (3) eingegeben haben (vgl. Abb. 3.16-2).
- Führen Sie die Maus auf das Indikator-Symbol.
- ☐ Der Mauszeiger ändert seine Form zu einer Hand.
- Wenn Sie auf das Indikatorsymbol klicken, wird das Dokument in der ursprünglichen Anwendung (hier: MS Word) geöffnet.

Ein Vorteil von *Hyperlinks* liegt darin, dass Sie die Datei in der Ursprungsanwendung bearbeiten und somit den vollen Funktionsumfang nutzen können. Ausserdem greifen Sie

Vorteile von Hyperlinks

Box

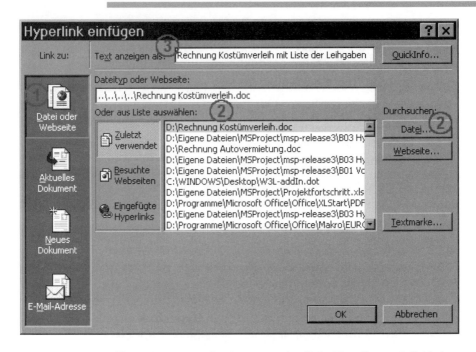

Abb. 3.16-1: Der Dialog hat unterschiedliche Einstellungsmöglichkeiten, wenn Sie unter »Link zu:« eine andere Auswahl treffen.

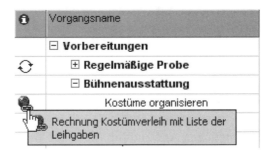

Abb. 3.16-2: Beachten Sie, dass die Indikatorspalte nicht in jeder Tabelle standardmäßig eingeblendet ist.

Box

immer auf dieselbe Version der Datei zu. Es ist ausgeschlossen, dass Sie eine Datei in einer Anwendung ändern und vergessen, diese Änderungen in Microsoft Project zu übernehmen.

Verknüpfungen innerhalb der Projektdatei

Mit *Hyperlinks* können nicht nur externe Daten in die Projektdatei eingebunden werden. Sie können ebenso eine Verzweigung zu einer häufig benötigten Ansicht in Microsoft Project erzeugen.

Sie wollen regelmäßig überprüfen, ob es beim Vorgang Bühnenbild gestalten zu Überlastungen der Ressource Schreiner kommt. Dazu benötigen Sie eine schnelle Verbindung zu dieser Ressource in der Ansicht Ressource: Grafik.

- Öffnen Sie die Ansicht Balkendiagramm.
- Markieren Sie den Vorgang Bühnenbild gestalten.
- Klicken Sie auf die Schaltfläche Hyperlink einfügen und folgen Sie den Schritten aus Abb. 3.16-3.

- (1) Wählen Sie in der Liste Link zu: die Option Aktuelles Dokument.
- (2) Markieren Sie die Ansicht Ressource: Grafik.
- (3) Tragen Sie die Ressourcennummer 2 für den Schreiner ein.
- ☐ Die Ressourcennummer entnehmen Sie der linken Spalte der Ressourcentabelle.
- (4) Ersetzen Sie im anzuzeigenden Text die Ressourcennummer durch den Namen.
- ☐ Dies verbessert die Übersichtlichkeit, da der Name sicher aussagekräftiger als die Nummer ist.

Mit einem Klick auf das Symbol in der Indikatorspalte springt Microsoft Project direkt in die gewählte Ansicht und zeigt die Grafik für die gewünschte Ressource. Erzeugen Sie

Ergebnis

Box

3 Planungsphase *

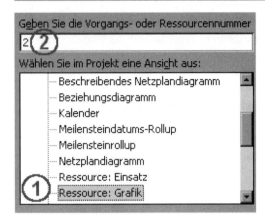

Abb. 3.16-3: Bei Hyperlinks in das aktuelle Dokument müssen Sie anstelle der externen Datei eine Ansicht von Microsoft Project auswählen, in die gesprungen werden soll.

E-Mail-Adresse
einen *Hyperlink* mit der Option Link zu: E-Mail-Adresse, so öffnet sich mit einem Klick automatisch Ihr Mail-Programm mit einem neuen Nachrichtenfenster. Die Adresse des Empfängers ist bereits eingetragen.

Tabelle Hyperlink
Microsoft Project enthält eine eigene Tabelle für *Hyperlinks* (Abb. 3.16-4). Wählen Sie diese bei Bedarf im Menü Ansicht unter Tabelle aus.

Vorgangsname	Hyperlink
⊟ **Vorbereitungen**	
⊞ **Regelmäßige Probe**	
⊟ **Bühnenausstattung**	
Kostüme organisieren	Rechnung Kostümverleihmit Liste der Leihgaben
Bühnenbild gestalten	Ressource: Grafik!2
Requisiten beschaffen	mailto:m.mayer@autovermietung-rent.de

Abb. 3.16-4: Sie können die Spalte Hyperlink auch in anderen Tabellen einblenden.

Box

Eine analoge Anwendung von *Hyperlinks* besteht ebenfalls für **Ressourcen** an Stelle von Vorgängen. Öffnen Sie die **Ressourcentabelle** und weisen Sie dort einer Ressource einen *Hyperlink* zu!

Ressourcen und Hyperlinks

Hyperlinks bearbeiten und entfernen

Vorhandene *Hyperlinks* können Sie im oben beschriebenen Dialog auch bearbeiten oder entfernen. Sie öffnen den Dialog, indem Sie den entsprechenden Vorgang markieren und erneut auf die Schaltfläche `Hyperlink` klicken.

Dies kann auch über das Kontextmenü erfolgen. Klicken Sie rechts auf den Vorgang und wählen Sie im Kontextmenü erst `Hyperlink`, dann `Hyperlink bearbeiten`. Daraufhin öffnet sich der bekannte Dialog. Allerdings steht nun in der Titelleiste `Hyperlink bearbeiten` an Stelle von `Hyperlink einfügen`. Hier können Sie die oben stehenden Schritte für ein anderes Objekt wiederholen. Der vorhandene *Hyperlink* wird dadurch überschrieben. Sie können also pro Vorgang bzw. Ressource nur einen *Hyperlink* einfügen.

Um einen *Hyperlink* zu löschen, klicken Sie im Dialog auf die Schaltfläche `Hyperlink entfernen`.

Hyperlink *(hyperlink)* Verweise auf andere Dokumente; in → Web-Browsern meist farblich oder unterstrichen hervorgehoben; ein Mausklick auf einen Hyperlink bewirkt, dass zu dem Dokument, auf das verwiesen wird, verzweigt wird. Kurzform: → Link. Syn.: Link, Verweis

Glossar

Box

Box

4 Durchführungsphase *

Während der Planungsphase werden alle relevanten **Sollwerte** aus der vorangegangenen Planung in Microsoft Project eingegeben. Diese werden in einem **Basisplan** gespeichert, der während der Durchführung des Projekts als Überwachungswerkzeug dient. Wenn der Projektstart erfolgt ist, werden alle Eingaben, die Sie nach dem Speichern des Basisplans vornehmen, von Microsoft Project als **Istwerte** betrachtet und mit den Sollwerten des Basisplans verglichen:

- Wissensbaustein »Planungsphase« (S. 39)
- Wissensbaustein »Erstellen eines Basisplans« (S. 190)
- Wissensbaustein »Projektstart und Eingabe aktueller Werte« (S. 203)

Im Laufe des Projekts erfolgt die Eingabe aktueller Istwerte sowie die Aktualisierung aller **Vorgänge**. Planmäßig durchgeführte Vorgänge werden wie berechnet aktualisiert. Für laufende Vorgänge geben Sie an, wie weit diese fortgeschritten sind. Microsoft Project vergleicht die neuen Istwerte mit den **Planwerten** und berechnet aktuelle und verbleibende Leistungen sowie Abweichungen in den Tabellen. Änderungen und Verzögerungen von Vorgängen führen zu Abweichungen von den Planwerten. Der Ressourceneinsatz verändert sich ebenso mit den neuen Gegebenheiten. Dies kann zu neuen **Überlastungen** führen, die Sie abgleichen müssen. Wird auf ein bestimmtes Terminziel hingearbeitet, müssen Überstunden geleistet werden, um die Termintreue nicht zu gefährden:

- Wissensbaustein »Projektstart und Eingabe aktueller Werte« (S. 203)
- Wissensbaustein »Vorgänge nachträglich ändern« (S. 214)
- Wissensbaustein »Eingabe von Überstunden« (S. 224)

Gruppierung

Glossar

Basisplan Werkzeug der Projektüberwachung. Enthält die ursprünglichen → Planwerte, welche mit den aktuellen → Istwerten verglichen werden.
Sollwert Ein Wert, der im Rahmen der Planung für Dauer, Kosten, Termine etc. geschätzt wurde. Im Projektverlauf wird ein entsprechender → Istwert ermittelt. Dieser kann vom ursprünglichen Sollwert bzw. Planwert abweichen. Abweichungen von Istwert und Planwert können ermittelt werden, wenn der Planwert im → Basisplan festgehalten wurde. Syn.: Planwert

4.1 Erstellen eines Basisplans für das Projekt *

Der Basisplan ist ein Werkzeug zur Überwachung des Projektfortschritts. Für das Speichern des Basisplans steht in Microsoft Project ein Assistent zur Verfügung. Die bisherigen Daten werden nach dem Speichern als Plandaten festgeschrieben. Der Basisplan ist eine Momentaufnahme des bisherigen Projekts. Alle folgenden Eingaben werden als Ist-Werte betrachtet und mit den Plandaten verglichen. Ein Basisplan kann für das gesamte Projekt oder für einzelne Vorgänge gespeichert werden. Nachträgliche Änderungen an den Plandaten erfordern eine Aktualisierung des Basisplans. Insgesamt können 10 unterschiedliche Basispläne gespeichert werden. Neben den Basisplänen können auch Zwischenpläne festgehalten werden, welche allerdings weniger Informationen speichern als Basispläne.

Basisplan

Vor dem Start des Projekts wird ein **Basisplan** gespeichert. Dieser ist ein wichtiges Werkzeug zur Überwachung des Projekts.

Wenn der Basisplan gespeichert wird, werden die bisherigen Werte als **Planwerte** bzw. Sollwerte in den Feldern für geplante Daten abgelegt. Eingaben, die Sie nach dem Speichern des Basisplans in der **Projektdatei** vornehmen,

Basistext

4.1 Erstellen eines Basisplans *

werden nicht mehr als Änderung bzw. Aktualisierung der vorhandenen Daten betrachtet. Sie werden als **Istwerte** betrachtet und mit den im Basisplan vorhandenen Planwerten verglichen. Mit Hilfe des Basisplans können sie den **Projektfortschritt** überwachen und Abweichungen von Ihren Planwerten ausfindig machen.

Basisplan für ein Projekt speichern

Speichern Sie bitte jetzt einen Basisplan für die Projektdatei des Theater-Fallbeispiels!

- Öffnen Sie im Menü Extras das Untermenü Überwachung.
- Klicken Sie auf den Eintrag Basisplan speichern... (Abb. 4.1-1).

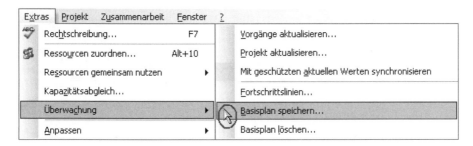

Abb. 4.1-1: Öffnen Sie vor dem Speichern des Basisplans eine Ansicht, deren Tabelle Spalten mit Planwerten enthält. So sehen Sie die Veränderungen und Auswirkungen unmittelbar auf dem Bildschirm.

Daraufhin öffnet sich der Dialog Basisplan speichern.

- Wählen Sie die Möglichkeit Basisplan speichern aus und legen Sie diesen für das gesamte Projekt fest. Beachten Sie die Hervorhebungen in Abb. 4.1-2.

Der Basisplan ist somit erstellt!

Dialog Basisplan speichern

Basistext

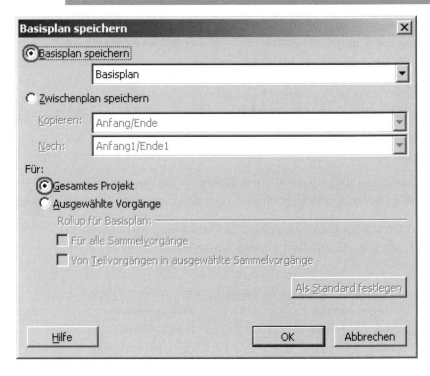

Abb. 4.1-2: Sobald Sie auf OK klicken, wird der Basisplan erstellt. Eine Erfolgsmeldung wird nicht ausgegeben.

Auswirkungen des Basisplans

Nachdem der Basisplan gespeichert ist, haben sich die Werte in einigen Tabellen geändert.

- Wechseln Sie in die Ansicht Balkendiagramm (Gantt).
- Betrachten Sie dort die Tabelle Kosten.
- Die (Soll-) Werte, die im Rahmen der Planungsphase eingegeben wurden, stehen jetzt als geplante Kosten zur Verfügung (Beachten Sie hierzu die Markierung in Abb. 4.1-3).

Basistext

4.1 Erstellen eines Basisplans

Vorgangsname	Feste Kosten	Gesamtkosten	Geplant	Abweichung	Aktuell	Verbleibend
⊟ **Vorbereitungen**	**0,00 €**	**10.654,00 €**	**10.654,00 €**	**0,00 €**	**0,00 €**	**10.654,00 €**
⊞ **Regelmäßige Probe**	**0,00 €**	**8.114,00 €**	**8.114,00 €**	**0,00 €**	**0,00 €**	**8.114,00 €**
⊟ **Bühnenausstattung**	**0,00 €**	**3.820,00 €**	**3.820,00 €**	**0,00 €**	**0,00 €**	**3.820,00 €**
Kostüme organisieren	250,00 €	570,00 €	570,00 €	0,00 €	0,00 €	570,00 €
Bühnenbild gestalten	0,00 €	2.880,00 €	2.880,00 €	0,00 €	0,00 €	2.880,00 €
Requisiten beschaffe	50,00 €	370,00 €	370,00 €	0,00 €	0,00 €	370,00 €
⊟ **Kartenvorverkauf dur**	**0,00 €**	**-1.280,00 €**	**-1.280,00 €**	**0,00 €**	**0,00 €**	**-1.280,00 €**
Kartenlayout gestalte	0,00 €	160,00 €	160,00 €	0,00 €	0,00 €	160,00 €
Karten drucken	0,00 €	400,00 €	400,00 €	0,00 €	0,00 €	400,00 €
VVK-Stellen beliefern	0,00 €	160,00 €	160,00 €	0,00 €	0,00 €	160,00 €
Vorbereitungen abgeschloss	0,00 €	0,00 €	0,00 €	0,00 €	0,00 €	0,00 €

Abb. 4.1-3: In diesem Moment entsprechen die geplanten Kosten noch den tatsächlichen Gesamtkosten. Eine Abweichung kommt erst zu Stande, wenn aktuelle Werte eingegeben wurden, die von den Plandaten abweichen.

- Die geplanten Kosten entsprechen den derzeitigen Gesamtkosten. Die Abweichung zwischen diesen Spalten beträgt deshalb momentan 0 Euro.

Der eigentliche **Projektstart** ist noch nicht erfolgt. Das geschieht erst, indem Sie den Vorgängen **aktuelle Arbeit** zuweisen.

Folglich existieren noch keine aktuellen Kosten, wohl aber verbleibende Kosten in voller Höhe.

Aktuell und Verbleibend

In der Kostentabelle der Ansicht Ressource: Tabelle sind naturgemäß die gleichen Änderungen eingetreten (vgl. Abb. 4.1-4).

Plandaten

Nach der Einführung des Basisplans werden nicht allein die Kosten mit Plandaten versehen. Im Basisplan werden Plandaten für die Bereiche

- Kosten
- Termine
- Dauer

Basistext

	Ressourcenname	Kosten	Geplante Kosten	Abweichung	Aktuelle Kosten	Verbleibend
1	Regisseur	1.680,00 €	1.680,00 €	0,00 €	0,00 €	1.680,00 €
2	Schreiner	2.880,00 €	2.880,00 €	0,00 €	0,00 €	2.880,00 €
3	Druckerei	200,00 €	200,00 €	0,00 €	0,00 €	200,00 €
4	Möbius, J.	1.440,00 €	1.440,00 €	0,00 €	0,00 €	1.440,00 €
5	Ernesti, E.	1.440,00 €	1.440,00 €	0,00 €	0,00 €	1.440,00 €
6	Beutler, H.	1.440,00 €	1.440,00 €	0,00 €	0,00 €	1.440,00 €
7	Voß, R.	1.440,00 €	1.440,00 €	0,00 €	0,00 €	1.440,00 €
8	von Zahnd, M.	1.440,00 €	1.440,00 €	0,00 €	0,00 €	1.440,00 €
9	Lamierfolie	200,00 €	200,00 €	0,00 €	0,00 €	200,00 €
10	Speisen	94,00 €	94,00 €	0,00 €	0,00 €	94,00 €
11	Eintrittskarte	-2.000,00 €	-2.000,00 €	0,00 €	0,00 €	-2.000,00 €

Abb. 4.1-4: Aktuelle Kosten entstehen erst, wenn die Arbeit an den Vorgängen aufgenommen wurde.
Entsprechen die tatsächlichen Werte nicht (mehr) den Planwerten, werden Abweichungen dargestellt.

■ Arbeit

festgehalten.

Nehmen Sie sich Zeit, die Auswirkungen des Basisplans zu studieren.

■ Öffnen Sie die Ansicht Balkendiagramm.

☐ Betrachten Sie die einzelnen Tabellen aus dem Menü Ansicht.

■ Wechseln Sie anschließend in die Ansicht Ressource: Tabelle.

☐ Betrachten Sie auch hier alle relevanten Tabellen.

Sowohl für **Ressourcen** als auch für **Vorgänge** werden Plandaten, aktuelle Daten, die zugehörigen Abweichungen und entsprechend verbleibende Werte angezeigt.

Nachträgliche Aktualisierungen des Basisplans

Ist der Basisplan einmal gespeichert, erhalten neue Eingaben in Microsoft Project eine andere Bedeutung. Der Basis-

Abweichung
Arbeit
Berechnete Termine
Eingabe
Einsatz
Hyperlink
Kosten
Sammelvorgang
Überwachung
Weitere Tabellen...

Basistext

plan ist eine Momentaufnahme Ihrer Plandaten. Änderungen am Projekt werden ab jetzt als Eingaben im Laufe der Projektdurchführung verstanden. Die Plandaten werden also nicht mehr **verändert** sondern mit den neuen Werten **verglichen**.

Die Schreinerei teilt während der Planungsphase mit, dass sich die Dauer für die Gestaltung des Bühnenbilds von 6 auf 7 Tage erhöhen wird. Nehmen Sie diese Änderung im Basisplan auf!

- Betrachten Sie in der Ansicht Balkendiagramm die Tabelle Berechnete Termine.
- Fügen Sie der Tabelle die Spalten Dauer und geplante Dauer hinzu.

- ☐ Klicken Sie dazu mit der rechten Maustaste auf den Kopf einer Tabellenspalte.
- ☐ Im Kontextmenü wählen Sie Spalte einfügen...
- ☐ Der Dialog Definition Spalte wird geöffnet.
- ☐ Wählen Sie die gewünschte Spalte aus der Liste Feldname.
- ☐ Die neue Spalte wird **links** neben der markierten Spalte eingefügt.

	Vorgangsname	Dauer	Geplante Dauer	Anfang
1	⊟ **Vorbereitungen**	28,75 Tage	28,75 Tage	Mo 01.03.04 08:00
2	⊞ **Regelmäßige Probe**	27,25 Tage	27,25 Tage	Di 02.03.04 13:30
15	⊟ **Bühnenausstattung**	26,94 Tage	26,94 Tage	Di 02.03.04 08:00
16	Kostüme organisieren	4 Tage	4 Tage	Di 02.03.04 08:00
17	Bühnenbild gestalten	6 Tage	6 Tage	Di 30.03.04 17:00
18	Requisiten beschaffen	4 Tage	4 Tage	Di 02.03.04 08:00

Abb. 4.1-5: In der Planungsphase ist die neue Spalte noch überflüssig, in der Durchführungsphase jedoch notwendig.

Basistext

Die **Dauer** sowie die geplante Dauer des Vorgangs Bühnenbild gestalten belaufen sich – wie in Abb. 4.1-5 dargestellt – auf 6 Tage.

- Ändern Sie die Dauer von Bühnenbild gestalten auf 7 Tage.

In der gerade geänderten Zelle erscheint ein kleines grünes Symbol. Bewegen Sie die Maus dorthin, fragt der Projekt-Assistent, wie diese Änderung zu verstehen ist. In der Tat kann eine Erhöhung der Dauer aus zwei verschiedenen Intentionen erfolgen:

- Erstens (und das ist hier der Fall) kann eine Erhöhung der Dauer dann notwendig werden, wenn für einen Vorgang mehr Leistung erforderlich ist und in Folge dessen die einzubringende Arbeit erhöht werden muss. Die eingesetzten Ressourcen bleiben unverändert und müssen für die Fertigstellung des Vorgangs mehr Arbeit erbringen als ursprünglich geplant.
- Die zweite Variante für die Erhöhung der Dauer ist dann gegeben, wenn schlicht und einfach mehr Zeit zur Verfügung steht und die Ressourcen ihre Arbeit auf einen größeren Zeitraum aufteilen können. Die für den Abschluss des Vorgangs notwendige Leistung bleibt unverändert, die Ressourcen jedoch können ihre tägliche Arbeitszeit reduzieren. Wenn Sie 2 Tage Zeit haben, eine Aufgabe zu erledigen, die Sie normalerweise an einem Tag schaffen, müssen Sie natürlich nur halbtags an diesem Vorgang arbeiten und können den Rest der Zeit für die Bearbeitung anderer Tätigkeiten verwenden.
- Wählen Sie – wie in Abb. 4.1-6 – die Option die Arbeit erhöhen, weil mehr Leistung erforderlich ist.

Bisher, also bevor Sie den Basisplan gespeichert haben, hätten Sie mit der Eingabe des neuen Wertes den alten Wert überschrieben. Der Basisplan steht nun aber als Momentaufnahme fest und wird von Microsoft Project nicht auto-

4.1 Erstellen eines Basisplans * 197

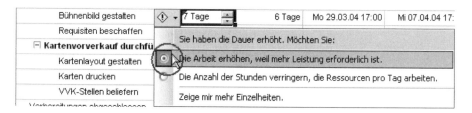

Abb. 4.1-6: Aktivieren Sie für das Fallbeispiel die Option »Die Arbeit erhöhen, weil mehr Leistung erforderlich ist«.

matisch aktualisiert. Die geplante Dauer von 6 Tagen besteht weiterhin.

Die Erhöhung auf 7 Tage wird als Änderung des Istwertes verstanden und erscheint im Feld Dauer.

Änderung am Istwert

Zwischen dem Planwert und dem Istwert besteht eine Abweichung von einen Tag.

Abweichung

■ Fügen Sie der Tabelle eine weitere Spalte hinzu: Abweichung Dauer.

	Vorgangsname	Dauer	Geplante Dauer	Abweichung Dauer
1	⊟ **Vorbereitungen**	28,75 Tage	28,75 Tage	0 Tage
2	⊞ **Regelmäßige Probe**	27,25 Tage	27,25 Tage	0 Tage
15	⊟ **Bühnenausstattung**	26,94 Tage	26,94 Tage	0 Tage
16	Kostüme organisieren	4 Tage	4 Tage	0 Tage
17	Bühnenbild gestalten	7 Tage	6 Tage	1 Tag
18	Requisiten beschaffen	4 Tage	4 Tage	0 Tage

Abb. 4.1-7: Microsoft Project vergleicht den neuen Wert sofort mit dem Basisplan und errechnet eine Abweichung.
An dieser Stelle ist das allerdings nicht so beabsichtigt.
Die Änderung muss in den Basisplan aufgenommen werden.

Basistext

4 Durchführungsphase *

Basisplan bleibt unverändert

Abb. 4.1-7 entnehmen Sie, dass der Basisplan von der neuen Eingabe unangetastet bleibt. Um die Änderung der Dauer letztendlich als neuen Planwert aufzunehmen, müssen Sie den alten Basisplan überschreiben.

Die Aktualisierung des Basisplans kann auf einzelne Vorgänge beschränkt werden. Es muss also nicht der gesamte Basisplan neu gespeichert werden.

Erweitern Sie den Basisplan um den neuen Planwert des Vorgangs Bühnenbild gestalten. Der alte Planwert des Vorgangs soll überschrieben werden. Die Plandaten aller anderen Vorgänge sollen jedoch unverändert bleiben. ■

- Markieren Sie den Vorgang Bühnenbild gestalten.
- Öffnen Sie den Dialog Basisplan speichern aus dem Menü Extras/Überwachung.
- Speichern Sie einen Basisplan für Ausgewählte Vorgänge (vgl. Abb. 4.1-8).
- Bestätigen Sie in der Meldung, dass Sie den vorhandenen Basisplan überschreiben wollen.

Neuer Basisplan mit Änderung

Abb. 4.1-9 zeigt, dass die Änderung im aktualisierten Basisplan als Planwert aufgenommen worden. Eine Abweichung besteht in Folge dessen nicht mehr.

Tipp

Basisplan erweitern und schrittweise erzeugen
Der Basisplan muss nicht sofort für das gesamte Projekt erstellt werden. Sie können den Basisplan auch erst für einzelne Projektteile oder Vorgänge speichern, wenn die Planung für andere Bereiche noch nicht vollendet ist.

Tipp

Der Basisplan ist erweiterungsfähig. Verwenden Sie den Dialog Basisplan speichern bei Bedarf erneut und fügen Sie dem Basisplan weitere Vorgänge hinzu, deren Planung abgeschlossen ist. Auf diesem Weg erstellen Sie den Basisplan schrittweise, bis er vollständig ist.

Basistext

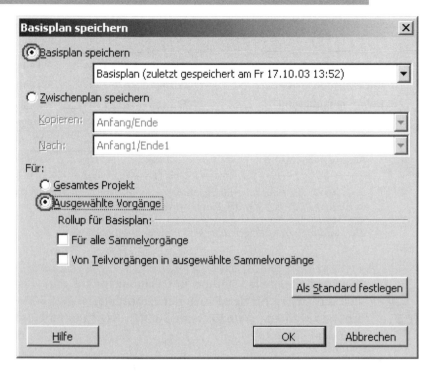

Abb. 4.1-8: Sie können auch mehrere Vorgänge auswählen. Markieren Sie die Vorgänge unbedingt vor dem Speichern des Basisplans. Es folgt kein weiterer Auswahldialog.

> **Tipp**
>
> Wenn Sie dem Projekt nachträglich neue Vorgänge hinzufügen, müssen Sie diese Vorgänge ebenso in den Basisplan aufnehmen.

Planwerte von Ressourcen ändern

Anders verhält sich eine nachträgliche Änderung an den Planwerten von Ressourcen. Diese können nicht wie Vorgänge einzeln dem Basisplan zugeführt werden.

Basistext

4 Durchführungsphase *

	Vorgangsname	Dauer	Geplante Dauer	Abweichung Dauer
1	⊟ Vorbereitungen	28,75 Tage	28,75 Tage	0 Tage
2	⊞ Regelmäßige Probe	27,25 Tage	27,25 Tage	0 Tage
15	⊟ Bühnenausstattung	26,94 Tage	26,94 Tage	0 Tage
16	Kostüme organisieren	4 Tage	4 Tage	0 Tage
17	Bühnenbild gestalten	7 Tage	7 Tage	0 Tage
18	Requisiten beschaffen	4 Tage	4 Tage	0 Tage

Abb. 4.1-9: Die Dauer der übergeordneten Sammelvorgänge bleiben unverändert. Das liegt an der Einschränkung des Vorgangs: So spät wie möglich.
Der Anfang verschiebt sich aber jetzt um einen Tag nach vorn.

Die Druckerei teilt während der Planungsphase mit, dass sich die Kosten für den Druck der Eintrittskarten auf 300 € erhöhen werden. Aktualisieren Sie den Basisplan entsprechend. ∎

- Öffnen Sie die Ansicht Ressource: Tabelle und dort die Tabelle Eingabe.
- Ändern Sie die Kosten pro Einsatz für die Druckerei auf 300 €.
- Wechseln Sie daraufhin in die Ressourcentabelle Kosten.

Diese zeigt die abweichenden Plankosten (vgl. Abb. 4.1-10).

	Ressourcenname	Kosten	Geplante Kosten	Abweichung	Aktuelle Kosten	Verbleibend
1	Regisseur	1.680,00 €	1.680,00 €	0,00 €	0,00 €	1.680,00 €
2	Schreiner	3.360,00 €	2.880,00 €	480,00 €	0,00 €	3.360,00 €
3	Druckerei	300,00 €	200,00 €	100,00 €	0,00 €	300,00 €

Abb. 4.1-10: Das Problem ist bis hierher analog zu dem des Beispiels der Bühnengestaltung.

Basistext

Die neuen Kosten für die Druckerei können Sie nur in den Basisplan aufnehmen, indem Sie den bestehenden Plan **komplett** überschreiben.

- Rufen Sie den Dialog Basisplan speichern erneut auf.
- Speichern Sie einen neuen Basisplan für das gesamte Projekt.
- Bestätigen Sie die Meldung, um den alten Basisplan zu überschreiben!

Abb. 4.1-11 entnehmen Sie, dass die Plankosten nach dem Speichern den tatsächlichen Kosten entsprechen.

	Ressourcenname	Kosten	Geplante Kosten	Abweichung	Aktuelle Kosten	Verbleibend
1	Regisseur	1.680,00 €	1.680,00 €	0,00 €	0,00 €	1.680,00 €
2	Schreiner	3.360,00 €	3.360,00 €	0,00 €	0,00 €	3.360,00 €
3	Druckerei	300,00 €	300,00 €	0,00 €	0,00 €	300,00 €

Abb. 4.1-11: Die neuen Kosten sind in den Basisplan aufgenommen.

Kritisch werden Änderungen an den Planwerten der Ressourcen, wenn das Projekt bereits gestartet ist. Wenn Sie den alten Basisplan überschreiben, werden natürlich alle Istwerte zu Planwerten des neuen Basisplans. Einbezogen werden dann auch die Istwerte, die tatsächlich von den alten Planwerten abweichen sollen. | Hinweis

Neben den Basisplänen können maximal 10 **Zwischenpläne** gespeichert werden. Diese sind allerdings schlanker und speichern nur die Termine von Vorgängen (Anfang, Ende, Unterbrechung). Zugeordnete Ressourcen werden nicht gespeichert. In Abb. 4.1-12 sehen Sie die Einstellungen im Dialog Basisplan speichern, die zum Erstellen eines Zwischenplans nötig sind. | Zwischenplan

Zwischenpläne helfen den Zeitpunkt genauer zu bestimmen, an dem das Projekt beginnt, von den geplanten Werten abzuweichen. Einen Zwischenplan speichern Sie ebenfalls im

Basistext

202 4 Durchführungsphase *

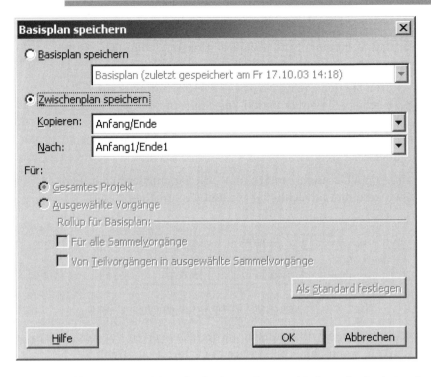

Abb. 4.1-12: Die Werte der Spalten Anfang *und* Ende *werden kopiert auf* Anfang1 / Ende1.
Diese Spalten müssen den Tabellen hinzugefügt werden.

Dialog Basisplan speichern. Die Werte der Spalten Anfang und Ende werden kopiert auf Anfang1 / Ende1. Diese Spalten müssen den Tabellen hinzugefügt werden.

 Erst seit der Version Microsoft Project 2002 gibt es die Möglichkeit, mehr als einen Basisplan zu speichern. Wenn Sie mit dieser Version arbeiten, haben Zwischenpläne keine Bedeutung mehr. Der einzige Grund für das Vorhandensein von Zwischenplänen besteht darin, dass Sie Dateien aus älteren Versionen weiterhin bearbeiten bzw. konvertieren können.

Basistext

Verschiedene Basispläne verwenden
Im Dialog Basisplan speichern können Sie aus einer Liste verschiedene Basispläne auswählen. Am Datum der letzten Speicherung erkennen Sie auch, ob Sie einen vorhandenen Basisplan schon genutzt haben.
Mit den verschiedenen Basisplänen können Sie Szenarien durchspielen:
Sind Sie sich über die Kosten oder die Dauer von Vorgängen unschlüssig oder ist ungewiss, ob bestimmte Ressourcen am Projekt teilnehmen können, speichern Sie einfach verschiedene Basispläne, die diese Situationen aufnehmen.

Tipp

- Stellen Sie zum Abschluss sicher, dass die geplanten Kosten für die Druckerei 300 € betragen und keine Abweichung zu den aktuellen Kosten besteht.
- ☐ Mit anderen Worten: Überprüfen Sie, ob Sie den Basisplan aktualisiert haben.

Speichern Sie das Projekt, wenn Sie alle Erweiterungen aufgenommen haben.

Drucken Sie alle relevanten Tabellen, die durch den Basisplan erweitert worden sind.

4.2 Projektstart und Eingabe aktueller Werte *

Die Plandaten für das Projekt sind nun im Basisplan vorhanden. Der eigentliche Start des Projekts erfolgt durch die Eingabe von aktuellen Informationen. Alle Eingaben, die Sie nach dem Speichern des Basisplans vornehmen, werden von Microsoft Project als Istwerte betrachtet und mit den Sollwerten des Basisplans verglichen. Planmäßig durchgeführte Vorgänge werden

Basistext

aktualisiert wie berechnet. **Für laufende Vorgänge geben Sie an, zu wie viel Prozent diese bereits abgeschlossen sind.** Microsoft Project vergleicht die neuen Istwerte mit den Planwerten und berechnet aktuelle und verbleibende Leistungen sowie Abweichungen in den Tabellen. Sie können gezielt einzelne Vorgänge oder auch das ganze Projekt auf einmal aktualisieren, also mit Istwerten versehen.

Vor der Eingabe von **Istwerten** sollten Sie die Symbolleiste Überwachen öffnen. Diese stellt wichtige Schaltflächen für die Projektüberwachung bereit (vgl. Abb. 4.2-1).

- Klicken Sie mit der rechten Maustaste auf den Bereich neben den vorhandenen Symbolleisten und wählen Sie im Kontextmenü den Eintrag Überwachen.

Abb. 4.2-1: Die Symbolleiste Überwachen.

Über die Symbolleiste können Sie die gängigen Aktualisierungen schnell erledigen.

Datum ändern Bevor Sie das Projekt starten und mit der Aktualisierung der **Vorgänge** beginnen, sollten Sie außerdem das Datum ändern. Microsoft Project aktualisiert die Vorgänge bis zum aktuellen Datum. Setzen Sie das Datum auf den 4. März 2004 17:30 Uhr fest, damit Aktualisierungen genau bis zu diesem Tag erfolgen.

- Öffnen Sie den Dialog Projektinfo aus dem Menü Projekt.
- Stellen Sie – wie in Abb. 4.2-2 – das aktuelle Datum auf den 04.03.2004 17:30 Uhr ein.

Basistext

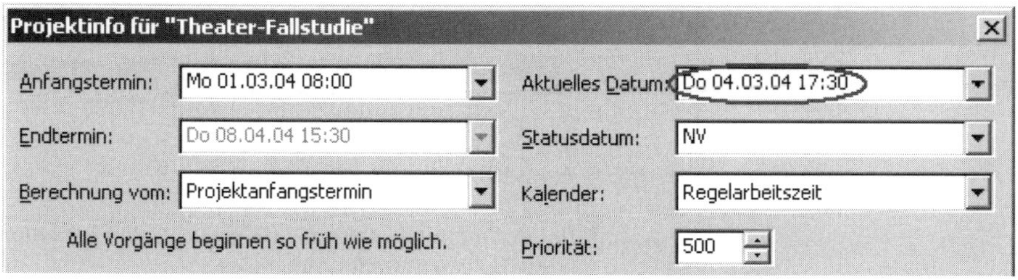

4.2 Projektstart und Eingabe aktueller Werte * 205

Abb. 4.2-2: Setzen Sie das aktuelle Datum *auf den 4. September 2003.*

Vorgänge aktualisieren

Der einfachste Fall bei der Eingabe von Istwerten liegt dann vor, wenn ein Vorgang reibungslos abgelaufen ist. Ein solcher Vorgang wird aktualisiert wie berechnet.

Der Vorgang Kartenlayout gestalten lief wie geplant und konnte erfolgreich abgeschlossen werden. Aktualisieren Sie die Projektdatei entsprechend!

- Öffnen Sie die Ansicht Balkendiagramm (Gantt).
- Markieren Sie den Vorgang Kartenlayout gestalten.

- Klicken Sie in der Symbolleiste Überwachen auf die Schaltfläche Aktualisieren wie berechnet.
- ☐ Die Aktualisierung ist damit abgeschlossen.

In der **Indikatorspalte** wird für den aktualisierten Vorgang ein Symbol erzeugt (Abb. 4.2-3). Das gelbe Infofeld weist darauf hin, dass der Vorgang am 01.03.04 beendet wurde. Außerdem wird der Balken des Diagramms gemäß Ihrer benutzerdefinierten Einstellung (vgl. Wissensbaustein »Zeitskala und Balkenarten« (S. 146)) grün dargestellt.

Änderungen nach der Aktualisierung

Basistext

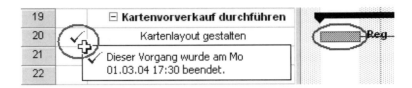

Abb. 4.2-3: Ziehen Sie die Indikatorspalte in die Breite, wenn zu einem Vorgang mehr als ein Symbol dargestellt wird.

Hinweis

Die Schaltfläche Aktualisieren wie berechnet unterstellt, dass die Istwerte den Planwerten entsprochen haben und aktualisiert markierte Vorgänge bis zur aktuellen Uhrzeit. Deshalb hat sie keine Auswirkung auf Vorgänge, die planmäßig noch nicht begonnen haben.

Auswirkungen auf die Ansichten

Der abgeschlossene Vorgang bzw. die Eingabe von Istwerten generell führt zu zahlreichen Aktualisierungen im Projekt. Abb. 4.2-4 zeigt die aktualisierte Vorgangstabelle Überwachung.

- In der Tabelle Überwachung der Ansicht Balkendiagramm existieren nun Werte für den aktuellen Anfang und das aktuelle Ende.
- Der Beginn des Vorgangs bedingt in der Hierarchie ebenfalls den Beginn der übergeordneten **Sammelvorgänge** Kartenvorverkauf durchführen und Vorbereitungen.
- Ein aktuelles Ende für die Sammelvorgänge ist jedoch noch nicht erreicht, da diese nicht vollständig abgeschlossen sind.
- Der Vorgang Kartenlayout gestalten nimmt 40% der Arbeit am Sammelvorgang Kartenvorverkauf durchführen in Anspruch. Folglich ist dieser jetzt zu 40 Prozent abgeschlossen.
- Für alle beteiligten Vorgänge werden die aktuelle Dauer und die verbleibende Dauer berechnet. Dies gilt analog für die Kosten. (vgl. auch Vorgangstabelle Kosten aus Abb. 4.2-5)

Basistext

4.2 Projektstart und Eingabe aktueller Werte *

Vorgangsname	Akt. Anfang	Akt. Ende	% Abg.	Phys. % ogeschl.	Akt. Dauer	Verbl. Dauer
⊟ Vorbereitungen	Mo 01.03.04 08:00	NV	5%	0%	1,31 Tage	27,44 Tage
⊞ Regelmäßige Probe	NV	NV	0%	0%	0 Tage	27,25 Tage
⊞ Bühnenausstattung	NV	NV	0%	0%	0 Tage	26,94 Tage
⊟ Kartenvorverkauf durcl	Mo 01.03.04 08:00	NV	40%	0%	2,05 Tage	3,08 Tage
Kartenlayout gestalten	Mo 01.03.04 08:00	Mo 01.03.04 17:30	100%	0%	1 Tag	0 Tage

Abb. 4.2-4: In den Sammelvorgängen ist noch kein aktuelles Ende erreicht. Deshalb bleibt der Wert NV bestehen.

Physisch % Abgeschlossen Tipp
In der Tabelle Überwachung gibt es neben der Spalte % Abgeschlossen auch eine Spalte Physisch % Abgeschlossen.

Standardmäßig wird bei der Eingabe aktueller Istwerte die Tipp
Spalte % Abgeschlossen aktualisiert. Der berechnete Wert in dieser Spalte unterstellt einen linearen Arbeitsfortschritt.

Kann in bestimmten Fällen nicht von einer gleichmäßi- Tipp
gen Bearbeitung ausgegangen werden, so können Sie den Arbeitsfortschritt alternativ in der Spalte Physisch % Abgeschlossen manuell eintragen.

Im Dialog Informationen zum Vorgang (Register Spezial) kön- Tipp
nen Sie diese gewünschte **Ertragswertmethode** festlegen.

Physisch % Abgeschlossen Beispiel
Eine Etappe eines Fahrrad-Rennens ist 30 km lang. Für die ersten 20 km haben die Fahrer exakt 40 Minuten benötigt. Allerdings geht der Streckenverlauf im letzten Drittel steil bergauf, so dass nicht davon ausgegangen werden kann, dass die Fahrer die bisherige Geschwindigkeit halten kön-

Basistext

nen. Nach der Berechnungsmethode der Spalte % Abgeschlossen ist der Vorgang zu zwei Dritteln erledigt. Aufgrund des zusätzlich notwendigen Zeitaufwands für den Rest der Etappe ist dieser Wert aber nicht realistisch. Hier liefert die Ertragswertmethode Physisch % Abgeschlossen eine genauere Näherung.

Vorgangstabelle Kosten

Die Eingabe von **Istwerten** für einen **Vorgang** wirkt sich ebenfalls auf die **Ressourcen** aus. Die **Arbeit** an den Vorgängen wird schließlich von den Ressourcen ausgeführt.

Vorgangsname	Feste Kosten	Gesamtkosten	Geplant	Abweichung	Aktuell	Verbleibend
⊟ Vorbereitungen	0,00 €	11.234,00 €	11.234,00 €	0,00 €	-640,00 €	11.874,00 €
⊞ Regelmäßige Probe	0,00 €	8.114,00 €	8.114,00 €	0,00 €	0,00 €	8.114,00 €
⊞ Bühnenausstattung	0,00 €	4.300,00 €	4.300,00 €	0,00 €	0,00 €	4.300,00 €
⊟ Kartenvorverkauf durch	0,00 €	-1.180,00 €	-1.180,00 €	0,00 €	-640,00 €	-540,00 €
Kartenlayout gestalten	0,00 €	160,00 €	160,00 €	0,00 €	160,00 €	0,00 €

Abb. 4.2-5: Die festen Kosten einzelner Vorgänge werden nicht an die Sammelvorgänge weitergereicht, weil Sammelvorgänge selbst feste Kosten verursachen können.
In den Gesamtkosten sind die festen Kosten der Einzelvorgänge jedoch berücksichtigt.

- Öffnen Sie die Ansicht Ressource: Tabelle und dort die Ansicht Tabelle: Arbeit.
- ☐ Der Regisseur hat am Vorgang Kartenlayout gestalten 8 Stunden gearbeitet. Damit hat er seine Gesamtarbeit am Projekt zu 10 Prozent erledigt (Abb. 4.2-6).

	Ressourcenname	% Abg.	Arbeit	Überstunden	Geplant	Abweichung	Aktuell	Verbleibend
1	Regisseur	10%	84 Stunde	0 Stunde	84 Stunde	0 Stunde	8 Stunde	76 Stunde

Abb. 4.2-6: Prozentangaben werden in Microsoft Project gerundet, wie hier schnell nachvollziehbar ist.

Basistext

Diese aktuelle Arbeit wird ebenfalls in der Vorgangstabelle Überwachung für die Vorgänge angezeigt.

Hinweis

- Wechseln Sie in die Tabelle Kosten.
- ☐ Durch die Aktualisierung des Vorgangs sind analog aktuelle Kosten für die Ressource entstanden.
- ☐ Die Ressourcenkosten entsprechen übrigens den Vorgangskosten, weil der Vorgang keine festen Vorgangskosten verursacht. Vergleichen Sie in diesem Zusammenhang die Vorgangstabelle Kosten aus Abb. 4.2-5 und die Ressourcentabelle Kosten aus Abb. 4.2-7.

	Ressourcenname	Kosten	Geplante Kosten	Abweichung	Aktuelle Kosten	Verbleibend
1	Regisseur	1.680,00 €	1.680,00 €	0,00 €	160,00 €	1.520,00 €

Abb. 4.2-7: Wechseln Sie zur Tabelle Kosten *in der Ansicht* Ressource: Tabelle.

Eingabe aktueller Istwerte

Bei kurzen Vorgängen bietet es sich an, diese wie berechnet zu aktualisieren. Längere Vorgänge sollten während ihrer **Dauer** häufiger aktualisiert werden. So halten Sie Ihr gesamtes Projekt auf einem möglichst aktuellen Stand. Der aktuelle Fortschritt eines laufenden Vorgangs kann auf verschiedenen Wegen festgehalten werden:

- Auf der Symbolleiste Überwachen können Sie den Fortschritt zu vorgegebenen Prozentsätzen direkt anklicken. Die Aktualisierung der Vorgänge erfolgt automatisch.
- Klicken Sie auf die Schaltfläche Vorgänge aktualisieren der Symbolleiste Überwachen und nutzen den folgenden Dialog.
- Sie können die Werte aber auch direkt in die Spalten der Tabelle Überwachen eingeben.

Basistext

210 4 Durchführungsphase *

Der Vorgang Kostüme organisieren ist Ihrer Einschätzung nach am 4.3. zu 50% abgeschlossen. Aktualisieren Sie die Projektdatei gemäß dieser Schätzung. Entscheiden Sie sich für einen der drei angegebenen Wege!

Weg 1
- Markieren Sie den Vorgang Kostüme organisieren.
- Klicken Sie in der Symbolleiste Überwachen auf die Schaltfläche 50% (Abb. 4.2-8).

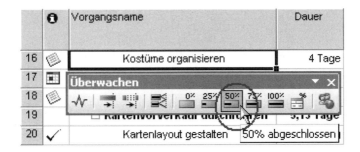

Abb. 4.2-8: Symbolleisten können auf dem Bildschirm frei verschoben werden.

Dieser Wert entspricht dem **Planwert** zu diesem Zeitpunkt.

Weg 2
- Markieren Sie den Vorgang Kostüme organisieren.

- Klicken Sie in der Symbolleiste Überwachen auf die Schaltfläche Vorgänge aktualisieren.
- Geben Sie unter % Abgeschlossen 50 % ein (Abb. 4.2-9).

Weg 3
- Öffnen Sie die Vorgangstabelle Überwachen.
- Markieren Sie die Spalte % Abg. (= % Abgeschlossen) für den Vorgang Kostüme organisieren.
- Legen Sie den Wert mit der Maus oder der Tastatur auf 50 % fest (Abb. 4.2-10).
- ☐ Die Aktualisierung erfolgt automatisch, sobald Sie die Zelle verlassen.

Darstellung im Diagramm

Im **Balkendiagramm** ändert sich die Darstellung des ak-

Basistext

4.2 Projektstart und Eingabe aktueller Werte * 211

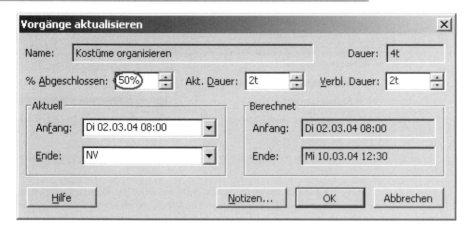

Abb. 4.2-9: Veränderungen an % Abgeschlossen aktualisieren ebenfalls die Dauer.

	Vorgangsname	Akt. Anfang	Akt. Ende	% Abg.
1	⊟ **Vorbereitungen**	Mo 01.03.04 08:00	NV	14%
2	⊞ **Regelmäßige Probe**	NV	NV	0%
15	⊟ **Bühnenausstattung**	Di 02.03.04 08:00	NV	13%
16	Kostüme organisieren	Di 02.03.04 08:00	NV	50%

Abb. 4.2-10: Änderung am Wert in der Spalte % Abgeschlossen.

tualisierten Vorgangs: Abb. 4.2-11 zeigt, dass innerhalb des blauen Vorgangsbalkens eine schwarze Linie den bisherigen Fortschritt des Vorgangs signalisiert.

Das gesamte Projekt aktualisieren

Sie müssen sich bei der Aktualisierung nicht auf einzelne Vorgänge beschränken, sondern können ebenfalls das gesamte Projekt in einem Schritt aktualisieren.

Basistext

	Vorgangsname	01. Mrz '04	08. Mrz '0
		M D M D F S S	M D M D F
1	⊟ Vorbereitungen		
2	⊞ Regelmäßige Probe	▮ ┆▮	▮ ▮
15	⊟ Bühnenausstattung		
16	Kostüme organisieren	▮▬▬	▬▬ Reg
17	Bühnenbild gestalten		
18	Requisiten beschaffen	▮▬▬	▬▬ Reg

Abb. 4.2-11: Der schwarze Fortschrittsbalken ist die Standardeinstellung. Sie können diese Darstellung genau wie alle anderen Balken individuell anpassen.

Die ersten Tage des Projekts sind reibungslos verlaufen. Sie aktualisieren deshalb am Abend des 4. März das komplette Projekt.

- Stellen Sie zuerst im Dialog Projektinfo sicher, dass das aktuelle Datum auf den 4. März eingestellt ist!
- Öffnen Sie im Menü Extras den Dialog Projekt aktualisieren aus dem Untermenü Überwachung.
- Nehmen Sie analog zu Abb. 4.2-12 folgende Einstellungen vor:
  ☐ Legen Sie im oberen Datumsfenster den 4. März 04 17:30 Uhr fest.
  ☐ Aktivieren Sie Als 0 -- 100 % abgeschlossen festlegen.
  ☐ Wählen Sie unter Für: das gesamte Projekt.

Planungs-Assistent

Der Planungs-Assistent wird geöffnet und teilt Ihnen mit, dass einige noch nicht begonnene Vorgänge nicht aktualisiert wurden. Bestätigen Sie diese Meldung. Die Vorgehensweise liegt in Ihrem Sinne, schließlich sollte nur bis zum festgelegten Datum aktualisiert werden.

Betrachten Sie die Auswirkungen in den verschiedenen Ansichten. Microsoft Project hat die Werte für Dauer, Kosten

Basistext

4.2 Projektstart und Eingabe aktueller Werte * 213

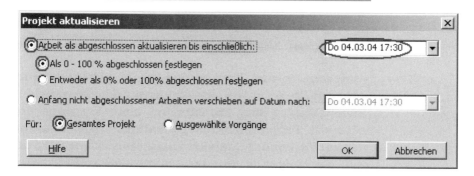

Abb. 4.2-12: Die Option entweder als 0 % oder 100 % abgeschlossen festlegen *bietet sich allenfalls für kurze Vorgänge an.*

und Arbeit überall schlüssig angeglichen. Abb. 4.2-13 zeigt das aktualisierte Gantt-Balkendiagramm.

	ⓘ	Vorgangsname	Dauer	01. Mrz '04 / 08. Mrz '0
1		⊟ **Vorbereitungen**	28,75 Tage	
2	↻	⊞ **Regelmäßige Probe**	27,25 Tage	
15		⊟ **Bühnenausstattung**	26,94 Tage	
16		Kostüme organisieren	4 Tage	Reg
17		Bühnenbild gestalten	7 Tage	
18		Requisiten beschaffen	4 Tage	Reg
19		⊟ **Kartenvorverkauf durchführen**	5,13 Tage	
20	✓	Kartenlayout gestalten	1 Tag	Reg
21	✓	Karten drucken	4 Stunde	Dru;LamF
22		VVK-Stellen beliefern	1 Tag	Reg
23		Vorbereitungen abgeschlossen	0 Tage	

Abb. 4.2-13: Nach der Aktualisierung des gesamten Projekts sehen Sie die Fortschrittslinien in den Balken der Vorgänge, die bereits begonnen wurden.

Speichern Sie anschließend das aktualisierte Projekt. Drucken Sie die Ansichten, welche durch die Eingaben verändert wurden.

Basistext

4.3 Änderungen und Verzögerungen von Vorgängen **

Änderungen und Verzögerungen bestehender Vorgänge führen zu Abweichungen von den Planwerten. Erweiterungen des Projekts um neue Vorgänge ändern die Projektstruktur gleichfalls. Die Struktur des verbleibenden Projekts muss neu geplant werden, weil nachfolgende Vorgänge in Mitleidenschaft gezogen werden. Neue Vorgänge müssen in den Basisplan aufgenommen werden. Der Ressourceneinsatz verändert sich unweigerlich mit den neuen Gegebenheiten. Dies kann zu neuen Überlastungen führen. Daher muss der Kapazitätsabgleich gegebenenfalls wiederholt werden, um die Überlastungen zu beheben. Abweichungen sind in den Tabellen ersichtlich. Der Balkenplan-Assistent unterstützt Sie beim grafischen Vergleich der Planwerte mit den Istwerten.

Beispiel

Im Verlauf des Projekts treten schnell Probleme auf, die mit der ursprünglichen Planung nicht mehr zu realisieren sind. Am Morgen des 5. März erhalten Sie eine E-Mail von einer bereits belieferten Vorverkaufsstelle mit der Information, dass auf den ausgelieferten Karten die Veranstaltungszeit nicht stimmt. Die Karten sind unbrauchbar und müssen erneut gedruckt werden. Daraus resultieren folgende Probleme:

- (1) Der **Vorgang** Karten drucken muss erneut durchgeführt werden.
- (2) Der Vorgang Vorverkaufsstellen beliefern verzögert sich bis zur Bereitstellung neuer Karten.
- (3) Die bereits geleistete Arbeit am Vorgang Vorverkaufsstellen beliefern war vergebens und muss ebenfalls nochmal erbracht werden. Der Vorgang verlängert sich also um eine Stunde.

Basistext

4.3 Vorgänge nachträglich ändern **

- Öffnen Sie die Ansicht Balkendiagramm und dort die Tabelle Eingabe.   Problem 1
- Erstellen Sie (vor Vorbereitungen abgeschlossen) einen neuen Vorgang Karten drucken wdh. mit den Eingabewerten aus Abb. 4.3-1:
  - ☐ Legen Sie als Anfangstermin den 8. März 8:00 Uhr fest.
  - ☐ Die **Dauer** beträgt wie beim ersten Druckvorgang 4 Stunden.
  - ☐ Die **Ressourcen** entsprechen ebenfalls denen des ersten Druckvorgangs.

	❶	Vorgangsname	Dauer	Anfang	Ende	Ressourcennamen
23		Karten drucken wdh	4 Stunde	Mo 08.03.04 08:00	Mo 08.03.04 12:30	Druckerei;Lamierfolie[200 Stück]

Abb. 4.3-1: Übernehmen Sie diese Angaben in die Tabelle!

Vergessen Sie auf gar keinen Fall, den neuen Vorgang in den **Basisplan** aufzunehmen!

Die Vorgänge Vorverkaufsstellen beliefern und Karten drucken wdh müssen mit einer Ende-Anfang-Beziehung verknüpft werden. So wird sichergestellt, dass die Belieferung nicht ohne vorhandene Karten erfolgt.   Problem 2

- Ziehen Sie mit der Maus im Balkendiagramm eine Verknüpfungslinie von Karten drucken wdh zu VVK-Stellen beliefern.

Die bereits geleistete **Arbeit** kann nicht rückgängig gemacht werden. Folglich fügt Microsoft Project in VVK-Stellen beliefern eine automatische Unterbrechung ein (vgl. Abb. 4.3-2). Es wird also eine **Verknüpfung** mit der verbleibenden Arbeit des Vorgangs erzeugt.

Zeitabstand hinzufügen
Die Karten kommen auf dem Postweg von der Druckerei. Nehmen Sie diese Verzögerung in das Projekt auf!

Basistext

4 Durchführungsphase *

	Vorgangsname		
19	⊟ **Kartenvorverkauf durchführen**		
20 ✓	Kartenlayout gestalten		
21 ✓	Karten drucken		
22	VVK-Stellen beliefern		
23	Karten drucken wdh		
24	Vorbereitungen abgeschlossen		

Abb. 4.3-2: Die Verknüpfungslinie zeigt auf den Beginn des Vorgangs VVK-Stellen beliefern.
Eine Verknüpfung auf einen Teil eines unterbrochenen Vorgangs ist nicht möglich.

■ Fügen Sie der **Anordnungsbeziehung** einen **Zeitabstand** von 1 Tag hinzu. Abb. 4.3-3 zeigt den entsprechenden Dialog.

Abb. 4.3-3: Die Art der Beziehung muss nicht geändert werden!

Der eingefügte Zeitabstand hat ebenfalls keinen Einfluss auf die schon erbrachte Arbeit. In Folge dessen verschiebt sich nur der Bereich des Vorgangs, der noch zu erledigen ist. Sie sehen im Balkendiagramm aus Abb. 4.3-4, dass nur der Teil des Vorgangsbalkens verschoben wurde, der hinter der Unterbrechung liegt.

Basistext

4.3 Vorgänge nachträglich ändern ** 217

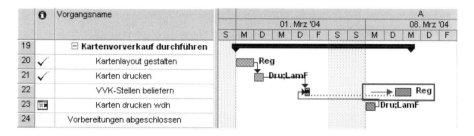

Abb. 4.3-4: Der Zeitabstand wirkt sich ausschließlich auf die noch zu erbringende Arbeit des unterbrochenen Vorgangs aus.

Die Arbeit am Vorgang VVK-Stellen beliefern muss vollständig wiederholt werden. Die verbleibende **Dauer** muss folglich wieder auf den ursprünglichen Wert zurückgesetzt werden. Die bereits erbrachte **Arbeit** kann nicht rückgängig gemacht werden, hat aber andererseits auch nicht zum Vorgangsfortschritt beigetragen. Setzen Sie die verbleibende Dauer wieder auf einen Tag fest. Der Vorgang wird somit wiederholt und die vorher geleistete Arbeit geht kostenwirksam in das Projekt ein.

Problem 3

- Markieren Sie den Vorgang VVK-Stellen beliefern.
- Klicken Sie auf die Schaltfläche Vorgänge aktualisieren.
- Geben Sie unter Verbl. Dauer die ursprüngliche Vorgangsdauer 1 Tag an (Abb. 4.3-5).

In der Vorgangstabelle Überwachung – dargestellt in Abb. 4.3-6 – lassen sich die Konsequenzen dieser Änderung betrachten. Durch die notwendige Wiederholung eines Teils der Arbeit verlängert sich der Vorgang um 0,13 Tage. Dies entspricht exakt der bereits ergebnislos erbrachten Leistung. Da sich der Vorgang insgesamt verlängert hat, ist er nun nur noch zu 11 Prozent an Stelle von 13 Prozent abgeschlossen. Das Projekt ist somit an die neuen Gegebenheiten angepasst.

Vorgangstabelle Überwachung

Basistext

4 Durchführungsphase *

Abb. 4.3-5: Die bereits erbrachte Arbeit darf nicht verändert werden. Es kommt durch die Wiederholung lediglich Arbeit hinzu.

	Vorgangsname	Akt. Anfang	Akt. Ende	% Abg.	Akt. Dauer	Verbl. Dauer
22	VVK-Stellen beliefern	Do 04.03.04 16:30	NV	11%	0,13 Tage	1 Tag

Abb. 4.3-6: Die durch die Aktualisierung bedingten Änderungen sind in der Abbildung hervorgehoben.

Auswirkungen auf die Ressourcen

Die Verzögerungen wirken sich allerdings auch auf den Arbeitsplan des Regisseurs aus. Dieser ist erneut überlastet.

- Öffnen Sie die Ansicht Ressource: Einsatz, um die Folgen betrachten zu können (Abb. 4.3-7)
- Die gesamte Arbeit am Projekt erhöht sich um eine Stunde auf 85.
- Am 5. und 8. März ist er nur unzureichend beschäftigt.
- Am 9. März benötigt er 12 Stunden für die Bearbeitung der Vorgänge.
- Am 10. März besteht ein Terminkonflikt.

Basistext

4.3 Vorgänge nachträglich ändern ** 219

	Ressourcenname	Arbeit	Einzelheiten				08. Mrz '04			
				F	S	S	M	D	M	D
1	⊟ Regisseur	85 Stunde	Arbeit	0Std.			7Std.	12Std.	8Std.	3Std.

Abb. 4.3-7: Am 10. März ist der Eintrag rot dargestellt, obwohl 8 Stunden tägliche Arbeitszeit nicht überschritten werden. Hier besteht keine eigentliche Arbeitsüberlastung, sondern eine Terminüberschneidung.

Die Verzögerung im Projekt führt zu zeitlichen Verschiebungen und Mehrarbeit für die **Ressource** Regisseur. Führen Sie erneut einen Kapazitätsabgleich durch, um den Arbeitsplan des Regisseurs zu optimieren!

- Markieren Sie den Regisseur in der Ansicht Ressource: Einsatz.
- Öffnen Sie den Dialog Kapazitätsabgleich im Menü Extras.
- Wählen Sie einen manuellen Abgleich für das gesamte Projekt.
- Legen Sie als Abgleichsreihenfolge Priorität, Standard fest.
- Klicken Sie auf die Schaltfläche Neu abgleichen.
- Wählen Sie im folgenden Dialog die Option Abgleichen für ausgewählte Ressourcen.

Abb. 4.3-8 und Abb. 4.3-9 zeigen das Balkendiagramm vor bzw. nach dem Abgleich. Die Vorgänge Kostüme organisieren und Requisiten beschaffen werden vorgezogen. Dadurch wird die Lücke gefüllt, die die Verzögerung von VVK-Stellen beliefern erzeugt hat. — Nach dem Abgleich

Die **Überlastung** ist somit behoben und der Arbeitsplan des Regisseurs wieder problemlos durchführbar.

Die Verzögerung und der erneute Abgleich haben dazu beigetragen, dass das Projekt mittlerweile von den **Plandaten** abweicht. — Abweichungen vom Basisplan

Basistext

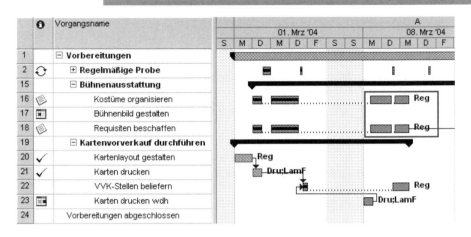

Abb. 4.3-8: Vor dem Abgleich sind die Vorgänge dreifach unterbrochen und haben somit 4 Teilbalken.

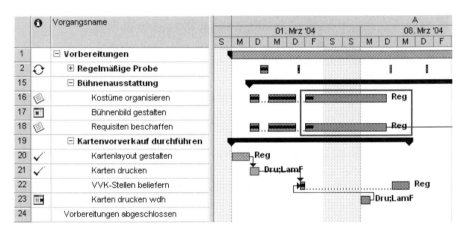

Abb. 4.3-9: Durch den Abgleich wird eine Vorgangsunterbrechung entfernt.

- Öffnen Sie die Tabelle Abweichung in der Ansicht Balkendiagramm.

Basistext

4.3 Vorgänge nachträglich ändern **

In der Spalte Abw. Ende (Abb. 4.3-10) werden die Verzögerungen bzw. Verkürzungen für die Vorgangstermine dargestellt. Die tabellarische Ansicht ist überladen und schwer lesbar.

	Vorgangsname	Ende	Geplantes Ende	Abw. Anf.	Abw. Ende
1	⊟ Vorbereitungen	Do 08.04.04 15:30	Do 08.04.04 15:30	0 Tage	0 Tage
2	⊞ Regelmäßige Probe	Do 08.04.04 15:30	Do 08.04.04 15:30	0 Tage	0 Tage
15	⊟ Bühnenausstattung	Mi 07.04.04 17:00	Mi 07.04.04 17:00	0 Tage	0 Tage
16	Kostüme organisieren	Di 09.03.04 10:00	Mi 10.03.04 12:30	0 Tage	-1,25 Tage
17	Bühnenbild gestalten	Mi 07.04.04 17:00	Mi 07.04.04 17:00	0 Tage	0 Tage
18	Requisiten beschaffen	Di 09.03.04 10:00	Mi 10.03.04 12:30	0 Tage	-1,25 Tage
19	⊟ Kartenvorverkauf durchführen	Mi 10.03.04 16:30	Mo 08.03.04 12:30	0 Tage	2,38 Tage
20	Kartenlayout gestalten	Mo 01.03.04 17:30	Mo 01.03.04 17:30	0 Tage	0 Tage
21	Karten drucken	Di 02.03.04 12:30	Di 02.03.04 12:30	0 Tage	0 Tage
22	VVK-Stellen beliefern	Mi 10.03.04 16:30	Mo 08.03.04 09:00	0 Tage	2,75 Tage
23	Karten drucken wdh	Mo 08.03.04 12:30	Mo 08.03.04 12:30	0 Tage	0 Tage
24	Vorbereitungen abgeschlossen	Do 08.04.04 15:30	Do 08.04.04 15:30	0 Tage	0 Tage

Abb. 4.3-10: Es treten sowohl positive als auch negative Abweichungen auf. Durch die Verzögerung von VVK-Stellen beliefern *konnten die Vorgänge* Kostüme organisieren *und* Requisiten beschaffen *früher als angenommen erledigt werden.*

Statt dessen können Sie die Abweichungen von den Planwerten auch grafisch darstellen lassen. Eine schnelle Lösung bietet der **Balkenplan-Assistent**.

Grafische Darstellung

- Klicken Sie auf die Schaltfläche Balkenplan-Assistent.

- ☐ Der Assistent wird gestartet und leitet Sie durch eine Reihe von Schritten.
- Wählen Sie im ersten Schritt des Dialogs Weiter.
- Im nächsten Schritt (Art von Informationen) wählen Sie Basisplan.
- Im nächsten Schritt (Vorgangsinformationen) wählen Sie Ressourcen und Termine.
- Wählen Sie danach Ja, um Verknüpfungspfeile einzublenden.

Basistext

- Klicken Sie anschließend auf Jetzt formatieren und beenden Sie den Assistenten.

Neue Formatierung

Die Balken sind jetzt horizontal geteilt. Abb. 4.3-11 zeigt die neue Darstellungsweise.

Die obere Hälfte zeigt die **Planwerte** aus dem **Basisplan** in schwarz. In der unteren Hälfte werden die **Istwerte** (blau) dargestellt. Bereits erfolgte **Arbeit** ist dunkel abgesetzt.

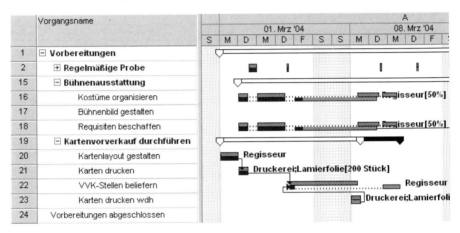

Abb. 4.3-11: Die Abweichungen vom ursprünglichen Basisplan sind deutlich zu erkennen. Der Fortschritt wird nur für die Istwerte angezeigt.

Tipp

Getrennte Infofenster
Zu jedem Balken gibt es jetzt 2 verschiedene Infofenster. Wenn Sie mit der Maus auf den oberen bzw. unteren Bereich des Balkens zeigen, öffnet sich das Fenster Geplant bzw. In Arbeit.

Anfang mit Verspätung

Verzögert sich der Start eines Vorgangs, geben Sie den **tatsächlichen Starttermin** einfach über die Tastatur in die Tabelle ein.

Basistext

- Aktualisieren Sie Ihr Projekt jedoch zuerst bis zum 12. März!

Die Regelmäßige Probe 5 am 16.03. verzögert sich um eine Stunde und kann somit erst um 14:30 Uhr beginnen. An der Dauer von 3 Stunden ändert sich jedoch nichts.

- Öffnen Sie die Tabelle Eingabe in der Ansicht Balkendiagramm.
- Geben Sie in der Spalte Anfang den neuen Termin wie in Abb. 4.3-12 ein.

ⓘ	Vorgangsname	Dauer	Anfang	Ende
7		Regelmäßige Probe 5	3 Stunde	Di 16.03.04 14:30	Di 16.03.04 16:30

Abb. 4.3-12: *Ändern Sie bei Bedarf das Datumsformat auf eine stundengenaue Anzeige.*

- Verlassen Sie die Zelle. Die Dauer bleibt erhalten und der Endtermin wird automatisch korrigiert (Abb. 4.3-13).

ⓘ	Vorgangsname	Dauer	Anfang	Ende
7		Regelmäßige Probe 5	3 Stunde	Di 16.03.04 14:30	Di 16.03.04 17:30

Abb. 4.3-13: *Der Vorgang kann noch am selben Tag abgeschlossen werden. Anderenfalls wird er unterbrochen oder durch Überstunden kompensiert.*

Speichern Sie das geänderte und abgeglichene Projekt!

Basistext

4.4 Eingabe von Überstunden während der Projektdurchführung **

Arbeitsstunden, die außerhalb der in den Ressourcenkalendern bzw. im Projektkalender definierten Zeiten geleistet wurden, werden als Überstunden eingegeben. Trotz der geleisteten Mehrarbeit verändert sich dann die Dauer eines Vorgangs nicht. Überstunden werden nach dem entsprechenden Überstundensatz der Ressource abgerechnet, führen in der Regel also zu höheren Kosten. Überstunden werden dem bearbeiteten Vorgang und der ausführenden Ressource genau zugeordnet. Geteilte Maskenansichten erleichtern die Eingabe.

Die geleisteten Überstunden der **Ressourcen** können Sie in der Tabelle Arbeit der Ansicht Ressource: Tabelle betrachten.

Eine Eingabe von Überstunden ist dort allerdings nicht möglich, weil in dieser Ansicht nicht ersichtlich ist, an welchem **Vorgang** Überstunden geleistet wurden. Überstunden können nur in einer Ansicht eingegeben werden, die die **Zuordnung** von Ressourcen zu Vorgängen darstellt.

Hierfür kommen zwei Ansichten in Frage:

- Vorgang: Einsatz
- Ressource: Einsatz

Die Gestaltung des Kartenlayouts hat statt der geplanten 8 Stunden tatsächlich 10 Stunden gedauert. Die Ressource Regisseur hat diese Mehrarbeit außerhalb der normalen Arbeitszeit in Form von Überstunden erbracht. Der Vorgang ist bereits abgeschlossen und wird nachträglich korrigiert.

■

Basistext

4.4 Eingabe von Überstunden ** 225

- Öffnen Sie die Ansicht Vorgang: Einsatz.
- Fügen Sie der Tabelle die Spalte Überstundenarbeit hinzu.
  - ☐ Klicken Sie rechts auf eine Spalte.
  - ☐ Wählen Sie im Kontextmenü Spalte einfügen....
  - ☐ Im Dialog Definition Spalte wählen Sie aus der Liste Feldname den Eintrag Überstundenarbeit.

Abb. 4.4-1 zeigt die Ansicht Vorgang: Einsatz mit der neuen Spalte Überstundenarbeit vor der Eingabe der Überstunden.

	❶	Vorgangsname	Arbeit	Überstundenarbeit	Dauer
19	✓	⊟ **Kartenvorverkauf durchführen**	25 Stunde	0 Stunde	7,88 Tage
		Eintrittskarte	*200 Stück*		
20	✓	⊟ Kartenlayout gestalten	8 Stunde	0 Stunde	1 Tag
		Regisseur	*8 Stunde*	*0 Stunde*	

Abb. 4.4-1: Die Einstellungen der Ansicht Vorgang: Einsatz *vor der Eingabe der Überstunden.*

- Erhöhen Sie **zuerst** die **Arbeit** des Regisseurs auf 10 Stunden.

	❶	Vorgangsname	Arbeit	Überstundenarbeit	Dauer
19		⊟ **Kartenvorverkauf durchführen**	27 Stunde	0 Stunde	7,88 Tage
		Eintrittskarte	*200 Stück*		
20		⊟ Kartenlayout gestalten	10 Stunde	0 Stunde	1,25 Tage
		Regisseur	*10 Stunde*	*0 Stunde*	

Abb. 4.4-2: Nehmen Sie die Änderung in jedem Fall in der Zeile des Regisseurs vor.

Der Vorgang verlängert sich vorübergehend auf 1,25 Tage (Abb. 4.4-2). Microsoft Project betrachtet die Erhöhung der Arbeit als neuen **Istwert**.

- Geben Sie dann die Überstundenarbeit in Höhe von 2 Stunden ein.

Basistext

❶	Vorgangsname	Arbeit	Überstundenarbeit	Dauer
19	⊟ **Kartenvorverkauf durchführen**	**27 Stunde**	**2 Stunde**	**7,88 Tage**
	Eintrittskarte	200 Stück		
20	⊟ Kartenlayout gestalten	10 Stunde	2 Stunde	1 Tag
	Regisseur	10 Stunde	2 Stunde	

Abb. 4.4-3: Nach der Eingabe der Überstunden ändert sich die Dauer automatisch.

Die **Dauer** reduziert sich wieder auf einen Tag (Abb. 4.4-3). Die Überstunden werden zusätzlich zu den 8 üblichen Stunden geleistet.

Überstundenarbeit wird nicht zur Arbeit hinzuaddiert, sondern als Anteil der Arbeit betrachtet. Für das Beispiel bedeutet dies, dass 10 Stunden Arbeit geleistet wurden, von denen 2 Stunden in Form von Überstunden erbracht wurden.

Ein Problem von Microsoft Project ist an dieser Stelle ein häufig auftretender Rundungsfehler.

- Öffnen Sie die Tabelle Arbeit in der Ansicht Balkendiagramm.

Der Vorgang Kartenlayout gestalten ist nach der Änderung nur noch zu 99 % abgeschlossen (Abb. 4.4-4). Die Erhöhung der Arbeit wird irrtümlich als noch verbleibend angesehen.

❶	Vorgangsname	Arbeit	Geplant	Abweichung	Aktuell	Verbleibend	% Arbeit abgeschl.
	⊟ **Vorbereitungen**	**331 Stunde**	**328 Stunde**	**3 Stunde**	**135 Stunde**	**196 Stunde**	**41%**
↻	⊞ **Regelmäßige Probe**	**216 Stunde**	**216 Stunde**	**0 Stunde**	**78 Stunde**	**138 Stunde**	**36%**
	⊞ **Bühnenausstattung**	**88 Stunde**	**88 Stunde**	**0 Stunde**	**32 Stunde**	**56 Stunde**	**36%**
	⊟ **Kartenvorverkauf durcl**	**27 Stunde**	**24 Stunde**	**3 Stunde**	**25 Stunde**	**2 Stunde**	**93%**
	Kartenlayout gestalten	10 Stunde	8 Stunde	2 Stunde	8 Stunde	2 Stunde	99%

Abb. 4.4-4: Alle Daten sind korrekt eingegeben, jedoch ist der Vorgang wegen eines Rundungsfehlers nicht abgeschlossen.

Basistext

4.4 Eingabe von Überstunden ** 227

- Überschreiben Sie den Wert der Spalte % Arbeit abgeschlossen auf 100 %.

	Vorgangsname	Arbeit	Geplant	Abweichung	Aktuell	Verbleibend	% Arbeit abgeschl.
	⊟ Vorbereitungen	331 Stunde	328 Stunde	3 Stunde	137 Stunde	194 Stunde	41%
↻	⊞ Regelmäßige Probe	216 Stunde	216 Stunde	0 Stunde	78 Stunde	138 Stunde	36%
	⊞ Bühnenausstattung	88 Stunde	88 Stunde	0 Stunde	32 Stunde	56 Stunde	36%
✓	⊟ Kartenvorverkauf durcl	27 Stunde	24 Stunde	3 Stunde	27 Stunde	0 Stunde	100%
✓	Kartenlayout gestalten	10 Stunde	8 Stunde	2 Stunde	10 Stunde	0 Stunde	100%

Abb. 4.4-5: Nach der Korrektur erscheint in der Indikatorspalte das Symbol für einen abgeschlossenen Vorgang. Die Werte für aktuelle und verbleibende Arbeit werden nun auch richtig dargestellt.

Damit ist die Eingabe der Überstunden vollständig.

Abb. 4.4-5 entnehmen Sie, dass die Arbeit zu 100 % abgeschlossen ist. Das Häkchen in der Indikatorspalte bestätigt dies ebenfalls.

Der neue Arbeitsumfang wird in der Ressourcentabelle Arbeit berücksichtigt (Abb. 4.4-6):

	Ressourcenname	% Abg.	Arbeit	Überstunden	Geplant	Abweichung	Aktuell	Verbleibend
1	Regisseur	74%	87 Stunde	2 Stunde	84 Stunde	3 Stunde	64 Stunde	23 Stunde

Abb. 4.4-6: Die Überstunden werden nicht zur Arbeit addiert, sondern gelten als Teil der Arbeit. Für das Beispiel bedeutet das eine gesamte Arbeit von 87 Stunden, von denen 2 Stunden in Form von Überstunden erbracht wurden.

Erst die Arbeit erhöhen, dann Überstunden eingeben | Tipp

Erhöhen Sie immer zuerst die Arbeit und geben danach die Überstunden ein! Wenn Sie die Reihenfolge umkehren, kommt es im Beispiel zu einer Ressourcenüberlastung.

Basistext

Tipp | Microsoft Project versteht diese Eingabe so, dass die Überstunden ein Teil der Arbeit in Höhe von 8 Stunden sind. Anschließend wird der Vorgang um 2 weitere Arbeitsstunden auf 10 verlängert. Die Überstunden beziehen sich aber weiterhin auf die ursprünglichen 8 Stunden und es verbleiben folglich 2 Stunden Arbeit!

Eingabe von Überstunden in der Maskenansicht

Mehr Komfort bei der Eingabe von Überstunden bieten geteilte **Maskenansichten**. Sie arbeiten dort in einem Bereich und können im anderen Bereich die Aktualisierungen direkt verfolgen.

Wiederholen Sie das Beispiel des Vorgangs Kartenlayout gestalten!

- Widerrufen Sie dazu die Änderungen, die Sie in Vorgang: Einsatz gemacht haben.
- ☐ Machen Sie erst die Eingabe der Überstunden rückgängig.
- ☐ Reduzieren Sie die Dauer dann wieder auf 8 Stunden.
- ☐ Stellen Sie sicher, dass der Vorgang zu 100 % abgeschlossen ist.

- Öffnen Sie für die Eingabe der Überstunden jetzt die Ansicht Vorgang: Eingabe.
- ☐ Klicken Sie in der Ansichtsleiste auf die Schaltfläche Weitere Ansichten.
- ☐ Markieren Sie im Dialog die Ansicht Vorgang: Eingabe (Abb. 4.4-7) und klicken Sie auf Auswahl.

Der Bildschirm ist horizontal geteilt. Im oberen Bereich befindet sich die Ansicht Balkendiagramm, im unteren die Ansicht Vorgang: Maske.

- Klicken Sie rechts im Bereich der Maskenansicht und aktivieren Sie den Eintrag Arbeit Ressourcen (Abb. 4.4-8).

Basistext

4.4 Eingabe von Überstunden ** 229

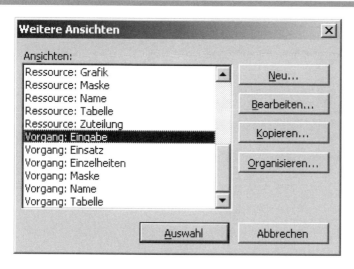

Abb. 4.4-7: Sie können diese Ansicht auch in die Ansichtsleiste übernehmen. Klicken Sie dazu auf »Bearbeiten« und aktivieren Sie dort »Im Menü anzeigen«.

Sie können jetzt komfortabel Überstunden in der Maskenansicht eingeben.

- Markieren Sie im Balkendiagramm den Vorgang Kartenlayout gestalten.
- Erhöhen Sie in der Maskenansicht den Eintrag für Arbeit auf 10 Stunden und klicken auf OK.

Vorübergehend kommt es zu einigen ungeplanten Veränderungen. Diese werden in Abb. 4.4-9 gezeigt:

☐ Der Vorgang ist jetzt nur noch zu 80 Prozent abgeschlossen, da für Microsoft Project weitere unerledigte Arbeit zum Vorgang hinzukommt.

☐ Die Vorgangsdauer beträgt nun 1,25 Tage.

☐ Aktuell sind 8 von 10 Stunden erledigt. Die neue Arbeit in Höhe von 2 Stunden wird als verbleibend eingetragen.

- (1) Geben Sie die 2 Überstunden ein.

Eingabe der Überstunden

Basistext

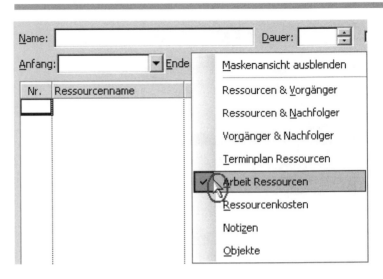

Abb. 4.4-8: So, wie im Tabellenteil des Balkendiagramms zwischen unterschiedlichen Tabellen gewählt werden kann, gibt es für die Maskenansicht ebenfalls verschiedene Darstellungen.

Abb. 4.4-9: Die Reihenfolge der Änderung ist auch in der Maskenansicht wichtig. Geben Sie erst den Wert für die Arbeit ein, dann den für die Überstunden.

- (2) Korrigieren Sie den Rundungsfehler und stellen Sie den Wert % Abgeschlossen auf 100 ein (Abb. 4.4-10).

Die Dauer beträgt jetzt wieder 1 Tag, weil die Überstunden zusätzlich zur normalen Arbeitszeit erfolgen.

Die Eingabe der Überstunden über die Maskenansicht ist somit abgeschlossen.

Basistext

4.4 Eingabe von Überstunden ** 231

Abb. 4.4-10: Der Rundungsfehler muss auch in der Maskenansicht manuell behoben werden.

Maskenansicht schliessen

Um die Maskenansicht zu verlassen bzw. die Teilung aufzuheben, müssen Sie im Bereich der Maskenansicht rechtsklicken und im Dialog Maskenansicht ausblenden wählen.

Tipp

Speichern Sie das Projekt, wenn Sie alle Erweiterungen aufgenommen haben.

Basistext

4 Durchführungsphase *

Basistext

5 Mehrprojekttechnik ***

Die parallele Verwaltung von mehreren Projekten verläuft grundlegend genauso wie die Arbeit mit einem einzigen Projekt. Sie benötigen die Mehrprojekttechnik von Microsoft Project im Prinzip nur in folgenden Situationen:

- Ressourcen arbeiten an verschiedenen Projekten gleichzeitig:
    - Wissensbaustein »Gemeinsame Ressourcennutzung« (S. 234)

    Prinzipiell können Sie von jedem Projekt auf den Ressourcenstamm eines anderen Projekts zugreifen und diese **Ressourcen** somit für projektfremde Aktivitäten heranziehen. Praktischer und komfortabler ist es jedoch, eine eigene **Projektdatei** für die Ressourcenverwaltung zu erstellen. In dieser Datei werden ausschließlich Ressourcen und damit keine **Vorgänge** angelegt. Auf diesen **Ressourcenpool** können beliebige andere Projekte gleichberechtigt zugreifen. Der *Ressourcenpool* kann schreibgeschützt geöffnet und daher von verschiedenen Benutzern gleichzeitig genutzt werden. Nach der **Zuordnung** einer Ressource aus dem *Ressourcenpool* kann dieser über die Schaltfläche Ressourcenpool aktualisieren auf den neuesten Stand gebracht werden.

- Mehrere Projekte sollen in einer Datei zusammengeführt werden:
    - Wissensbaustein »Projekte zusammenführen« (S. 243)

    Dieses Vorgehen bietet sich an, wenn die **Phasen** eines großen Projekts als einzelneTeilprojekte betrachtet werden. Die Teilprojekte werden hierbei in eigenständigen **Projektdateien** verwaltet. Parallel dazu werden sie in eine Projektdatei für das Gesamtprojekt eingebun-

Gruppierung

den. Aufgrund einer Verknüpfung zwischen diesen Dateien werden alle Änderungen an einer Stelle zur verbundenen Datei übertragen, sodass alle Dateien stets auf dem gleichen Stand sind.

- Vorgänge aus verschiedenen Projekten sollen miteinander verknüpft werden:

☐ Wissensbaustein »Projektübergreifende Verknüpfungen« (S. 249)
Besteht eine sachlogische Verbindung oder **Abhängigkeitsbeziehung** zwischen **Vorgängen** aus verschiedenen Projekten, kann eine projektübergreifende **Verknüpfung** erzeugt werden. Ebenso kann ein Vorgang eines Projekts mit einem kompletten anderen Projekt verknüpft werden. Hierdurch kann beispielsweise der abschließende **Meilenstein** eines Projekts mit einem Folge-Projekt verknüpft werden, dessen Start erst durch das Erreichen des Meilensteins angestoßen werden darf.

Glossar **Ressourcenpool** Die Menge der Mitarbeiter und Sachmittel, welche für die Bewerkstelligung der im Projekt anfallenden Arbeiten verfügbar sind. Verschiedene Projekte können sich einen gemeinsamen Ressourcenpool teilen.

5.1 Gemeinsame Ressourcennutzung ***

In Microsoft Project können sich verschiedene Projekte einen Ressourcenstamm teilen. Ein solcher »Ressourcenpool« wird in einer eigenen Projektdatei angelegt. In dieser wird ausschließlich die Ressourcentabelle gepflegt. Vorgänge werden folglich nicht angelegt. Andere Projekte erhalten Zugriff auf den Ressourcenpool, indem Sie eine gemeinsame Ressourcennutzung vereinbaren. Die Projektdatei des

Ressourcenpools muss für den Gebrauch und die Vereinbarung der gemeinsamen Ressourcen geöffnet sein. Der Ressourcenpool kann mit verschiedenen Schreib- und Leseschutzeinstellungen geöffnet werden. Im Mehrbenutzerbetrieb erhält jeder Projektmanager eine lokale Kopie des Ressourcenpools. Werden Ressourcen daraus in Anspruch genommen, muss der gesamte Ressourcenpool zur Synchronisation aktualisiert werden. Benutzer erhalten nach Veränderungen eine aktualisierte Kopie des Ressourcenpools.

Die parallele Verwaltung von mehreren Projekten verläuft grundlegend genauso wie die Arbeit mit einem einzigen Projekt.

Mehrprojekttechnik

Sie benötigen die Mehrprojekttechnik von Microsoft Project im Prinzip nur in folgenden Situationen:

- **Vorgänge** aus verschiedenen Projekten sollen miteinander verknüpft werden.
- Mehrere Projekte sollen in einer **Datei** zusammengeführt werden.
- **Ressourcen** arbeiten an verschiedenen Projekten gleichzeitig.

Einrichtung eines Ressourcenpools

Projekte können ihre Ressourcen teilen. Hierbei kann ein Projekt auf Ressourcen eines anderen zugreifen. Sinnvoller ist es jedoch, einen »neutralen« **Ressourcenpool** zu erzeugen, auf den verschiedene Projekte Zugriff haben. Ein Ressourcenpool ist eine eigenständige **Projektdatei**, die ausschließlich Ressourcen (und damit keine Vorgänge) enthält.

Ressourcenpool erstellen

Ressourcenpool erstellen
Sie haben eine feste Belegschaft von Mitarbeitern, die fortwährend an verschiedenen Projekten arbeitet. Um diese Mitarbeiter projektübergreifend einsetzen zu können, erzeu-

Basistext

gen Sie eine Projektdatei, die ausschließlich Ressourcen verwaltet. Alle tatsächlichen Projekte bedienen sich dieses Ressourcenpools.

- Erstellen Sie ein neues Projekt.

- Öffnen Sie die Ansicht Ressource: Tabelle und tragen Sie die Ressourcen aus Abb. 5.1-1 ein bzw. kopieren Sie die Tabelle aus einer vorhandenen Projektdatei des Fallbeispiels.

	❶	Ressourcenname	Art
1		Möbius, J.	Arbeit
2		Ernesti, E.	Arbeit
3		Beutler, H.	Arbeit
4		Voß, R.	Arbeit
5		von Zahnd, M.	Arbeit

*Abb. 5.1-1: Legen Sie diese Ressourcenliste an. Sie können ebenfalls die gesamte Ressourcentabelle aus dem **Theater-Projekt** kopieren: Klicken Sie im Tabellenkopf auf die erste Spalte (vor Ressourcenname). Die gesamte Tabelle wird markiert. Wählen Sie Kopieren und danach im Ressourcenpool Einfügen.*

- Speichern Sie das Projekt unter dem Namen Ressourcenpool.

Somit stehen die Ressourcen für andere Projekte zur Nutzung bereit.

Sie müssen das Projekt Ressourcenpool in jedem Fall öffnen, wenn Sie den Ressourcenstamm anderen Projekten zur Verfügung stellen wollen. Anderenfalls kann darauf nicht zugegriffen werden und eine gemeinsame Ressourcennutzung ist nicht möglich!

Ressourcenpool zuweisen

Die **gemeinsame Ressourcennutzung** legen Sie im gleichnamigen Dialog fest. Dieser wird im Menü Extras unter dem Eintrag Ressourcen gemeinsam nutzen aufgerufen.

Basistext

5.1 Gemeinsame Ressourcennutzung ***

Gemeinsame Ressourcennutzung einrichten
Ein Projekt soll die Ressourcen eines vorher eingerichteten
Pools nutzen.

- Öffnen Sie zuerst die Projektdatei Ressourcenpool.
- Legen Sie ein neues Projekt an und speichern dieses mit folgenden Einstellungen:
  - Anfangstermin: 01. März 2004
  - Dateiname: Fremde Ressourcen

- Wählen Sie im Menü Extras den Eintrag Ressourcen gemeinsam nutzen.
- Im Untermenü wählen Sie Gemeinsame Ressourcennutzung.

Der Dialog Gemeinsame Ressourcennutzung wird geöffnet.

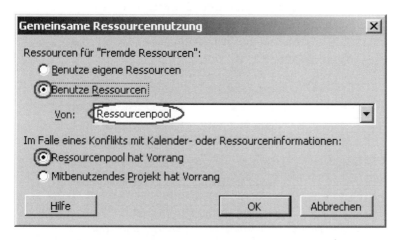

Abb. 5.1-2: Sie können eine gemeinsame Ressourcennutzung vereinbaren oder sich auf lokale Ressourcen beschränken.
Für den Fall der gemeinsamen Ressourcennutzung muss eine Konfliktregelung getroffen werden.
Es empfiehlt sich, dem Ressourcenpool den Vorrang zu gewähren.

Basistext

238   5 Mehrprojekttechnik ***

- Aktivieren Sie die Option Benutze Ressourcen von: und wählen Sie aus der Liste Ressourcenpool (Abb. 5.1-2).
- Für den Fall eines Konflikts entscheiden Sie sich für Ressourcenpool hat Vorrang (Abb. 5.1-2).
  - ☐ Damit gelten für alle Projekte, die den Ressourcenpool nutzen, die gleichen Rechte. Der Ressourcenpool arbeitet übergeordnet. Diese Alternative verursacht weniger Probleme, gerade wenn mehrere Projektdateien gleichzeitig bearbeitet werden.

- Wechseln Sie anschließend in die Ansicht Ressource: Tabelle.
- Fügen Sie der Tabelle die Spalte Projekt hinzu:
  - ☐ Klicken Sie mit der rechten Maustaste auf den Kopf der Spalte Art.
  - ☐ Wählen Sie im Kontextmenü Spalte einfügen.
  - ☐ Wählen Sie Projekt aus der Liste Feldname.
- Die Ressourcen aus dem Pool stehen dem Projekt zur Verfügung (Abb. 5.1-3).

	❶	Ressourcenname	Projekt	Art
1		Möbius, J.	Ressourcenpool	Arbeit
2		Ernesti, E.	Ressourcenpool	Arbeit
3		Beutler, H.	Ressourcenpool	Arbeit
4		Voß, R.	Ressourcenpool	Arbeit
5		von Zahnd, M.	Ressourcenpool	Arbeit

Abb. 5.1-3: In der Ressourcentabelle des Projekts Fremde Ressourcen *werden die Mitarbeiter der Datei* Ressourcenpool *angezeigt.*

- Speichern Sie die Datei unter dem Namen Fremde Ressourcen.mpp.

Schreib- und Lesezugriff

Bevor Sie damit beginnen, im neuen Projekt Vorgänge anzulegen und Ressourcen zuzuordnen, sollten Sie sich mit den Besonderheiten des **Schreib- und Lesezugriffs** von Ressourcenpools vertraut machen. Microsoft Project wird künf-

Basistext

tig bei jedem Öffnen der Datei einen entsprechenden Dialog öffnen.

- Schließen Sie sowohl den Ressourcenpool als auch die neue Projektdatei.
- Öffnen Sie daraufhin den Ressourcenpool unmittelbar wieder.

Microsoft Project erkennt die Datei Ressourcenpool.mpp nun als einen solchen. Der Grund dafür liegt in der Tatsache, dass andere Projektdateien ihre Ressourcen aus dieser Quelle beziehen.

Der Dialog Ressourcenpool öffnen fragt – wie in Abb. 5.1-4 – nach der gewünschten Zugriffsberechtigung.

Dialog Ressourcenpool öffnen

- Entscheiden Sie sich für die erste Alternative.
- ☐ Somit können verschiedene Projektmanager mit dem Ressourcenpool arbeiten. Für jeden Benutzer wird eine eigene Kopie des Ressourcenpools erzeugt.

Ressourcenpool bearbeiten

Wenn Sie den Ressourcenpool bearbeiten wollen, entscheiden Sie sich für die zweite Variante (Lese-/Schreibzugriff).

Der Pool ist für andere Benutzer für den Zeitraum der Änderungen gesperrt. Sie können die Ressourcen und deren Eigenschaften ändern, ohne dass Mitbenutzer die Daten ihrerseits verändern können.

Tipp

- Öffnen Sie die Datei Fremde Ressourcen.mpp.
- ☐ Sie können jetzt sämtliche Befehle wie gewohnt ausführen. Die Ressourcen aus dem Ressourcenpool verhalten sich genauso wie lokal angelegte Ressourcen. Sie werden in der Benutzung keine Unterschiede bemerken.

Der große Vorteil der gemeinsamen Ressourcennutzung liegt darin, dass deren Einsatz in allen Projekten ersichtlich ist, die auf den Ressourcenpool zugreifen. Sie behalten die

Basistext

5 Mehrprojekttechnik ***

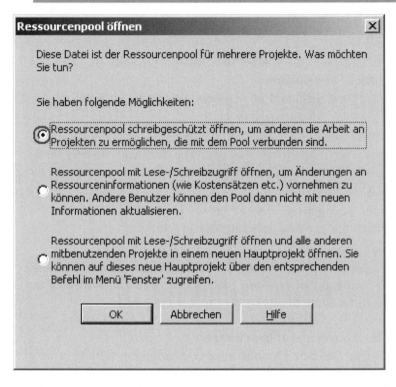

Abb. 5.1-4: Dieser Dialog erscheint immer, wenn Sie einen Ressourcenpool öffnen.
Sie muessen festlegen, welche Form des Schreib-/Leseschutzes Sie vereinbaren wollen.

Gesamtübersicht und vermeiden **Überlastungen** und Konflikte, da Sie stets einsehen können, welche Tätigkeiten aus anderen Projekten gerade von Ressourcen ausgeführt werden.

Basistext

Projektübergreifender Ressourceneinsatz

Projektübergreifende Betrachtung des Ressourceneinsatzes

Zwei Projekte arbeiten mit dem gleichen Ressourcenpool. In Fremde Ressourcen existiert der Vorgang Vorbereitungen mit einer Dauer von 2 Wochen. Anfangstermin ist der 1. März 2004. Die Ressource Möbius ist dem Vorgang über die gesamte Dauer zu 100 % zugeordnet.

- Benutzen Sie die bereits erstellten Dateien Ressourcenpool und Fremde Ressourcen. Öffnen Sie diese bitte, falls Sie sie geschlossen haben sollten.
- Geben Sie den Vorgang im Fremde Ressourcen ein.
- Ordnen Sie die Ressource Möbius wie beschrieben zu. Abb. 5.1-5 zeigt das Ergebnis in der Ansicht Balkendiagramm.

	ⓘ	Vorgangsname	Dauer	Anfang	Ende	Ressourcennamen
1		Vorbereitungen	2 Wochen	Mo 01.03.04 08:00	Fr 12.03.04 17:00	Möbius, J.

Abb. 5.1-5: Nehmen Sie in der Gantt-Ansicht von Projekt 1 diese Zuordnung vor!

- Erstellen Sie ferner ein Projekt Fremde Ressourcen 2. Der Anfangstermin entspricht dem von Fremde Ressourcen.
- Bestimmen Sie eine gemeinsame Ressourcennutzung auf Basis des erstellten Ressourcenpools.
- Wechseln Sie für Fremde Ressourcen 2 in die Ansicht Ressource: Einsatz.
- Fügen Sie der Tabelle die Spalte Projekt hinzu.

Obwohl in Fremde Ressourcen 2 weder Vorgänge noch Ressourcenzuweisungen definiert wurden, wird für die Ressource Möbius Arbeit angezeigt (vgl. Abb. 5.1-6).

In der Spalte Projekt ist ersichtlich, dass diese **Arbeit** aus einem Vorgang von Fremde Ressourcen stammt.

Basistext

	❶	Ressourcenname	Projekt	Arbeit	Einzelheiten	01. Mrz '04	
						M	D
1		⊟ Möbius, J.	Ressourcenpool	80 Stunde	Arbeit	8Std.	8Std.
		Vorbereitungen	*Fremde Ressourcen*	*80 Stunde*	Arbeit	8Std.	8Std.
2		Ernesti, E.	Ressourcenpool	0 Stunde	Arbeit		
3		Beutler, H.	Ressourcenpool	0 Stunde	Arbeit		
4		Voß, R.	Ressourcenpool	0 Stunde	Arbeit		
5		von Zahnd, M.	Ressourcenpool	0 Stunde	Arbeit		

Abb. 5.1-6: In der Spalte Projekt *wird für Vorgänge deren Herkunftsprojekt angegeben. Ressourcen stammen ebenfalls aus einem eigenen Projekt. Das ist natürlich der Ressourcenpool.*

Synchronisation des Ressourcenpools

Wenn Sie den Ressourcenpool schreibgeschützt öffnen, erhalten Sie eine Kopie der Datei. Diese Kopie aktualisiert sich nicht selbständig, sondern verbleibt inhaltlich mit den im Pool vorhandenen Daten zum Zeitpunkt der Kopieerstellung.

Kommunikation bei mehreren Benutzern

Haben Sie Ressourcen aus dem Ressourcenpool verplant, also diesen Arbeit an Vorgängen zugeteilt, so müssen Sie diese Änderungen an den Ressourcenpool senden. Dies ist insbesondere dann wichtig, wenn mehrere Benutzer gleichzeitig mit dem Ressourcenpool arbeiten. Anderenfalls ergeben sich Kommunikationsprobleme und eventuell mehrfache Belegungen von Ressourcen zu einem Zeitpunkt. Überlastungen sind die Folge.

Nach dem Zuordnen von Ressourcen sollten Sie den Befehl Ressourcenpool aktualisieren ausführen. Dieser befindet sich im Menü Extras unter Ressourcen gemeinsam nutzen.

Um eine neue und aktuelle Kopie des Ressourcenpools zu erhalten, führen Sie den Befehl Ressourcenpool erneut laden aus. Dieser befindet sich gleichfalls im Menü Extras unter Ressourcen gemeinsam nutzen. Damit stellen Sie sicher, dass Ihnen keine Änderungen durch andere Benutzer entgehen.

Basistext

Die gängigsten Befehle im Umgang mit Ressourcen finden Sie auf der (in Abb. 5.1-7 dargestellten) Symbolleiste Ressourcenmanagement. Fügen Sie diese Ihren Projekten bei Bedarf hinzu.

Symbolleiste Ressourcenmanagement

Abb. 5.1-7: Die Symbolleiste Ressourcenmanagement *fasst häufig benutzte Befehle zu diesem Thema zusammen.*

5.2 Projekte in einer Datei zusammenführen ✻✻✻

Ein Aspekt der Mehrprojekttechnik ist das gemeinsame Verwalten mehrerer Projekte in einer Datei. Große Projekte werden oftmals in kleinere Teilprojekte zerlegt. Für das Gesamtprojekt kann eine eigene Projektdatei erzeugt werden, in die alle Teilprojekte eingebunden werden. Die Arbeitsweise ist vergleichbar mit der Behandlung von Sammelvorgängen. Das eingebundene Projekt wird vollständig in das vorhandene integriert. Alle Daten werden übernommen und können sowohl in der Quelldatei als auch in der Datei des Projekts bearbeitet werden, in welches das Projekt eingebettet wurde. Es besteht eine Verknüpfung zwischen beiden Dateien, sodass Änderungen an einer Stelle zur anderen übertragen werden.

Große Projekte können in kleinere Teilprojekte zerlegt werden. Für das Gesamtprojekt kann eine eigene **Projektdatei** erzeugt werden, in die alle Teilprojekte eingebunden werden. Ebenso kann ein Projekt Unterprojekte aufnehmen. Diese werden in das vorhandene Projekt eingegliedert. Mi-

Basistext

244 5 Mehrprojekttechnik ***

crosoft Project behandelt eingefügte Projekte dabei prinzipiell wie **Sammelvorgänge**.

Für das **Fallbeispiel einer Theateraufführung** wurden bisher nur Planungen im Rahmen der **Vorbereitungen** getroffen. Die **Durchführung** dieser Aufführung soll als eigenständige Projektdatei erstellt werden. Um projektübergreifende Verknüpfungen zu erstellen und um die generelle Zusammengehörigkeit beider Projekte zu veranschaulichen, soll das Projekt Durchführung in das Projekt Vorbereitungen eingebunden werden.

Ein weiteres Projekt erstellen

Richten Sie exemplarisch ein Projekt namens Durchführung ein. Dieses soll in die vorhandene Fallstudie – also die Vorbereitungen – eingefügt werden.

- Erstellen Sie ein neues Projekt.
- Entnehmen Sie die Eckdaten den folgenden Bildschirmabzügen (Abb. 5.2-1, Abb. 5.2-2 und Abb. 5.2-3).

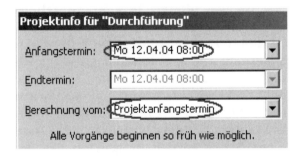

Abb. 5.2-1: Machen Sie im Dialog Projektinfo *diese Eingaben!*

Ansicht Balkendiagramm

- Erzeugen Sie **Vorgänge** und **Ressourcen** wie in Abb. 5.2-2 und Abb. 5.2-3 dargestellt.

- Ordnen Sie die Ressourcen den Vorgängen wie dargestellt zu!

Basistext

5.2 Projekte zusammenführen ***

	❶	Vorgangsname	Dauer	Anfang	Ende	Ressourcennamen
1		Abendkasse	4 Stunde	Mo 12.04.04 08:00	Mo 12.04.04 12:00	Kassierer
2		Gastronomie	1 Tag	Mo 12.04.04 08:00	Mo 12.04.04 17:00	Kellner[300%]
3		Maske und Kostüme	3 Stunde	Mo 12.04.04 08:00	Mo 12.04.04 11:00	Maskenbildner

Abb. 5.2-2: In der Ansicht Balkendiagramm geben Sie bitte diese Vorgänge ein!

	❶	Ressourcenname	Max. Einheiten	Art
1		Kassierer	100%	Arbeit
2		Kellner	(300%)	Arbeit
3		Maskenbildner	100%	Arbeit

Abb. 5.2-3: Legen Sie bitte diese Ressourcen in der Ressourcentabelle an!

Das Projekt dient nur als Beispiel für das Einfügen innerhalb der Mehrprojekttechnik. Auf fachliche oder inhaltliche Feinheiten kann in jeder Weise verzichtet werden!

Hinweis

- Speichern Sie das Projekt unter dem Namen Durchführung (ohne Basisplan).

Das Projekt einbinden
Das Einbinden eines Projekts erfolgt im Prinzip wie das Anlegen eines Vorgangs.

- Öffnen Sie die vorhandene W3L-Fallstudie.
- Markieren Sie die erste leere Zeile hinter den vorhandenen Vorgängen.

- Wählen Sie Projekt... im Menü Einfügen.
- ☐ Der Dialog Projekt einfügen wird geöffnet.

- Wählen Sie das Projekt Durchführung und fügen Sie es ein.

Das neue Projekt wird wie ein **Sammelvorgang** in die vorhandene Vorgangsstruktur eingefügt (Abb. 5.2-4).

Basistext

5 Mehrprojekttechnik ***

	Vorgangsname	Dauer	Anfang	Ressourcennamen
1	⊟ Vorbereitungen	28,75 Tage	Mo 01.03.04 08:00	
2	⊞ Regelmäßige Probe	27,25 Tage	Di 02.03.04 13:30	
15	⊞ Bühnenausstattung	26,94 Tage	Di 02.03.04 08:00	
19	⊞ Kartenvorverkauf durchführen	5,13 Tage	Mo 01.03.04 08:00	ntrittskarte[200 Stück]
23	Vorbereitungen abgeschlossen	0 Tage	Do 08.04.04 15:30	
24	⊟ Durchführung	1 Tag	Mo 12.04.04 08:00	
1	Abendkasse	4 Stunde	Mo 12.04.04 08:00	Kassierer
2	Gastronomie	1 Tag	Mo 12.04.04 08:00	Kellner[300%]
3	Maske und Kostüme	3 Stunde	Mo 12.04.04 08:00	Maskenbildner

Abb. 5.2-4: Das Projekt ist jetzt in der Ansicht Balkendiagramm vorhanden.

Unterschiede zum Sammelvorgang

Sammelvorgang und eingebundenes Projekt unterscheiden sich durch die Formatierung und ein **Indikatorsymbol** beim eingefügten Projekt. Dieses referenziert die Quelldatei und öffnet per Doppelklick den Dialog Informationen zum eingefügten Projekt.

Verknüpfung mit Quelldatei

Jedes eingefügte Projekt ist mit seiner Originaldatei verknüpft (Abb. 5.2-5). Änderungen an der Originaldatei bewirken aufgrund dieser Verknüpfung eine automatische Aktualisierung aller Dateien, in die dieses Projekt eingebettet bzw. eingefügt ist. Gleichwohl, an welcher Stelle oder in welcher Datei Sie eine Änderung vornehmen: Die Daten eines Projekts sind überall identisch und konsistent. Sie können

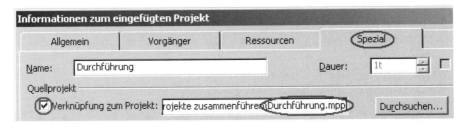

Abb. 5.2-5: Deaktivieren Sie die Verknüpfung, so werden Änderungen im eingebundenen Projekt nicht mehr in der Quelldatei aktualisiert.

Basistext

diese Verknüpfung im Dialog Informationen zum eingefügten Projekt (Register Spezial) abwählen.

Vollständige Einbindung
Das eingefügte Projekt wird **vollständig** in die Vorbereitungen eingebettet. Das bedeutet, dass sämtliche Daten aller Projekte verfügbar sind.

- Wechseln Sie in die Ansicht Ressource: Tabelle.
- Fügen Sie dort die Spalte Projekt ein.
  □ Klicken Sie dazu mit der rechten Maustaste auf den Kopf einer Spalte.
  □ Wählen Sie im Kontextmenü Spalte einfügen.
  □ Wählen Sie Projekt aus der Liste Feldname.

Alle Ressourcen beider Projekte sind vorhanden und können bearbeitet werden (Abb. 5.2-6). Dies gilt in allen Tabellen und allen Ansichten. Beachten Sie, dass die Nummerierung der Ressourcen nicht durchlaufend ist, sondern für jedes Projekt erneut bei 1 beginnt.

Ebenso werden die Kalender des eingefügten Projekts importiert (Abb. 5.2-7). Unter Arbeitszeit ändern im Menü Extras werden alle **Basiskalender** und **Ressourcenkalender** aufgelistet:

Import von Kalendern

Die zugewiesenen Kalender bleiben beim Einfügen also weiterhin erhalten.

Leistungsgesteuerte Terminplanung

Der Vorgang Gastronomie des Projekts Durchführung ist nebenbei ein gutes Beispiel für die Schwierigkeit, einen Vorgang im Hinblick auf **leistungsgesteuerte Terminplanung** zu beurteilen. Der Vorgang arbeitet auf jeden Fall mit der Berechnungsart **feste Dauer**, denn er verkürzt sich nicht, wenn Sie die Anzahl der Kellner erhöhen. Fraglich ist, ob der

Basistext

	Ressourcenname	Projekt	Basiskalender
1	Regisseur	Theater-Fallstudie	Regelarbeitszeit
2	Schreiner	Theater-Fallstudie	Regelarbeitszeit
3	Druckerei	Theater-Fallstudie	Regelarbeitszeit
4	Möbius, J.	Theater-Fallstudie	Regelarbeitszeit
5	Ernesti, E.	Theater-Fallstudie	Regelarbeitszeit
6	Beutler, H.	Theater-Fallstudie	Regelarbeitszeit
7	Voß, R.	Theater-Fallstudie	Regelarbeitszeit
8	von Zahnd, M.	Theater-Fallstudie	Regelarbeitszeit
9	Lamierfolie	Theater-Fallstudie	
10	Speisen	Theater-Fallstudie	
11	Eintrittskarte	Theater-Fallstudie	
1	Kassierer	Durchführung	Standard
2	Kellner	Durchführung	Standard
3	Maskenbildner	Durchführung	Standard

Abb. 5.2-6: In der Ressourcentabelle können die Ressourcen beider Projekte bearbeitet werden. Sämtliche Daten können eingesehen werden, so zum Beispiel auch die Kalender der Ressourcen beider Projekte.

Vorgang leistungsgesteuert ist. Dafür müsste sich die Arbeit jeder Ressource verringern, wenn weitere hinzugefügt werden. Natürlich tritt irgendwann ein Sättigungseffekt ein, wenn ausreichend Kellner verfügbar sind. Allerdings wird die Bedingung nicht erfüllt, dass sich die einzubringende Arbeit pro Ressource linear verkürzt, also eine Verdopplung der Kellner (zum Beispiel von 2 auf 4) eine Halbierung der nötigen Einheiten mit sich zieht. Demnach ist der Vorgang **nicht** leistungsgesteuert.

Speichern Sie die Projektdateien. Sie benötigen das eingebundene Projekt später für projektübergreifende Verknüpfungen.

Basistext

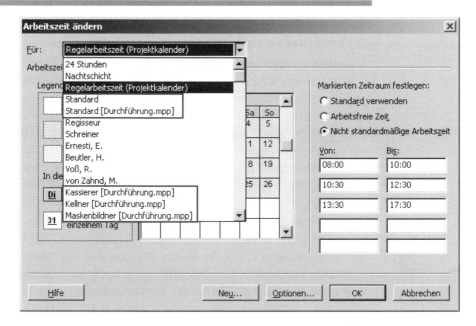

Abb. 5.2-7: In der Liste Für *sind alle Kalender (Basiskalender und Ressourcenkalender) aus beiden Projekten vorhanden.*

5.3 Projektübergreifendes Verknüpfen von Vorgängen **

Werden in einer Datei mehrere Projekte verwaltet, so erzeugen Sie Verknüpfungen zwischen Vorgängen aus verschiedenen Projekten genau wie solche in einem einzigen Projekt. Der Ursprung der Vorgänge ist durch eine erweiterte Pfadangabe in der Spalte »Vorgänger« ersichtlich. Verknüpfungen zwischen einem Vorgang eines Projekts und einem eingebundenen Projekt als Ganzem sind ebenfalls möglich, da eingefügte Projekte vergleichbar zu Sammelvorgängen behandelt werden. Wird ein eingefügtes Projekt gelöscht, so

Basistext

bleiben dennoch diejenigen Vorgänge erhalten, die Verknüpfungen zu anderen Projekten aufweisen.

Anordnungsbeziehungen zu **Vorgängen** aus eingebundenen Projekten werden genauso erzeugt wie **Verknüpfungen** innerhalb eines einzigen Projekts. Ebenso können Sie einen Vorgang des vorhandenen Projekts mit dem gesamten eingefügten Projekt verknüpfen. Dieses Vorgehen ist sinnvoll, wenn Teilprojekte sequentiell abgearbeitet werden und das Erreichen des ersten Teils der Anstoß für den Start eines nächsten ist. In diesem Fall wird der **Meilenstein** am Ende des ersten Teils mit dem folgenden Teilprojekt verknüpft.

Im Fallbeispiel einer Theateraufführung wurde die Vorbereitungsphase um eine Durchführungsphase erweitert. Diese wurde als externes Projekt in die Projektdatei der Vorbereitungen eingefügt. Die Durchführung kann naturgemäß erst nach der Fertigstellung der Vorbereitungen erfolgen. Um diesen Sachverhalt zu verdeutlichen soll eine Verknüpfung vom Meilenstein Vorbereitungen abgeschlossen zum Projekt Durchführung erstellt werden. ∎

- Öffnen Sie die Ansicht Balkendiagramm (Gantt).
- Markieren Sie – wie in Abb. 5.3-1 – zuerst den Meilenstein Vorbereitungen abgeschlossen.
- Markieren Sie erst dann das Projekt Durchführung.

Die Reihenfolge der Markierung ist ausschlaggebend für die Richtung der Verknüpfung!

- Klicken Sie dann auf die Schaltfläche Vorgänge verknüpfen.

Die Art dieser **Anordnungsbeziehung** legen Sie wie gewohnt im gleichnamigen Dialog fest.

Vorgangsnummern

Beachten Sie bitte die Konventionen bei der Vergabe der Vorgangsnummern (vgl. Abb. 5.3-2):

- (1) Vorgänge, deren Anzeige in der Baumstruktur unterdrückt wird, verursachen einen Sprung in der Zahlenfolge. Das gilt auch für die Arbeit mit einem einzigen Projekt.

Basistext

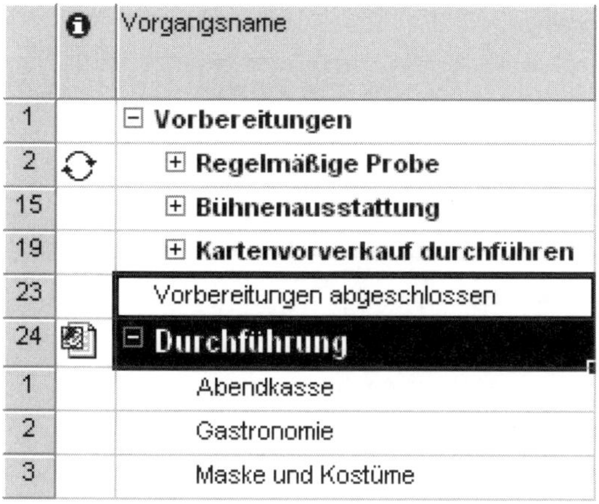

	❶	Vorgangsname
1		⊟ **Vorbereitungen**
2	⟲	⊞ **Regelmäßige Probe**
15		⊞ **Bühnenausstattung**
19		⊞ **Kartenvorverkauf durchführen**
23		Vorbereitungen abgeschlossen
24	📄	⊟ **Durchführung**
1		Abendkasse
2		Gastronomie
3		Maske und Kostüme

Abb. 5.3-1: Die Reihenfolge der Markierung ist ausschlaggebend für die Richtung der Verknüpfung. Die Verknüpfung richtet sich vom zuerst markierten Vorgang zum später markierten.

■ (2) Das eingefügte Projekt erhält eine Vorgangsnummer nach der Zählweise eines regulären Vorgangs im ursprünglichen Projekt. Im Beispiel hat das Projekt 24 Vorgänge, das eingefügte Projekt erhält die Vorgangsnummer 25. Es wird also wie ein zusätzlicher Vorgang behandelt. Die Vorgänge des eingefügten Projekts hingegen werden wiederum mit 1 beginnend gezählt. Es werden also die Nummern benutzt, die die Vorgänge auch in der Quelldatei haben.

Verknüpfungen zu Vorgängen aus nicht eingebundenen Projekten

Es gibt Situationen, in denen eine Verknüpfung zu einem externen Projekt erfolgen soll, ohne das gesamte externe Projekt einzubinden. Dies ist auch durchaus möglich, doch in der Handhabung etwas umständlich.

Basistext

5 Mehrprojekttechnik ***

	Vorgangsname
1	⊟ **Vorbereitungen**
2	⊞ **Regelmäßige Probe**
15	⊞ **Bühnenausstattung**
19	⊟ **Kartenvorverkauf durchführen**
20	Kartenlayout gestalten
21	Karten drucken
22	VVK-Stellen beliefern
23	Vorbereitungen abgeschlossen
24	⊟ **Durchführung**
1	Abendkasse
2	Gastronomie
3	Maske und Kostüme

Abb. 5.3-2: Das eingefügte Projekt ist ein Vorgang des ursprünglichen Projekts, die Vorgänge des eingefügten Projekts behalten ihre Vorgangsnummern aus ihrer eigenen Quelldatei.

Verknüpfen Sie zwei Vorgänge aus zwei verschiedenen Projekten, ohne ein Projekt komplett in das andere einzubinden.

- Erzeugen Sie zu Testzwecken zwei kleine Projekte Projekt 1 und Projekt 2.
- Erstellen Sie jeweils einige Vorgänge für beide Projekte. Entnehmen Sie die Namen der Abb. 5.3-3:

	Vorgangsname	Dauer	Projekt			Vorgangsname	Dauer	Projekt
1	Vorgang 1	1 Tag?	Projekt1	1		Vorgang A	1 Tag?	Projekt2
2	Vorgang 2	1 Tag?	Projekt1	2		Vorgang B	1 Tag?	Projekt2
3	Vorgang 3	1 Tag?	Projekt1					

Abb. 5.3-3: Die neuen Projekte dienen ausschließlich zu Testzwecken und bedürfen daher nur minimalen Einstellungen.

Basistext

5.3 Projektübergreifende Verknüpfungen ** 253

Für die Verknüpfung zweier Vorgänge aus verschiedenen Projekten müssen Sie einen Umweg in Kauf nehmen: Erst muss – wie gehabt – das gesamte Projekt eingefügt werden. Danach erfolgt die eigentliche Verknüpfung zwischen den Vorgängen. Schliesslich wird das eingefügte Projekt entfernt. So bleibt nur der verknüpfte Vorgang eingebunden.

- Fügen Sie Projekt 2 in Projekt 1 ein.
- Erstellen Sie eine Verknüpfung von Vorgang 3 zu Vorgang A.

In der Spalte Vorgänger wird der externe Charakter der

	❶	Vorgangsname	Dauer	Projekt	Vorgänger
1		Vorgang 1	1 Tag?	Projekt1	
2		Vorgang 2	1 Tag?	Projekt1	
3		Vorgang 3	1 Tag?	Projekt1	
5	🗐	⊟ **Projekt2**	**2 Tage?**	**Projekt1**	
2		Vorgang A	1 Tag?	Projekt2	C:\Eigene Dateien\Projekt1.mpp\3
3		Vorgang B	1 Tag?	Projekt2	

Abb. 5.3-4: In der Spalte Vorgänger wird der externe Charakter der Verknüpfung deutlich. Der gesamte Pfad der Projektdatei wird de Vorgangsnummer vorangestellt.

Verknüpfung deutlich. Der gesamte Pfad der Projektdatei wird der Vorgangsnummer vorangestellt (Abb. 5.3-4).

- Markieren Sie den Sammelvorgang Projekt 2 und löschen das eingefügte Projekt (Abb. 5.3-5)!

Abb. 5.3-5: Markieren Sie die Zeile des Sammelvorgangs Projekt 2 und drücken Sie die Taste Entfernen.

Basistext

5 Mehrprojekttechnik ***

- Wählen Sie im Dialog des Planungs-Assistenten die Möglichkeit Fortfahren (Abb. 5.3-6).

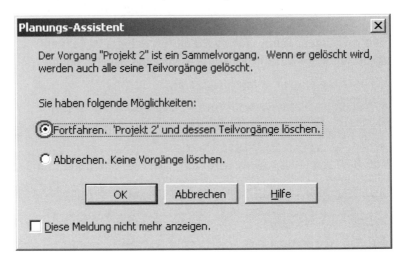

Abb. 5.3-6: Der Planungs-Assistent wird automatisch geöffnet, wenn Sie einen Sammelvorgang löschen.

Das eingefügte Projekt wird entfernt. Der verknüpfte Vorgang hingegen bleibt erhalten, wird allerdings in seiner Darstellung hervorgehoben (Abb. 5.3-7).

		Vorgangsname	Dauer	Projekt	Vorgänger	03 D F S S	20. M D
1		Vorgang 1	1 Tag?	Projekt1			
2		Vorgang 2	1 Tag?	Projekt1			
3		Vorgang 3	1 Tag?	Projekt1			
4		Vorgang A	1 Tag?	n\Projekt2.mpp	3		

Abb. 5.3-7: Der externe Vorgang lässt sich an der Farbe erkennen. Ferner wird in der Spalte »Projekt« der Pfad der externen Projektdatei angegeben.

Basistext

5.3 Projektübergreifende Verknüpfungen ** 255

Im Menü Extras können Sie unter Verknüpfungen zwischen Projekten eine Übersicht aller externen Verknüpfungen betrachten.

Verknüpfungen zwischen Projekten

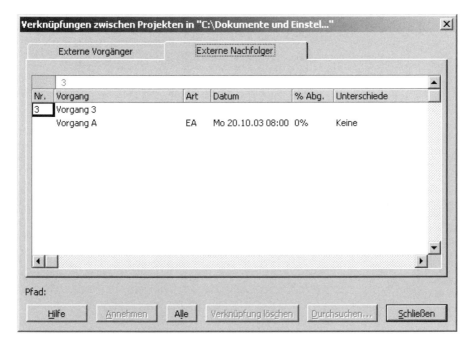

Abb. 5.3-8: Übersicht über alle externen Verknüpfungen. Diese sind gruppiert in externe Vorgänger und Nachfolger.

Basistext

Glossar

Abhängigkeitsbeziehung Beziehung zwischen verknüpften → Vorgängen. Definiert Art und Reihenfolge der Verknüpfung von Vorgänger und Nachfolger. Kann als → Anfang-Anfang-Beziehung, → Anfang-Ende-Beziehung, → Ende-Anfang-Beziehung oder → Ende-Ende-Beziehung festgelegt werden.
Anfang-Anfang-Beziehung → Anordnungsbeziehung zwischen → Vorgängen. Der Nachfolger kann beginnen, sobald der Vorgänger beginnt. Kann durch die Angabe eines → Zeitabstandes genauer definiert werden.
Anfang-Ende-Beziehung → Anordnungsbeziehung zwischen → Vorgängen. Der Nachfolger kann enden, sobald der Vorgänger begonnen hat. Kann durch die Angabe eines → Zeitabstandes genauer definiert werden.
Anordnungsbeziehung Beziehung zwischen verknüpften → Vorgängen. Definiert Art und Reihenfolge der Verknüpfung von Vorgänger und Nachfolger. Kann als → Anfang-Anfang-Beziehung, → Anfang-Ende-Beziehung, → Ende-Anfang-Beziehung oder → Ende-Ende-Beziehung festgelegt werden. Syn.: Abhängigkeitsbeziehung, Verknüpfung
Arbeitsdauer Zeit, die eine → Ressource benötigt, um einen → Vorgang abzuschließen.
Arbeitsressource → Ressource der Art »Arbeit«. Im Allgemeinen Mitarbeiter und solche Betriebsmittel, die über den Faktor Zeit abgerechnet werden. Dem gegenüber stehen Ressourcen der Art »Material«, deren Einsatz mengenmäßig erhoben wird.
Arbeit Der für den Abschluss eines → Vorgangs benötigte Gesamtaufwand an Arbeitszeit. Wird auf alle → Ressourcen aufgeteilt, die einem Vorgang zugeordnet sind.
Balkendiagramm Standardansicht von Microsoft Project. Hier werden → Vorgänge sowohl grafisch als auch tabellarisch dargestellt. Im grafischen Teil werden Vorgänge durch Balken dargestellt. Die Länge der Balken ist abhängig von der → Dauer. Ihre Position wird durch Anfangs- und Endtermin bestimmt. → Verknüpfungen zwischen Vorgängen werden durch Verbindungspfeile symbolisiert. Die Namen der → Ressourcen, die einen Vorgang bearbeiten, werden neben dem Vorgangsbalken angezeigt. Im linken Bildschirmbereich werden diese Informationen tabellarisch dargestellt. Erstellen, Bearbeiten und Ändern von Vorgängen ist in beiden Bereichen möglich. Syn.: Gantt-Diagramm
Basiskalender Allgemeiner Kalender, welcher Arbeitszeiten definiert. Kann nach ausdrücklicher Zuweisung als Grundlage für die Arbeitszeiten von Projekten, → Ressourcen oder → Vorgängen dienen.
Basisplan Werkzeug der Projektüberwachung. Enthält die ursprünglichen → Planwerte, welche mit den aktuellen → Istwerten verglichen werden.
Berichtsart Eine Kategorie, die mehrere → Berichte zu einer be-

stimmten Informationsgruppe aufnimmt. Berichtsarten sind »Übersicht«, »Vorgangsstatus«, »Kosten«, »Ressourcen« und »Arbeitsauslastung«.
Bericht Für den Ausdruck bestimmter Informationen aus der Projektdatei. Nach der Art der anzuzeigenden Informationen in verschiedene Berichtsarten unterteilt.
Dauer Zeitspanne, die für die Fertigstellung eines → Vorgangs erforderlich ist. Syn.: Vorgangsdauer
Einheiten Anteil der verfügbaren Arbeitszeit einer → Ressource der Art → Arbeit, mit der sie einem → Vorgang zugeordnet wird. Die Angabe erfolgt prozentual. Wird eine Ressource einem Vorgang mit 50 % zugeordnet, so arbeitet diese im Zeitraum der → Zuordnung mit 50 % ihrer verfügbaren Zeit an diesem Vorgang.
Einschränkungstermin Zeitpunkt, der in Verbindung mit einer → Vorgangseinschränkung festgelegt wird. Je nach Einschränkungsart darf der Termin nur unterschritten oder überschritten werden. Im strengsten Fall der Einschränkung muss er exakt eingehalten werden.
Einschränkung Eine Bedingung, welche die Termine eines → Vorgangs auf der Zeitachse einschränkt. Je nach Art der Bedingung können Vorgänge einen → Einschränkungstermin nicht über- oder unterschreiten bzw. müssen genau termingerecht starten oder enden.
Ende-Anfang-Beziehung Der Standardfall einer → Anordnungsbeziehung zwischen → Vorgängen. Der Nachfolger kann beginnen, sobald der Vorgänger beendet ist. Kann durch die Angabe eines → Zeitabstandes genauer definiert werden.
Ende-Ende-Beziehung → Anordnungsbeziehung zwischen → Vorgängen. Der Nachfolger kann enden, sobald der Vorgänger beendet ist. Kann durch die Angabe eines → Zeitabstandes genauer definiert werden.
Gemeinkosten Indirekte Kostenart, die nicht direkt einem → Vorgang oder einem Projekt zugeordnet werden kann. Werden anhand eines Gemeinkostenschlüssels auf die einzelnen Projekte umgelegt.
Geplante Termine Früheste Anfangs- und Endtermine eines → Vorgangs. Werden im Rahmen der → Projektplanung ermittelt. Bei der → Vorwärtsberechnung werden geplante Termine späterer Vorgänge ausgehend vom Projektstart berechnet. Bei der Rückwärtsberechnung werden die spätesten Anfangs- und Endtermine der Vorgänge ermittelt, die am Projektende liegen. Die Ermittlung der späten Termine früherer Vorgänge erfolgt zeitlich in rückwärtiger Richtung.
Hyperlink *(hyperlink)* Verweise auf andere Dokumente; in → Web-Browsern meist farblich oder unterstrichen hervorgehoben; ein Mausklick auf einen Hyperlink bewirkt, dass zu dem Dokument, auf das verwiesen wird, verzweigt wird. Kurzform: → Link. Syn.: Link, Verweis
Hypertext *(hypertext)* Text, der Sprungmarken bzw. Verweise (→ Hyperlinks) auf andere Texte enthält.

Glossar

Indikator Symbol, welches signalisiert, dass zu einem → Vorgang oder einer → Ressource bestimmte Zusatzinformationen verfügbar sind. Diese werden durch einen Doppelklick auf das Symbol erreicht.

Internet *(internet)* Weltweites, dezentralisiertes, allgemein zugängliches Computernetz, in dem eine Vielzahl von Diensten angeboten und genutzt werden. Als Übertragungsprotokoll wird → TCP/IP verwendet.

Istwert Ein im Projektverlauf tatsächlich eingetretener Wert für Dauer, Kosten, Termine etc. Kann vom ursprünglichen → Planwert abweichen. Abweichungen von Istwert und Planwert können ermittelt werden, wenn der Planwert im → Basisplan festgehalten wurde.

Kapazitätstreue Bedarfsoptimierung Die Wahl der Termine wird durch Bedarf und Vorrat an → Ressourcen bestimmt. Der Bedarf muss jederzeit kleiner als der vorhandene Vorrat sein. Terminverspätungen werden zum Erreichen dieses Ziels geduldet.

Kreuztabelle Für den Ausdruck bestimmter Darstellung von gefilterten bzw. verdichteten Informationen zu → Vorgängen und → Ressourcen über einen bestimmten Zeitraum. Syn.: Kreuztabellenbericht

Kritischer Pfad Folge kritischer → Vorgänge. Verzögerungen führen zur Nichteinhaltung des spätesten Projektendtermins. Einhaltung aller Termine bedeutet den kürzestmöglichen Projektablauf.

Kritischer Vorgang → Vorgang ohne → Pufferzeit. Verzögerungen solcher Vorgänge führen zur Nichteinhaltung der spätesten Endtermine nachfolgend verknüpfter Vorgänge.

Leistungsgesteuert (Leistungsgesteuerte Terminplanung) Berechnungsmethode für die Bearbeitung von → Vorgängen. Leistungsgesteuerte Vorgänge verändern ihre → Dauer durch das Hinzufügen bzw. Entfernen von → Ressourcen.

Link *(link)* Verweise auf andere Dokumente; in → Web-Browsern meist farblich oder unterstrichen hervorgehoben; ein Mausklick auf einen Link bewirkt, dass zu dem Dokument, auf das verwiesen wird, verzweigt wird. Kurzform von → Hyperlink. Syn.: Hyperlink, Verweis, Referenz

Materialbeschriftung Frei wählbare Maßeinheit zur mengenmäßigen Bestimmung von → Materialressourcen.

Materialressource → Ressource der Art »Material«. Betriebsmittel, die über ihren Mengenverbrauch abgerechnet werden. Dem gegenüber stehen Ressourcen der Art »→ Arbeit«, deren Einsatz nach dem Faktor Zeit bestimmt wird. Syn.: Material

Meilenstein Signal für das Erreichen eines Teilzieles. In der Regel dargestellt als → Vorgang mit einer → Dauer von null Tagen.

Netzplan Grafische Darstellung von → Vorgängen und → Meilensteinen zur Ermittlung der Bearbeitungsreihenfolge.

Periodischer Vorgang Ein sich regelmäßig wiederholender → Vorgang, deren einzelne → Vorkommnisse in Termin, Dauer und Inhalt ähnlich sind und somit einen zusammengehörigen Zyklus bilden.

Phase Menge von zusammengehörigen → Vorgängen, die innerhalb eines Projekts eine sachlogische Einheit oder einen Arbeitsabschnitt bilden.

Planwert Ein Wert, der im Rahmen der Planung für Dauer, Kosten, Termine etc. geschätzt wurde. Im Projektverlauf wird ein entsprechender → Istwert ermittelt. Dieser kann vom ursprünglichen Planwert abweichen. Abweichungen von Istwert und Planwert können ermittelt werden, wenn der Planwert im → Basisplan festgehalten wurde. Syn.: Sollwert

Priorität Gewichtungsfaktor für → Vorgänge oder Projekte. Nimmt einen Wert zwischen 0 und 1000 an. Je höher der Wert, desto bedeutender ist ein Vorgang im Hinblick auf die pünktliche Fertigstellung des Projekts.

Projektdatei Microsoft Project speichert alle Elemente eines Projekts in einer Datei. Die Endung für diese Dateien lautet ».mpp«.

Projektkalender Der Kalender aus der Menge der → Basiskalender, auf welchem die zeitlichen Berechnungen für das Projekt beruhen.

Pufferzeit Zeit, um die sich ein → Vorgang verzögern kann, ohne den Endtermin des Projekts zu verzögern. Errechnet sich aus dem Intervall zwischen frühestem und spätestem Anfangs- bzw. Endtermin eines Vorgangs.

Ressourcenkalender Kalender, der individuelle Regelungen im Hinblick auf Arbeitszeit, arbeitsfreie Zeit sowie Urlaub und sonstige Abwesenheit speziell für jede einzelne → Ressource verwaltet.

Ressourcenpool Die Menge der Mitarbeiter und Sachmittel, welche für die Bewerkstelligung der im Projekt anfallenden Arbeiten verfügbar sind. Verschiedene Projekte können sich einen gemeinsamen Ressourcenpool teilen.

Ressource Einsatzmittel (Mitarbeiter und Material) für die Durchführung bzw. Erledigung der → Vorgänge.

Router *(router)* Transportiert Netzwerkpakete zwischen verschiedenen Netzwerken. Damit im Internet Daten zwischen entfernten Computern übertragen werden können, müssen diese Datenpakete normalerweise mehrere Router durchlaufen. Die Router einiger Hersteller besitzen zusätzlich Funktionalität einer Firewall. Computersystem (Wegplanungssystem), das Netzwerke verbindet und Datenpakete weiterreicht.

Rückwärtsberechnung Alle Termine eines Projekts werden vom spätesten Endtermin aus berechnet. Späteste Endtermine früherer → Vorgänge errechnen sich ausgehend vom spätesten Ende des letzten Vorgangs unter Berücksichtigung von → Abhängigkeitsbeziehungen und → Zeitabständen.

Sammelvorgang Ein → Vorgang, der mehrere Teilvorgänge übergeordnet aufnimmt und zur Gliederung des Projekts beiträgt. Die Berechnung erfolgt aus den Daten der Teilvorgänge.

Sollwert Ein Wert, der im Rahmen der Planung für Dauer, Kosten, Termine etc. geschätzt wurde. Im Projektverlauf wird ein entsprechender → Istwert ermittelt. Dieser kann vom ursprünglichen Sollwert bzw. Planwert abweichen. Abwei-

Glossar

chungen von Istwert und Planwert können ermittelt werden, wenn der Planwert im → Basisplan festgehalten wurde. Syn.: Planwert

Tatsächlicher Termin Tatsächlich eingetretene Anfangs- und Endtermine aller → Vorgänge. Können von den → geplanten Terminen abweichen.

TCP/IP (*TCP/IP*; transmission control protocol/internet protocol) Protokoll, wie zwischen Computersystemen im → Internet Daten übertragen werden. Anders als bei einem Telefongespräch wird keine feste Verbindung hergestellt. Stattdessen werden die Daten in Pakete von bis zu 1500 Zeichen zerlegt, nummeriert, mit Absender- und Empfängeradresse versehen und einzeln verschickt. An den Knotenpunkten des Netzes lesen → Router (Wegplanungscomputer) die Adressen und leiten das Paket in Richtung Empfänger weiter. Das Zielcomputersystem setzt die Pakete entsprechend ihrer Nummerierung wieder zusammen. Das Protokoll gehört zur Netzwerkschicht bzw. Transportschicht.

Termintreue Bedarfsoptimierung Termine dürfen nicht überschritten werden. Zur Optimierung der Ressourcenauslastung werden Verschiebungen von → Vorgängen innerhalb ihrer → Pufferzeit geduldet.

URL (*uniform resource locator*; uniform resource locator) Im → Web verwendete standardisierte Darstellung von Internetadressen; Aufbau: protokoll://domain-Name/Dokumentpfad.

Verknüpfung Das Erstellen einer Beziehung zwischen → Vorgängen. Definiert Art und Reihenfolge der Verbindung von Vorgänger und Nachfolger. Kann als → Anfang-Anfang-Beziehung, → Anfang-Ende-Beziehung, → Ende-Anfang-Beziehung oder → Ende-Ende-Beziehung festgelegt werden. Start oder Ende des Nachfolgers dürfen erst erreicht werden, wenn Start oder Ende des Vorgängers gemäß der Bedingung erfolgt sind. Syn.: Anordnungsbeziehung

Vorgangsart Legt für jeden → Vorgang fest, wie die Neuberechnung bei veränderten Eingabewerten erfolgen soll. Zu unterscheiden sind die Vorgangsarten »feste Dauer«, »feste Einheiten« (Standardwert) und »feste Arbeit«. Die feste Größe verhält sich bei neuen Werten konstant, die verbleibenden sind variabel. Änderungen einer der beiden variablen Größen können sich somit nur auf die andere variable Größe auswirken.

Vorgangskalender Kalender, der individuelle Regelungen der Arbeitszeit speziell für einen bestimmten → Vorgang verwaltet.

Vorgang Eine Aktivität, die im Laufe des Projekts abgeschlossen werden muss. Wird von → Ressourcen bearbeitet.

Vorkommnis Ein Element aus der Menge von Teilvorgängen eines → periodischen Vorgangs.

Vorwärtsberechnung Alle Termine eines Projekts werden vom frühesten Anfangstermin aus berechnet. Früheste Anfangstermine nachfolgender → Vorgänge errechnen sich ausgehend vom frühesten Start des ersten Vorgangs unter Berücksichtigung von → Abhängigkeitsbeziehungen und → Zeitabständen.

Web-Browser *(web browser)* Software, über die Benutzer die Dienstleistungen des → Internets, insbesondere des → Webs, in Anspruch nehmen können. Durch Angabe der → URL wird das Computersystem, das die jeweilige Dienstleistung anbietet, eindeutig adressiert.

Web *(web*; World Wide Web) Kurzform für → World Wide Web, Informationssystem im → Internet, das auf der → Hypertext-Technik basiert; ermöglicht außerdem den Zugriff auf die anderen Internet-Dienste. Der Zugang zum Web erfolgt über → Web-Browser. Auch WWW genannt. Syn.: W3, WWW

World Wide Web *(World Wide Web)* Informationssystem im Internet, das auf der → Hypertext-Technik basiert; ermöglicht außerdem den Zugriff auf die anderen Internet-Dienste. Der Zugang zum Web erfolgt über → Web-Browser. Auch WWW oder → Web genannt. Syn.: Web, W3

Zeitabstand Nebenbedingung einer → Anordnungsbeziehung. Absoluter oder prozentualer Abstand zwischen den Terminen von verknüpften → Vorgängen.

Zuordnung Der Befehl an eine → Ressource, Arbeit an einem → Vorgang zu erledigen.

Überlastung Ein Zustand, welcher eintritt, wenn einer → Ressource vom Typ → Arbeit mehr Aufgaben abverlangt werden, als diese in der verfügbaren Zeit bewerkstelligen kann.

A Installation von Microsoft Project *

Die Installation von Microsoft Project wird mit Hilfe eines Installations-Assistenten durchgeführt. Folgen Sie den Anweisungen auf dem Bildschirm und geben Sie die gewünschten Informationen ein. Wählen Sie zwischen einer standardisierten und einer benutzerdefinierten Installation. Letztere ermöglicht es Ihnen, den Installationspfad sowie die Auswahl von einzelnen *Features* selbst festzulegen.

- Legen Sie die Microsoft Project-CD in Ihr CD-ROM-Laufwerk ein.

Microsoft Project installieren

Microsoft Project verfügt über einen **Installations-Assistenten**. Dieser wird in der Regel automatisch gestartet, sobald sich die CD im Laufwerk befindet.

Sollte die CD nicht automatisch starten:

Setup-Datei ausführen

- Wählen Sie im **Windows-Startmenü** den Befehl Ausführen... (Abb. 1.0-1).
- Tragen Sie dort D:\Setup.exe ein.
- □ D:\ steht hierbei für den Laufwerksbuchstaben Ihres CD-ROM-Laufwerkes.

Über die Schaltfläche Durchsuchen... können Sie die Installationsdatei Setup.exe auf dem Datenträger auch mit der Maus anwählen.

Im ersten Schritt erwartet der Installations-Assistent die Eingabe Ihres *Product Key* (Abb. 1.0-2).

Installations-Assistent

- Geben Sie den *Product-Key* ein. Dieser befindet sich auf der CD-Hülle. Wenden Sie sich im Zweifel an Ihren Administrator.

Product Key

- □ Die Bindestriche werden **nicht** mit eingegeben.

Box

264 A Installation von Microsoft Project *

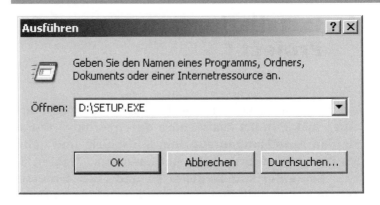

Abb. 1.0-1: Die Datei setup.exe *ruft den Installations-Assistenten von Microsoft Project auf. Sie befindet sich im Stammverzeichnis der CD-ROM.*

Benutzer-informationen

Geben Sie im folgenden Dialog bitte Ihre Benutzerinformationen ein (Abb. 1.0-3).

- Der Benutzername wird beim Anlegen einer neuen Datei automatisch als Autor eingetragen.
- An Stelle Ihrer Initialen können Sie selbstverständlich auch Ihr Kürzel einsetzen, wenn diese Angaben voneinander abweichen.
- In das Feld Organisation tragen Sie den Namen Ihrer Firma oder der Abteilung ein, für welche die vorliegende Lizenz bestimmt ist.

Mit Hilfe der Schaltfläche Zurück können Sie den jeweils letzten Installationsschritt rückgängig machen. Sie können die Installation auch jederzeit mit der entsprechenden Schaltfläche abbrechen oder sich weitere Hilfe anzeigen lassen.

- Klicken Sie auf die Schaltfläche Weiter, um zum nächsten Bildschirm des Installations-Assistenten zu gelangen.

Lizenzvertrag

An dieser Stelle müssen Sie lediglich zwei Dinge erledigen:

- Lesen Sie sich den Lizenzvertrag durch.

Box

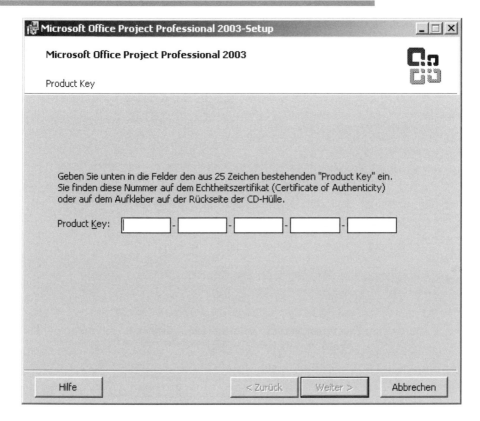

Abb. 1.0-2: Geben Sie hier den Product Key *ein. Wo Sie diesen finden, ist im dargestellten Dialog beschrieben.*

- Akzeptieren Sie die Bedingungen des Lizenzvertrags, indem Sie das Kontrollkästchen aktivieren. Abb. 1.0-4 zeigt den betreffenden Bildschirmabzug.
- Klicken Sie anschließend auf die Schaltfläche Weiter.

Im nächsten Schritt wählen Sie die **Art der Installation** aus (Abb. 1.0-5):   Art der Installation

Klicken Sie auf Aktualisierung, wenn bereits eine ältere Version von Microsoft Project auf dem Computer installiert ist.   Aktualisierung

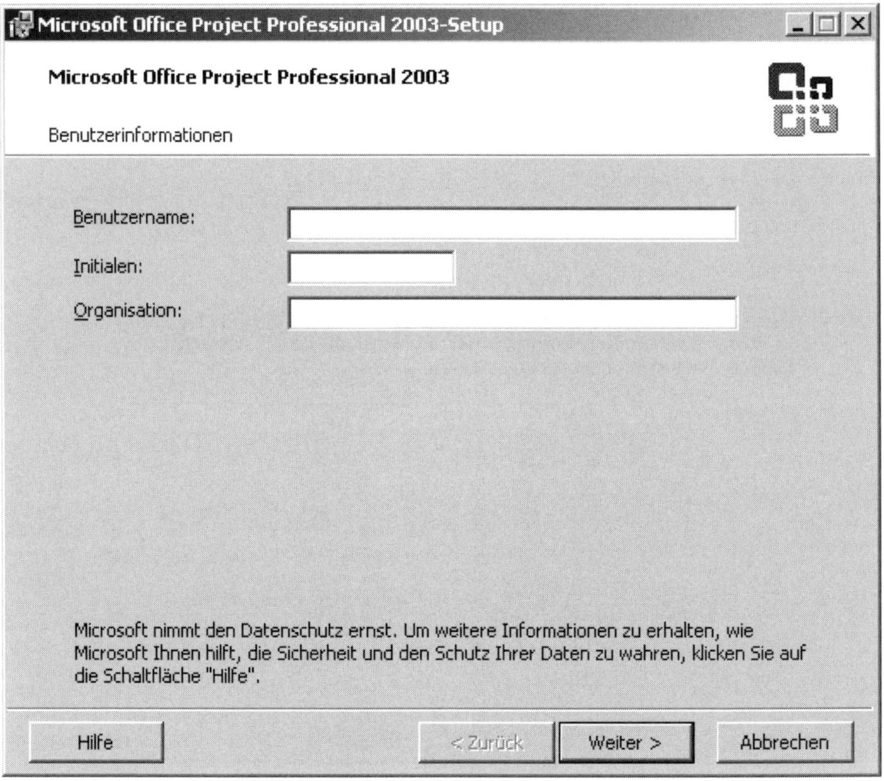

A Installation von Microsoft Project *

Abb. 1.0-3: Der Dialog zur Abfrage der Benutzerinformationen.

Die ältere Version wird durch die neue Version überschrieben (aktualisiert). Wollen Sie eine vorhandene Version von Microsoft Project behalten und die neue Version parallel dazu benutzen, wählen Sie eine Variante aus der Gruppe oder wählen Sie eine Installationsart.

Der Unterschied zwischen einer Aktualisierung und einer Installation besteht darin, dass bei einer Aktualisierung die vorhandene Version auf den neuesten Stand gebracht und damit verändert wird, während bei einer Installation die

A Installation von Microsoft Project * 267

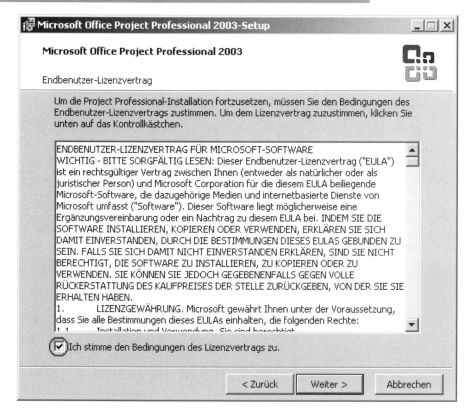

Abb. 1.0-4: Mit der Annahme der Bedingungen schließen Sie einen rechtsgültigen Vertrag ab. Die Nutzung der Software ist an dieses Einverständnis gekoppelt.

neue Software parallel zur vorhandenen eingerichtet wird, ohne letztere zu ersetzen.

Bei der vollständigen Installation werden alle verfügbaren Komponenten auf Ihr System kopiert. Project beansprucht bei einer vollständigen Installation ca. 250 Megabyte Ihrer Festplatte. Kapazitätsprobleme sollten somit in der Regel nicht auftreten.

Vollständige Installation

Box

A Installation von Microsoft Project *

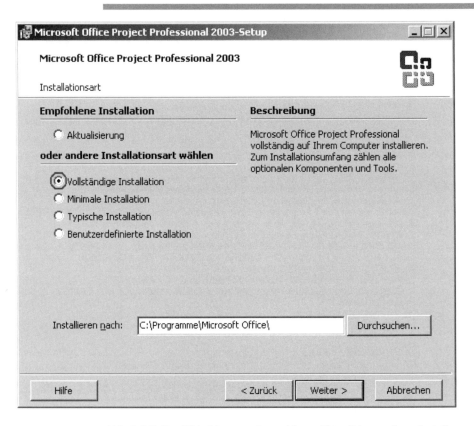

Abb. 1.0-5: *Der Bildschirm zur Auswahl von Aktualisierung bzw. Installation. Auch die benutzerdefinierte Variante verlangt kein Expertenwissen. Sie können bei der Änderung des Pfades und der Auswahl der Features keine Probleme erzeugen.*

- Entscheiden Sie sich im Normalfall für diese Installationsart.

Minimale Installation, Typische Installation
Diese beiden Installationsarten sorgen dafür, dass Project nur mit den notwendigsten (minimal) bzw. am Häufigsten verwendeten Komponenten (typisch) installiert wird. Sie sollten diese Varianten nur dann in Anspruch nehmen, wenn Sie nur sehr geringe Speicherkapazitäten haben.

Box

A Installation von Microsoft Project

Die Benutzerdefinierte Installation sollten Sie wählen, wenn Sie die gewünschten Komponenten selbst auswählen oder eine vorhandene Version von Microsoft Project lediglich erweitern wollen. In der benutzerdefinierten Variante ist bereits eine Komponentenauswahl voreingestellt.

Benutzerdefinierte Installation

- Tragen Sie nach der Wahl der Installationsart den von Ihnen gewünschten Installationspfad ein oder klicken Sie auf die Schaltfläche Durchsuchen, um den Pfad aus dem **Windows-Explorer** auszuwählen.
- Bestätigen Sie Ihre Eingabe durch Klicken der Schaltfläche Weiter.

Bei der **benutzerdefinierten Installation** steht eine Komponentenliste bereit (Abb. 1.0-6). Der Dialog aus Abb. 1.0-6 wird bei den anderen Installationsarten nicht angezeigt.

Komponenten auswählen

In der Baumstruktur können Sie durch einen Mausklick auf das führende Pluszeichen tiefere Ebenen einblenden. Jedem Eintrag ist ein Symbol vorgelagert.

Speicherort der Komponenten

- Klicken Sie rechts auf einen Eintrag und wählen Sie aus der angezeigten Legende (Abb. 1.0-6) eine Variante aus.

Sie können für jedes *Feature* bestimmen, wie es installiert werden soll. Häufig benötigte Komponenten sollten Sie wegen der höheren Zugriffsgeschwindigkeit auf die Festplatte kopieren lassen. Dies geschieht durch Auswahl von Vom Arbeitsplatz starten. Seltener benötigte Komponenten können Sie bei der ersten Verwendung installieren lassen. Durch diese Installationsvariante sparen Sie vor allem Festplattenspeicher.

- Wählen Sie Weiter, wenn Sie keine Modifikation der Installation wünschen.

Wenn Sie bereits ältere Versionen von Project auf Ihrem Computer installiert haben, können Sie im folgenden Dialog (Abb. 1.0-7) bestimmen, wie Sie mit diesen verfahren wollen.

Vorhandene Versionen

Box

A Installation von Microsoft Project *

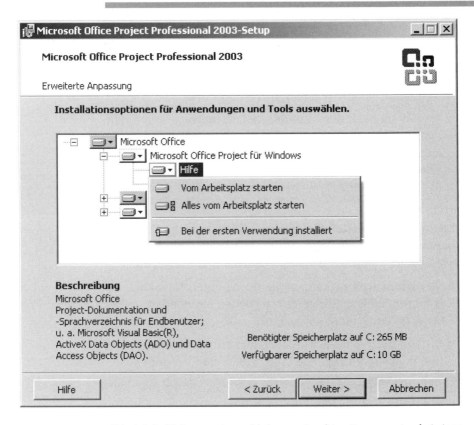

Abb. 1.0-6: *Dialog zur Auswahl der gewünschten Komponenten bei einer benutzerdefinierten Installation. Klicken Sie auf ein Element und bestimmen Sie, wie Sie damit verfahren wollen.*

Wenn Sie sich dazu entscheiden, alle älteren Versionen zu entfernen, entspricht dies der oben beschriebenen Installationsart Aktualisierung.

Box

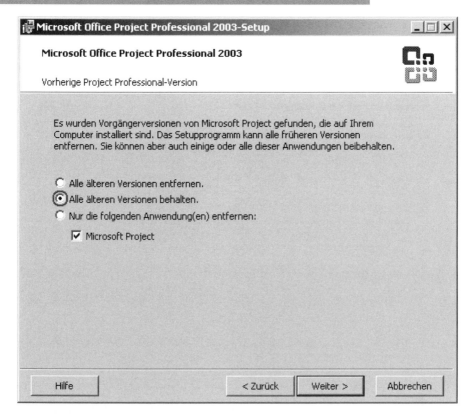

Abb. 1.0-7: Dieser Dialog erscheint nur, wenn der Installations-Assistent ältere Versionen von Project auf Ihrem Computer gefunden hat. Bei einer Erstinstallation wird er übersprungen.

Ältere Version behalten

Behalten Sie im Zweifelsfall zumindest eine ältere Version. Sollten bei der Installation oder bei der Arbeit mit Project Probleme auftreten, können Sie Ihre Projekte weiterhin mit der Version bearbeiten, in der Sie diese auch erstellt haben.

Tipp

Der folgende Dialog (Abb. 1.0-8) bietet eine Übersicht über

Zusammenfassung

Box

A Installation von Microsoft Project *

die gewählte Installation.

- Wählen Sie anschließend Installieren.

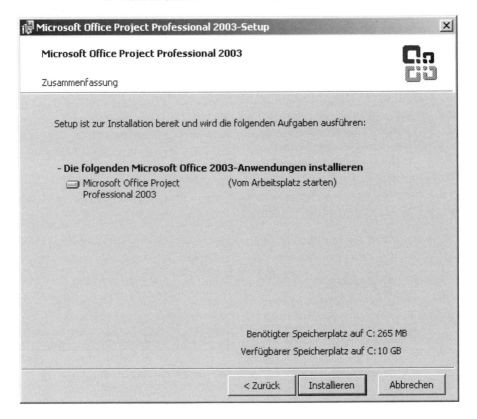

Abb. 1.0-8: *Setup ist bereit zur Installation. Klicken Sie auf die Schaltfläche* Installieren, *um den Vorgang zu starten.*

Microsoft Project ist nun auf Ihrem System installiert. Nach dem Kopieren der Daten werden Sie in einem letzten Dialog (Abb. 1.0-9) gefragt, ob Sie im Internet nach *Updates* oder zusätzlichen *Downloads* suchen wollen. Ferner können Sie einige temporäre Installationsdateien löschen, um weiteren

Box

Festplattenspeicher freizugeben. Dies wird, wie Sie in Abb. 1.0-9 lesen können, aus Wartungsgründen nicht empfohlen.

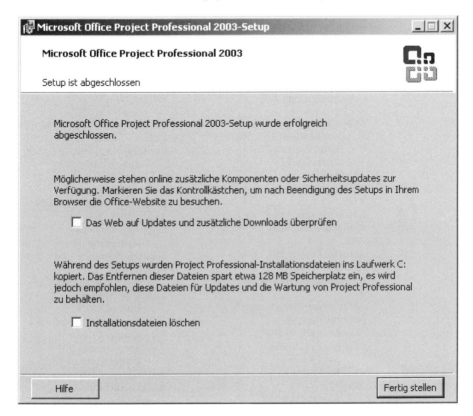

Abb. 1.0-9: Entscheiden Sie, ob Sie über das Internet nach Updates suchen wollen. Das Löschen der Installationsdateien ist nicht notwendig.

Sachindex

Überlastung 27, 97, 115, 156, 189, 219, 240
   Grund 156
Überstunden 224
Überstundenkostensatz 36
Überstundensatz 116

Abgleich
   automatisch 157, 169
   Reihenfolge 171
   Zeitraum 171
Abhängigkeit 16
Abhängigkeitsbeziehung 14, 234
Ablaufplanung 66
Aktualisieren wie berechnet 206
Aktuelle Kosten 193
aktuelles Datum 46
Anfang-Anfang-Beziehung 16, 77
Anfang-Ende-Beziehung 16, 77
Anfangsfolge 16
Anordnungsbeziehung 5, 10, 16, 60, 77, 216, 250
   Art 79
   Kurzform 81
Ansicht
   ausdrucken 137
Ansichtsleiste 42
Arbeit 92, 102, 208, 215, 217, 222, 225, 241
Arbeitsdauer 15
Arbeitsfreie Zeit 123, 148
Arbeitsressource 34, 95, 112, 129, 156
Arbeitszeit 120, 128
Aufgabenbereich 41
Aufwand, zeitlicher 8
Autofilter 137

Balkenart 151
Balkenart, eigene 153
Balkendiagramm 10, 41, 50, 68, 75, 78, 93, 146, 149, 210
   personalbezogen 11
   vorgangsbezogen 11
Balkenplan 150
   Assistent 150
Basiskalender 118, 121, 128, 247
Basisplan 189, 190, 215, 222
   Abweichung 219
   aktualisieren 194
   Auswirkung 194
Baumstruktur 54, 138, 250
Bearbeitungszeit 128
Bedarfsoptimierung
   termintreu 33
Benutzerdefinierter Bericht 140
Bericht 138
   benutzerdefiniert 139
Berichtsart 139, 140
   Übersicht 139
   Arbeitsauslastung 139
   Kosten 139
   Ressourcen 139
   Vorgangsstatus 139
Berichtsarten 139
Betriebsmittel 27, 33
Brutto-Arbeitszeit 30
Budget 37

Datum
   aktuell 46, 204
   Format 48
Dauer 5, 14, 15, 45, 58, 66, 74, 76, 77, 83, 102, 157, 169, 196, 209, 215, 217, 226
   Ändern 66
   Darstellung 67
   geschätzt 68
   Zeiteinheit 66

Sachindex

Dialog
  Balkenarten 151
  Informationen zum Vorgang 79
  Ressourcen zuordnen 93
Drucken 64, 136, 146
Druckfunktion 138

E-Mail-Adresse 186
eingefügtes Projekt 244
Einheiten 97, 102, 115, 157, 169
Einsatzmittel 27
Einsatzmittelplanung 27
  kapazitätstreu 28
  termintreu 28
Einschränkung 21, 46, 84, 85
Einschränkungsart 22
  Anfang nicht früher als
  Anfang nicht später als 22
  Ende nicht früher als 22, 86
  Ende nicht später als 22
  Muss anfangen am 22
  Muss enden am 22
  So früh wie möglich 22
  So spät wie möglich 22
Einschränkungstermin 22, 83
Ende-Anfang-Beziehung 16, 60, 77
Ende-Ende-Beziehung 16, 77
Endfolge 16
Ereignisknoten-Netzplan 12
Ertragswertmethode 207

Fälligkeit, Kosten 118
Fallbeispiel 52
Feiertag 120, 123
Feste Arbeit 106
Feste Dauer 105
Feste Einheiten 103
Feste Kosten 175
feste Kosten 8
Filter 113, 138, 160

Gantt-Diagramm 16

Gemeinkosten 35
Gemeinkostenschlüssel 35
gemeinsame Ressourcennutzung 236
Geplante Kosten 193
Geplante Termine 15
Gesamtkosten 177, 193
geschätzte Dauer 68
Gitternetzlinien 150
Gliederungsebene 54
Gruppe 113

Hyperlink 183

Indikator 72, 73, 85, 178, 183, 205, 246
Indikatorsymbol 73
individuelle Arbeitszeiten 131
Informationsfenster 82
Installation
  Art 265
  benutzerdefiniert 269
  Version 265
  vollständig 267
Installations-Assistent 263
Istwert 8, 189, 191, 204, 208, 222, 225

Kürzel 113
Kalender 120
  anpassen 120
  erstellen 122
  Import 247
  Optionen 127
  Schnittmenge 134
Kalenderoptionen 127
Kapazitätsabgleich 169, 219
kapazitätskritischer Pfad 27
Kapazitätstreue
  Bedarfsoptimierung 28
kapazitätstreue
  Bedarfsoptimierung 33
Kosten 8, 116, 175
  Abweichung 193
  aktuell 193
  Fälligkeit 35, 117, 175

fest 8, 175
geplant 193
Herkunft 177
Kostensatz 36, 116
Kostentabelle 193
pro Einsatz 116, 177
Struktur 175
Tabelle 177
variabel 175
verbleibend 193
Zuordnung 177
Kreuztabelle 141
Kritischer Pfad 5, 21
Kritischer Vorgang 5, 21, 155

Leistungsgesteuert 107, 247
Lesezugriff 238
Lizenzvertrag 264

Maskenansicht 103, 228
Materialbeschriftung 112
Materialressource 34, 95, 112, 156
Maximale Einheiten 115
Mehrprojekttechnik 235, 245
Meilenstein 9, 25, 57, 58, 74, 152, 234, 250
    Überprüfbarkeit 9
    Anforderungen 9
    Gleichverteilung 10
    Kurzfristigkeit 10
    Meilensteinnetzplan 25

nachträgliche Zuweisung 107
Netto-Arbeitszeit 30
Netzplan 5, 10, 11, 15
    Diagramm 11
    Strukturierung 25
Normalfolge 16

Optionen 47
organisationsorientierterer Vergleich 32

Periodischer Vorgang 69, 110
Personalbedarf 29

Personaleinsatz 27
Personalvorrat 29
Pfad
    kritisch 21
Phase 5, 9, 54, 233
Physisch % Abgeschlossen 207
Plandaten 193
Planung 8, 214
Planungs-Assistent 212
Planwert 8, 189, 190, 210, 219, 222
Priorität 163, 171
Product-Key 263
Produktivanteil 30
Programmfenster 41
Projekt
    Überwachung 204
    einfügen 244
    projektübergreifend 235
    Projektfortschritt 191
    Projektinfo 44
    Projektkosten 37
    projektorientierter Vergleich 32
    Projektstart 193
    Projektdatei 41, 169, 182, 190, 233, 235, 243
    Projektkalender 33, 120, 128, 149
Pufferzeit 6, 14, 21, 46, 87
    frei 21
    gesamt 21

qualifikationsorientierter Vergleich 32
Quelldatei 246

Rückwärtsberechnung 14, 46
Ressource 5, 8, 15, 27, 35, 49, 91, 103, 112, 121, 128, 156, 175, 187, 194, 208, 215, 219, 224, 233, 235, 244
    Abgleich 169
    Art 33, 95, 112
    Basiskalender 118
    Einheiten 98, 115

Sachindex

Einsatz 224
gemeinsame Nutzung 236
Gruppe 107, 113
Kürzel 113, 151
Konflikt 160
Kosten 9, 36, 112, 116, 175
Kosten pro Einsatz 116
Liste 92
Name 91, 112, 151
Nummerierung 247
Sammelressource 115
Tabelle 107
Urlaub 129
Zuordnung 91
Ressourcenkalender 33, 115, 121, 129, 149, 247
Ressourcenpool 171, 233, 235
aktualisieren 242
bearbeiten 239
erneut laden 242
synchronisieren 242

Sammelvorgang 54, 67, 73, 206, 244, 245
Dauer 67
Schreib- und Lesezugriff 238
Schreibzugriff 238
Schriftgröße 145
Seitenansicht 139
sichere Dauer 68
Skalierung 76, 146
So spät wie möglich 89
Sollwert 189
Spaltenbreite 53, 138
Sprungfolge 16
Standardkostensatz 36
Standardsatz 116
Stauchung 31
Streckung 31
Symbolleiste
Überwachen 204, 209
Format 55
Ressourcenmanagement 158, 243

Tabelle
Überwachung 209, 217
Arbeit 224
drucken 138
Kosten 209
Tabellenbereich 51
Tatsächlicher Termin 16, 222
Teilprojekt 243
Teilvorgang 54
Termin 15, 83
früh 15
geplant 15
spät 15
tatsächlich 16
Termindurchrechnung 14
Terminplanung 107
leistungsgesteuert 110
Termintreue
Bedarfsoptimierung 28
termintreue
Bedarfsoptimierung 33
Tiefer stufen 54

Unterbrechung 166
Unterbrechungsdauer 166
Unterprojekt 243

Variable Kosten 175
Verbleibende Kosten 193
Vergleich
organisationsorientiert 32
projektorientiert 32
qualifikationsorientiert 32
Verknüpfung 60, 68, 77, 215, 234, 250
projektübergreifend 244, 251
Reihenfolge 60, 79
Richtung 60
Vorgangskosten 35
Vorgang 5, 8, 15, 27, 35, 44, 53, 66, 77, 91, 102, 121, 128, 153, 157, 175, 182, 189, 194, 204, 208, 214, 224, 233–235, 244, 250

aktualisieren 204, 209
Anfangstermin 83
Art 102
Ausblenden 55
Dauer 15, 66, 76
Eigenschaft 15
Einblenden 55
Einschränkung 21
Endtermin 83
extern 253
kritisch 21
Löschen 71
leistungsgesteuert 103
Notiz 178
Nummerierung 250
periodisch 69
Tiefer stufen 54
unterbrechen 163
Verschieben 162
Vorgang: Einsatz 224
Vorgangsart 103, 151
   Feste Arbeit 106
   Feste Dauer 105
   Feste Einheiten 103
Vorgangsdauer 15, 67
Vorgangskalender 33, 121, 133, 149
Vorgangsknoten-Netzplan 11
Vorgangskosten 9, 175
Vorgangsliste 52
Vorgangsname 8, 52
Vorgangsnotiz 177
Vorgangspfeil-Netzplan 11
Vorkommnis 73
Vorwärtsberechnung 14, 44, 88

Währung 48
Windows-Startmenü 263

Zeitabstand 14, 16, 80, 216
Zeiteinheit 66, 125
zeitkritischer Pfad 27
Zeitlicher Aufwand 8
Zeitplanung 15, 29, 76
Zeitskala 147
Zeitvorrat 29

Zoom 147
Zugriffsberechtigung 239
Zuordnung 6, 92, 112, 224, 233
Zuordnung, gleichzeitig 94
Zuweisung, nachträglich 107
Zwischenplan 201